業種別
ビジネス契約書作成マニュアル

実践的ノウハウと契約締結のポイント

代表編著 弁護士 田島正広　編　著　弁護士 足木良太 ・ 弁護士 上沼紫野
　　　　　　　　　　　　　　　弁護士 浦部明子 ・ 弁護士 笹川豪介
　　　　　　　　　　　　　　　弁護士 柴山将一 ・ 弁護士 寺西章悟

- メーカー
- 物流・小売
- エンターテインメント
- 通信・情報処理
- 医療・ヘルスケア
- 不動産・建設業
- 金　融

日本加除出版株式会社

は　し　が　き

　巷には契約書式集が溢れており，インターネットで検索するだけでも，多くの分野の契約書式例を収集することができます。こうした書式例にそのまま倣ったのではと思われる契約書案のチェック依頼を受けたことのある弁護士は数多いことでしょう。こうした契約書案には，依頼した当事者の立場に立った利害調整が不十分なことも間々あり，そもそも契約上のリスクを明確に意識できていない場合すら散見されます。書式例を具体的事案に落とし込む作業ができていないと言わざるを得ないでしょう。

　こうした契約書作成の場面では，情報収集と利害関係の正確な把握に基づき，それぞれの場面でのリスク分析とそれを前提とするリスクコントロールが不可欠です。もちろん，当事者間の力関係や契約締結への期待と必要性が優先して，最終的には，当該契約締結交渉において紛争リスクが積み残しとならざるを得ないこともありますが，その場合でも，当該紛争リスクの範囲や程度を的確に指摘して，企業経営陣が契約締結に関する経営判断を合理的かつ的確に行えるようにすることが重要です。

　そこで，この度私達は，実務法曹としてそれぞれの訴訟実務経験や企業法務経験を通して習熟した契約書起案術に力点を置いた契約書作成マニュアルを提供させて頂くこととしました。その際，各分野の企業の企業内弁護士やその顧問業務を取り扱う等して各分野に精通した弁護士が，当該分野に特有の契約形態について，その特徴や定型的に予測されるリスクと対処法を踏まえたその作成ノウハウを本書においてご紹介しました。また，そこで分析した契約類型に関する，典型的な契約書式例を日本加除出版のホームページを通じてご提供することにしました。さらに，同種契約類型については本書中において業種横断的に参照することができるように配慮し，これによって，ある契約類型が業種ごとにどのように変容することになるのかを実感して頂けるようにしました。

　こうして，各契約書式例を個別の利害状況に応じて自在に加除修正して頂くことで，実態に即応した生きた契約書式集として本書をご活用頂ける

はしがき

ことを願っています。
　最後になりますが，前例のないタイプの業種別契約作成マニュアルである本書の出版に，企画から最終校正まで精力的にご尽力頂いた日本加除出版株式会社の朝比奈耕平氏，鶴崎清香氏に，この場をお借りして厚く御礼申し上げます。

平成 27 年 11 月

　　　　　　　　　　　　　　　　代表編著　弁護士　田　島　正　広

本書の使い方

1 業種からの契約類型抽出

　本書では，まず，業種毎に顕著に登場する契約類型をピックアップして，当該取引の特徴と当事者の立場に応じたリスク分析を踏まえて，契約条項化する際のポイントを指摘しています。各業種の特徴とそこで採り上げる契約類型は，各業種の総論でご紹介していますので，まずは各業種の総論をご覧ください。業種としては，現代における事業展開が著しい次の各分野，すなわち，①メーカー，②物流・小売，③エンターテインメント，④通信・情報処理，⑤医療・ヘルスケア，⑥不動産・建設業，⑦金融の各分野を採り上げました。そして，例えば，①メーカーの章では，メーカーの事業活動の際に必要となる各契約，すなわち，動産売買契約，取引基本契約，特許実施契約，OEM契約，技術開発委託契約，共同研究開発契約，秘密保持契約（対事業者），秘密保持契約・競業避止契約（対従業員）を採り上げています。

2 契約類型からの業種横断的アプローチ

　その一方，一般の契約書式集によく見られるように，契約類型から特定の契約を探し出すことをも同時に可能にするため，契約類型毎に各業種でどの契約を採り上げているかを逆引きできるようにも配慮しています。後掲のクロスレファレンス表（xviii頁）をご覧頂くと，例えば，ライセンス契約については，①メーカーでは特許実施契約，OEM契約，③エンターテインメントでは，コンテンツに関するライセンス契約，④通信・情報処理ではソフトウェアライセンス契約等を採り上げていることが分かります。このように，クロスレファレンスを利用することで，これらの各契約を業種横断的に参照することができます。

本書の使い方

3 クロスレファレンスによる類似・関連契約の参照と具体的契約書式の参照

また，各契約においては，関連する他分野の契約についてクロスレファレンスを付しましたので，これをたどることで，類似又は関連する他分野の契約に関する解説を参照することもできます。例えば，第1章メーカーの特許実施契約の項をチェックされた際に，コンテンツに関するライセンス契約がエンターテインメントの章に紹介されている旨のクロスレファレンスが付してあります（24頁参照）。さらに当該業種での関わり方が比較的薄い契約類型についてはそこでは採り上げずに，必要に応じてクロスレファレンスを付してあります。例えば，メーカーの動産売買契約では，債権譲渡については代金回収手段として紹介するにとどめ，契約類型としては金融の章で取り上げています（15頁参照）。そして，全章に共通課題となる取引基本契約と秘密保持契約については，初出のメーカーの章で採り上げています。その上で，各契約には，ウェブからダウンロードできるサンプル書式がセットされており，必要に応じてこれらを参照して頂くことで，解説で触れるリスク分析の解決例を実感して頂くことができます（ダウンロードの方法については405頁参照。）。

4 3D契約解説書としての活用

以上のように，業種からの契約類型抽出が縦軸，契約類型からの業種横断的アプローチが横軸にそれぞれ相当し，これをクロスレファレンスによって相互リンクすると共に，具体的契約書式集とのリンクも図ることで奥行きの深みを体感できる，いわば"3D契約解説本"であることが，本書の最大の特徴です。ぜひ，縦横のアプローチをふんだんに行き来して本書を大いにご活用ください。読者の皆さんが各業種と契約類型の相互関連を的確に把握され，業種毎のリスク分析を踏まえた具体的契約書を的確にドラフトされるための一助となることを著者陣一同祈念しています。

代表編著　弁護士　田　島　正　広

凡 例

1 法令等の略記について

個人情報保護法	→	個人情報の保護に関する法律
独占禁止法	→	私的独占の禁止及び公正取引の確保に関する法律
下請法	→	下請代金支払遅延等防止法
特商法	→	特定商取引に関する法律
国際海運法	→	国際海上物品運送法
資金決済法	→	資金決済に関する法律
資金決済法施行令	→	資金決済に関する法律施行令

青少年インターネット環境整備法　→
　青少年が安全に安心してインターネットを利用できる環境の整備等に関する法律
医薬品医療機器法　→
　医薬品，医療機器等の品質，有効性及び安全性の確保等に関する法律
介護老人福祉施設の運営基準→指定介護老人福祉施設の人員，設備及び運営に関する基準

宅建業法	→	宅地建物取引業法
区分所有法	→	建物の区分所有等に関する法律
民訴法	→	民事訴訟法
民執法	→	民事執行法
建設リサイクル法	→	建設工事に係る資材の再資源化等に関する法律
出資法	→	出資の受入れ，預り金及び金利等の取締りに関する法律
社債株式振替法	→	社債，株式等の振替に関する法律
金商法	→	金融商品取引法
一般指定	→	不公正な取引方法
民法改正案	→	平成27年3月31日国会提出された民法の一部を改正する法案

2 判例略記について

　最判平成22年6月4日民集64巻4号1107頁
　　→最高裁判所平成22年6月4日判決最高裁判所民事判例集64巻4号1107頁

民集	→	大審院民事判例集
裁判集民	→	最高裁判所裁判集民事
無体集	→	無体財産関係民事・行政裁判例集
判タ	→	判例タイムズ
判時	→	判例時報
金判	→	金融・商事判例

3 サンプル書式について

サンプル書式のダウンロード方法については，405頁をご覧ください。
ダウンロード対応の書式についてはPOINT!欄の下にある「サンプル書式→○○」という記載が目印となります。

目　次

本書の使い方　iii
クロスレファレンス表　xviii

はじめに

契約書作成の心構え ……………………………………………… 2
 1　契約書作成の目的　2
 2　契約書作成のポイント(1)　契約内容の確定　3
 3　契約書作成のポイント(2)　リスクコントロール　4
 4　まとめ　8

第*1*章　メーカー

第*1*　メーカー分野の特徴とは ……………………………………… 10
 1　製造業とは　10
 2　取引実態と契約類型の特徴　10

第*2*　契約類型 …………………………………………………………… 12
 1　動産売買契約　12
  1　動産売買契約の利用場面と特徴　12
  2　動産売買契約におけるポイント　13
 2　取引基本契約　19
  1　取引基本契約の利用場面と特徴　19
  2　取引基本契約におけるポイント　20
 3　特許実施契約　23
  1　特許実施契約の利用場面と特徴　23
  2　特許実施契約におけるポイント　24
 4　OEM契約　31
  1　OEM契約の利用場面と特徴　32
  2　OEM契約におけるポイント　32
 5　技術開発委託契約　36

　　　　　1　技術開発委託契約の利用場面と特徴　37
　　　　　2　技術開発委託契約におけるポイント　37
　　6　共同研究開発契約　42
　　　　　1　共同研究開発契約の特徴　42
　　　　　2　共同研究開発契約におけるポイント　43
　　7　秘密保持義務（事業者間）　51
　　　　　1　秘密保持契約の利用場面と特徴　51
　　　　　2　秘密保持契約におけるポイント　52
　　8　秘密保持義務・競業避止義務契約（従業員向け）　56
　　　　　1　秘密保持義務・競業避止義務契約の利用場面と特徴　56
　　　　　2　秘密保持義務・競業避止義務契約におけるポイント　58

第*2*章　物流・小売

第*1*　物流・小売分野の特徴とは…………………………………64
　　　　1　物流とは　64
　　　　2　物流と法　65
　　　　3　約款　65
　　　　4　本章で取り扱う契約類型　66

第*2*　契約類型………………………………………………………68
　　1　運送委託契約　68
　　　　　1　標準運送約款と契約内容　68
　　　　　2　契約内容の検討　70
　　2　国際海上物品運送契約　73
　　　　　1　全体論　73
　　　　　2　各論　74
　　3　フランチャイズ契約　77
　　　　　1　フランチャイズ・システムと法規制　77
　　　　　2　フランチャイズ契約におけるポイント　78
　　4　代理店契約　82
　　　　　1　法的性質　82
　　　　　2　ポイント　84

目次

第3章　エンターテインメント

第1　エンターテインメント分野の特徴とは………………88
1　エンターテインメントの対象となる分野　88
2　「コンテンツ」について　88
3　契約書の特徴と内容　89
4　素材と端末の変化，慣習の存在　90

第2　契約類型……………………………………………92
1　ライセンス契約
(1)　コンテンツライセンス契約　92
1　コンテンツライセンス契約書のポイント　92
2　権利の範囲　92
3　対価・支払方法　94
4　表明保証　95
5　その他の注意点　95
(2)　出版契約　97
1　出版契約書のポイント　97
2　権利の範囲　98
3　翻訳出版の特殊性　99
(3)　CD・DVD契約　100
1　CD・DVDに関する契約書のポイント　100
2　原盤を譲渡するか，ライセンスするか　101
3　対価の計算方法　102
4　権利処理について　103
(4)　上映契約　104
1　上映権の許諾　104
2　利益配分　104
3　貸出期間とプリントの発送　104
4　報告・監査権　105
5　素材の変化　105
6　VPFスキーム　106
2　コンサルティング契約　106
1　コンサルティング契約　107

　　　　2　コンサルティング契約のポイント　107
　　　　3　成果物の帰属　107
　　　　4　成果物の利用とその制限　108
　　　　5　再委託の可否　108
　3　制作委託契約　109
　　　　1　制作委託に関する契約書のポイント　109
　　　　2　委託業務の内容　110
　　　　3　権利の帰属　111
　　　　4　納品・検収方法　112
　4　販売代理契約　113
　　　　1　代理店と販売店　113
　　　　2　独占　115
　　　　3　販売価格　116
　　　　4　競業避止義務　117
　5　業務提携契約　117
　　　　1　目的　118
　　　　2　役割・責任分担　118
　　　　3　収益分配　119
　　　　4　支配権の変更　120
　6　OEM 契約　121
　　　　1　OEM 契約　121
　　　　2　下請法（下請代金支払等遅延防止法）　122
　　　　3　OEM 契約のポイント　123
　7　製作委員会契約　128
　　　　1　製作委員会　128
　　　　2　幹事事業者　129
　　　　3　出資金額　130
　　　　4　出資金の使途　130
　　　　5　出資金の支払い　130
　　　　6　著作権　131
　　　　7　国内配給　131
　　　　8　二次利用　132
　　　　9　損益の分配　133

目 次

   10 成功報酬　133
   11 会計監査　134
 8 出演契約（CM）　134
   1 CM出演契約書のポイント　134
   2 競業避止・秘密保持　134
   3 プロモーションへの協力義務と広告の確認　135
   4 権利帰属・対価　136
 9 出演契約（映画・テレビ番組）　136
   1 映画，テレビ番組の出演契約書のポイント　136
   2 利用許諾範囲　137
   3 対価の支払　138
   4 保証条項　138

第 *4* 章　通信・情報処理

第 *1*　通信・情報処理分野の特徴とは……………………………… 142
  1 通信・情報処理の対象となる分野　142
  2 情報処理分野について　142
  3 通信分野について　143

第 *2*　契約類型…………………………………………………………… 144
 1 ソフトウェア開発委託契約　144
   1 ソフトウェア開発委託契約書のポイント　144
   2 契約の作成単位　145
   3 契約の法的性質　147
   4 納入・検査　148
   5 瑕疵担保責任　151
 2 ソフトウェアライセンス契約　153
   1 ソフトウェアライセンス契約のポイント　153
   2 ソフトウェアライセンス契約の成立　154
   3 ソフトウェアを使用・利用できる範囲　155
   4 契約期間　156
   5 対価　156
   6 複製・改変　158

　　　　7　保証　　159
　　　　8　損害賠償　　160
　　　　9　その他　　160
　3　メンテナンス契約　　164
　　　　1　メンテナンス契約の利用場面　　164
　　　　2　メンテナンス契約におけるポイント　　165
　4　ウェブサービス利用規約　　169
　　　　1　ウェブサービス利用規約のポイント　　169
　　　　2　契約締結からサービス利用に至る全てがオンラインで完結することが望ましいこと　　170
　　　　3　規約変更条項　　173
　　　　4　責任制限　　174
　　　　5　UGC　　175
　　　　6　プライバシー　　177
　　　　7　準拠法・管轄　　178
　　　　8　その他の注意点　　178
　　　　9　利用者が未成年である場合の注意　　182
　5　プライバシーポリシー　　186
　　　　1　プライバシーポリシーとは何か　　186
　　　　2　法令で開示が要求される事項　　187
　　　　3　スマートフォンなどの個人情報端末への対応　　189

第5章　医療・ヘルスケア

第1　医療・ヘルスケア分野の特徴とは　　194
　　　1　医療・ヘルスケア事業の対象分野　　194
　　　2　契約上の注意点と特徴　　195

第2　契約類型　　196
　1　診療
　（1）診療契約時のポイント　　196
　　　　1　診療契約　　196
　　　　2　入院申込書　　198
　（2）各種同意書作成のポイント　　200

　　　　　　1 各種同意書（手術・検査・麻酔・輸血）の必要性　201
　　　　　　2 手術・検査同意書　201
　　　　　　3 麻酔・輸血同意書　203
　　　　　　4 医療行為拒否の場合の免責同意書　204
　　　(3) **診療契約の運用上の留意事項**　205
　　　　　　1 診療義務　205
　　　　　　2 説明義務　206
　　　　　　3 転医義務　207
　　　　　　4 情報管理　208
　　　(4) **自由診療契約（美容整形等）**　209
　　　　　　1 本テーマの対象　209
　　　　　　2 美容整形　210
　　　　　　3 歯列矯正・インプラント　211
　　　　　　4 レーシック　211
　　　　　　5 申込書（同意書）作成のポイント　212
　　　(5) **バイオテクノロジー・再生医療**　213
　　　　　　1 研究成果の特許化　214
　　　　　　2 再生医療等の安全性の確保等に関する法律　215
　　　　　　3 研究委託契約のポイント　216
　2 治験契約　220
　　　　　　1 治験とは　220
　　　　　　2 治験契約のポイント　222
　3 介護保険サービス契約　227
　　　　　　1 介護保険サービス契約の特殊性　228
　　　　　　2 入居型介護施設契約におけるポイント　230
　　　　　　3 在宅型介護サービス契約におけるポイント　237
　4 医療機関のM&A
　　　(1) **医療機関のM&Aの形態・スキーム**　242
　　　(2) **医療機関の事業承継及びM&Aの実務**　245

第6章 不動産・建設業

第1 不動産・建設業分野の特徴とは…………………… 252
  1 不動産の利活用 252
  2 不動産に関わる契約の利用場面と特徴 252

第2 各契約類型 254
1 売買契約
 (1) 仲介（媒介）契約 254
  1 仲介（媒介）契約とは 254
  2 仲介（媒介）契約におけるポイント 255
 (2) 土地売買契約 258
  1 土地売買契約 258
  2 土地売買契約におけるポイント 259
 (3) 建物（マンション）売買契約 263
  1 建物（マンション）売買契約 264
  2 建物（マンション）売買契約におけるポイント 264
 (4) 借地権売買契約 268
  1 借地権売買契約 268
  2 借地権売買契約のポイント 269

2 開発・建設
 (1) 明渡しに関する合意 272
  1 明渡しに関する合意が必要となる場合 272
  2 明渡しに関する合意のポイント 273
 (2) 交換契約（等価交換方式） 274
  1 交換契約 274
  2 等価交換契約 274
  3 確認書締結の必要性 276
  4 基本協定書におけるポイント 276
  5 等価交換契約におけるポイント 278
 (3) 建築工事請負契約 280
  1 建築工事契約の利用場面と特徴 281
  2 建物解体工事請負契約におけるポイント 282
  3 建築設計・監理業務委託契約におけるポイント 283

目次

    4 建築工事請負契約におけるポイント 285
  (4) **共同企業体（JV）契約** 288
    1 共同企業体契約の利用場面と特徴 288
    2 共同企業体契約のポイント 290
 3 賃貸借
  (1) **土地賃貸借契約** 292
    1 借地権とは 292
    2 土地賃貸借契約（普通借地権）におけるポイント 293
  (2) **建物賃貸借契約** 299
    1 建物賃貸借契約 299
    2 建物賃貸借契約のポイント 300
  (3) **一時使用** 303
    1 土地について 303
    2 建物について 304
  (4) **駐車場賃貸借契約** 304
    1 駐車場としての土地の使用 304
    2 駐車場目的の土地の一部の賃貸借 304
    3 駐車場運営を目的とした土地の賃貸借 305
  (5) **一般定期借地権設定契約** 305
    1 一般定期借地権設定契約 306
    2 一般定期借地権設定契約(借地借家法22条)におけるポイント 306
  (6) **事業用定期借地権設定契約** 308
    1 事業用定期借地権設定契約 309
    2 事業用定期借地権設定契約におけるポイント 309
  (7) **定期建物賃貸借契約** 311
    1 定期建物賃貸借契約 311
    2 定期建物賃貸借契約におけるポイント 311
 4 利用・運営
  (1) **建物マスターリース契約** 313
    1 建物マスターリース契約 314
    2 建物マスターリース契約におけるポイント 315
  (2) **共同ビル基本協定書** 319

　　　　　1 共同ビル基本協定書　319
　　　　　2 基本合意すべき事項　320
　　(3) **管理運営に関する契約**　321
　　　　　1 管理運営に関する契約　321
　　　　　2 管理運営契約に関するポイント　322

第7章　金　融

第*1* 金融分野の特徴とは……………………………………… 324
　　　1 ファイナンスの手法　324
　　　2 本章の構成　325

第*2* 契約類型……………………………………………………… 327
　1　**エクイティファイナンス**
　　(1) **新株発行による資金調達**　327
　　　　　1 株式引受契約の利用場面と特徴　327
　　　　　2 株式引受契約におけるポイント　328
　　(2) **新株予約権割当契約（ストック・オプション）**　330
　　　　　1 新株予約権割当契約の利用場面と特徴　331
　　　　　2 新株予約権割当契約におけるポイント　331
　　(3) **株式譲渡**　334
　　　　　1 株式譲渡契約書の利用場面　334
　　　　　2 株式譲渡契約書の特徴　334
　　　　　3 株式譲渡契約書の内容　335
　2　**デットファイナンス**
　　(1) **金銭消費貸借契約**　337
　　　　　1 金銭消費貸借契約書の利用場面　337
　　　　　2 デットファイナンスとその種類　338
　　　　　3 融資取引の種類　338
　　　　　4 当座貸越　338
　　　　　5 融資枠契約（コミットメントライン）　339
　　　　　6 金銭消費貸借契約書のポイント　339
　　(2) **銀行取引約定書**　342
　　　　　1 銀行取引約定書の利用場面と特徴　342

目 次

　　　　　2　銀行取引約定書におけるポイント　343
　　(3)　債権保全関連（担保・保証）　349
　　　　　1　債権保全について　349
　　　　　2　物的担保　350
　　　　　3　保証契約書の特徴　351
　　(4)　債権譲渡　352
　　　　　1　債権譲渡契約書の利用場面　353
　　　　　2　債権譲渡契約書のポイント　353
　　(5)　債務引受　355
　　　　　1　債務引受契約書の利用場面　355
　　　　　2　債務引受契約書のポイント　355
　　(6)　社債　356
　　　　　1　社債とは　356
　　　　　2　社債の特徴　357
　　　　　3　社債の発行手続　357
　　(7)　準消費貸借　359
　　　　　1　準消費貸借契約の利用場面　359
　　　　　2　準消費貸借契約書のポイント　359
　3　その他のファイナンス
　　(1)　ファイナンススキーム　360
　　　　　1　証券化　360
　　　　　2　信託　361
　　　　　3　プロジェクト・ファイナンス　362
　　(2)　ファイナンスリース　363
　　　　　1　ファイナンスリースとは　363
　　　　　2　リース契約書の特徴　364
　　(3)　投資ファンド・デリバティブ　365
　　　　　1　投資ファンドとは　365
　　　　　2　デリバティブとは　366

第8章　契約の一般条項

契約の基本ルール……………………………………………368

　　　　　　　　　　　　　　　　　　　　　　　　　　　　　　目　次

　　　　1　契約の成立時期　368
　　　　2　契約の拘束力と努力義務の法的意義　369
　　　　3　各契約書に共通して規定されることの多い条項　370
　　　　4　契約書の形式面　382

事項索引　393

執筆者紹介　400
代表編著・編著者紹介　402

サンプル書式の無料ダウンロードについて　405

　　　　　　　　　　　　　　　　　　　　　　　　　　　　　　xvii

クロスレファレンス表

類型／業種	メーカー	物流・小売	エンターテインメント
ライセンス・賃貸借	特許実施契約【23頁】 OEM契約【31頁】	フランチャイズ契約（商標）【77頁】 代理店契約（商標）【82頁】	コンテンツライセンス契約【92頁】 出版契約【97頁】 CD・DVD契約【100頁】 上映契約【104頁】 販売代理契約【113頁】 OEM契約【121頁】 製作委員会契約【128頁】
請負・委任	OEM契約【31頁】 技術開発委託契約【36頁】	運送委託契約【68頁】 国際海上物品運送契約【73頁】 フランチャイズ契約【77頁】 代理店契約【82頁】	コンサルティング契約【106頁】 制作委託契約【109頁】 販売代理契約【113頁】 OEM契約【121頁】 出演契約【134, 136頁】
売買・譲渡関連	動産売買契約【12頁】 取引基本契約【19頁】	国際海上物品運送契約（インコタームズ）【73頁】 代理店契約【82頁】	販売代理契約【113頁】 CD・DVD契約【100頁】
共同・提携関連	共同研究開発契約【42頁】	フランチャイズ契約【77頁】	業務提携契約【117頁】 製作委員会契約【128頁】
情報管理	秘密保持義務（事業者間）【51頁】 秘密保持義務・競業避止義務契約（従業員向け）【56頁】	フランチャイズ契約【77頁】	
B to C			
金銭消費貸借			
債権保全関連	動産売買契約（債権譲渡）【12頁】		

通信・情報処理	医療・ヘルスケア	不動産・建設業	金融
ソフトウェアライセンス契約【153頁】		明渡しに関する合意【272頁】 土地賃貸借契約【292頁】 建物賃貸借契約【299頁】 一時使用【303頁】 駐車場賃貸借契約【304頁】 一般定期借地権設定契約【305頁】 事業用定期借地権設定契約【308頁】 定期建物賃貸借契約【311頁】 建物マスターリース契約【313頁】	
ソフトウェア開発委託契約【144頁】 メンテナンス契約【164頁】	診療契約【196, 205頁】 自由診療契約【209頁】 研究開発委託契約「バイオテクノロジー・再生医療」【213頁】 治験契約【220頁】 介護保険サービス契約【227, 230, 237頁】	仲介（媒介）契約【254頁】 建築工事請負契約【280頁】 ビルマネジメント契約「管理運営に関する契約」【321頁】	
		土地売買契約【258頁】 建物(マンション)売買契約【263頁】 借地権売買契約【268頁】 交換契約(等価交換方式)【274頁】	株式譲渡【334頁】 債権譲渡【352頁】
	医療機関のM&A【242, 245頁】	共同ビル基本協定書【319頁】 共同企業体（JV）契約【288頁】	新株発行（総数引受契約）【327頁】 新株予約権割当契約【330頁】
プライバシーポリシー【186頁】	診療契約【196, 205頁】		
ウェブサービス利用規約【169頁】	診療契約【196, 205頁】 入院申込書【198頁】 同意文書関連「診療」【200頁】 自由診療契約【209頁】 介護保険サービス契約【227, 230, 237頁】		
			金銭消費貸借契約【337頁】 銀行取引約定書【342頁】 社債【356頁】 準消費貸借【359頁】
		土地売買契約（売買代金の保全）【258頁】	債権保全関連【349頁】 債権譲渡【352頁】 債務引受【355頁】

はじめに

はじめに

契約書作成の心構え

> **Point !**
> ① 契約の成立，権利及び義務の内容を一義的に明確にする。
> ② 業界や契約類型，相手方企業等についての情報収集の上，リスクを的確に分析し，契約内外でのコントロールを図る。

1 契約書作成の目的

　封建的支配から個人を解放するための原理として確立された近代私法の三大原則としては，権利能力平等の原則，私的所有権絶対の原則，私的自治の原則が挙げられます。このうち，私的自治の原則は，法律関係の形成は個人が自由意思に基づき自律的に行うことができるというものであり，法律行為自由の原則や過失責任の原則を帰結します。ここで，法律行為自由の原則とは，当事者の意図するところに従い法律効果が発生するとするものであり，中でも契約に関する契約自由の原則をその重要な要素とするものです。

　ところで，契約とは，申込と承諾という相対する意思表示の合致により成立し，相互の自由な意思表示によって当事者間を債権的に拘束することを可能とするものです。具体的には，契約締結の自由，相手方選択の自由，契約内容決定の自由，契約方法決定の自由（形式の自由）を内容とします。

　契約方法決定の自由とは，契約に当たっては特段の要式性が求められないとするものです。この例外としては，手形行為や保証契約，定期賃貸借契約等が挙げられますが，これらは，行為の明確性や法的安定性，意思表示の慎重さを求める必要性等の諸要因に基づき，例外的に要式性が求められるものです。したがって，一般の契約には要式性は求められず，口頭合意でも契約は成立することになります。しかし，口頭合意となると，契約の成立に関する最終合意の有無や，契約上の権利，義務の内容は不明確と

なりやすく，履行方法等の詳細も不明となりかねません。その結果，後日の紛争を誘因した上，裁判においても立証方法に欠けることから権利の救済もままならない事態が懸念されます。

そこで，契約の成立や権利，義務の内容を一義的に明確にし，これにより当事者の履行を確実にして後日の紛争を予防し，仮に紛争となった場合の証拠とするために，契約書によって契約が締結されることになります。したがって，契約書は，以下の内容を備えなければその意義を十分には達成できないことになります。

2 契約書作成のポイント(1)　契約内容の確定

(1) 意思表示の一義的明確性

契約の成立や権利，義務の内容については，当事者間の交渉経緯を踏まえて，その最終的な合意に基づき明確に確定されなければなりません。これらについて，契約の条項上解釈の余地があれば，契約書作成の目的は達成されないことになるので，意思表示の一義的明確性が求められることになります。したがって，契約書は文理解釈によって一義的な帰結が得られるよう，解釈の余地のない内容とするのが本来望ましいといえます。

もちろん，当事者の利害調整の際，歩み寄りが困難な事項について，あえて玉虫色の条項としたり，将来の紳士的協議に委ねる場合もありますが，それは後述するリスクコントロール等の視点に立って，契約上手当のされていないリスクよりも，契約によって得られる利益が勝ることを前提に，経営判断としてなされるべきことといえます。

(2) 議事録，覚書の意義

契約書の内容が一義的に明確ではない場合，後日当事者間の主張が対立する事態が懸念されます。その際には，当事者の合理的意思解釈が問われることになりますが，ここで重要となるのが，契約締結交渉の際に作成された議事録，覚書等です。これらは通常の場合最終的な拘束力を持つ文書とはされませんが，最終合意内容の意味を事後的に解釈する上での重要な資料となる可能性があります。

はじめに

　　この点，署名，あるいは記名，捺印を伴う正式文書の交付を受けることは，相手方担当者の権限や抵抗感等もあって，容易ではないこともあります。その場合でも，提案内容を確認するメールやファクシミリを送り，相手方から了解を得る，あるいは少なくとも異議がないままにそれを前提とする交渉を継続することで，当事者の最終合意に向けた認識を明確化することができます。

　　また，契約書の内容を決定する際に，交渉経過を反映して段階的にその内容を議事録，覚書等に落とし込んでいけば，おのずから契約内容の骨子は揺るがないものになりますので，相手方が契約書のドラフト（原案）を起案する場合においても，その内容に対し一定の枠を設定することができます。

(3)　ドラフトは自社サイドで起案する

　　契約書はドラフトを起案する当事者がその内容を自由に策定することになるので，当該当事者サイドに有利な内容となる可能性が顕著です。相手方起案のドラフトにおいては，一見すると，公平かつ妥当な内容のように見えながらも，思わぬ落とし穴が隠されていることも間々あります。相手方のドラフトから将来のリスクを的確に見抜き，それへの備えを踏まえたカウンターオファーを作成することは，ドラフト作成よりも難易度が高いとすらいえます。ドラフト作成の手間の面倒を回避し，安易に相手方を盲信してそのドラフトに依拠することは，リスクへのチェックが手つかずであることを認識すべきでしょう。

　　ただし，相手方との関係や業界慣行等から，自社サイドでドラフトを起案できない場合もあります。そうした場合には，前述した議事録，覚書等を利用することで，相手方の自由なドラフト起案への歯止めとすることができます。

3 契約書作成のポイント(2)　リスクコントロール

(1)　リスクコントロールの視点

　　契約内容が確定されても，そこに未解決の将来リスクが内在している場合には，それが後に顕在化して当事者間の紛争を誘因することがあり

ます。将来の紛争を予防するという契約書作成の目的に照らせば、契約に伴うリスクの内容を的確に把握し、それが顕在化する可能性の程度やそれが最大化した場合の損失の程度を予測して、将来リスクの大きい順に契約条項策定の際リスク回避策を採る必要があります。相手方との交渉上、当該リスクの回避が十分達成できない場合に、それでも当該契約から得られる見込みの利益の可能性等に照らして契約締結に踏み切るかは、最終的には経営判断に委ねられることになりますが、あらかじめリスク分析がしっかりなされていれば、不測の重大な損失による企業の永続性への致命的ダメージを避けることができます。

(2) リスクの洗い出し

　契約に内在するリスクの洗い出しに当たっては、まずは法令や各省庁のガイドライン、業界自主ルール等の内容を正確に理解することが出発点です。これらを踏まえておかなければ、強行法規違反により契約の一部が公序良俗に反するものとして無効とされることもあれば（民法90条）、業法上の処分、指導の対象として、営業上支障を来すことも懸念されます。

　その上で、業界毎の特徴や取引慣行、契約類型の特徴を十分に理解することが求められます。これにより、それらから定型的に予測されるリスクを洗い出すことができるでしょう。時には、契約の内容が混合契約となる等詳細にわたり、多くの条件設定がなされることで、様々な場面にわたってリスクが散在することが想定されます。こうなると、個別具体的な場面ごとのリスクを検討する必要性が高まります。ここで試されるのは、知識と経験に裏付けられた想像力です。リスク分析は杓子定規的な見方では机上の空論を展開することにもなりかねず、非現実的な条項策定に陥ることにもなります。実際に起こり得るリスクをその可能性、影響等に応じて洗い出し、現実的な条項策定を心掛ける必要があります。

(3) 情報収集の必要性

　リスク分析を行うためには、取引の現場を知る必要があります。企業内でいえば、契約書を任された法務担当者が、営業現場を知らなくては、営業担当が取りまとめてきた契約に伴うリスクを十分に把握することは

はじめに

できません。同様のことは顧問弁護士の関与の場合にもいえることであり，依頼企業から正確な情報提供を受けずして，顧問弁護士が的確なリスク分析を行うことはできません。

現場の担当者は，相手企業の経営上の不安や債務不履行の懸念を初めとする営業上のリスクを最も敏感に察知できるはずです。近時の経営環境の変化から契約締結に至る経緯等を通して，そのリスクを的確に把握することにより，自社のリスクコントロールをより万全なものとすることができるといえます。

(4) リーガルマインドの必要性

リスク分析に当たって，例えば，適用法令の解釈の余地が残され，裁判例も乏しい分野である場合には，当該法令が想定する様々な価値や利益を衡量し，将来の裁判例の動向を予測するような的確な解釈を行うことが求められます。まさに法務担当者のリーガルマインドが問われる場面です。

規制緩和による紛争の事後処理社会の進行は，官の事前規制による保護に企業が安住することができなくなったことを意味します。もはや，官庁に問い合わせれば妥当な解決が得られる時代ではなく，自己責任，自己判断で紛争を予防しなければならない時代にあって，企業内でのインハウスロイヤー，企業外での顧問弁護士を初めとする専門家の活動の意義は否が応にも高まっています。法律家はもとより，企業法務に携わる法務担当者にとっては，日頃の研鑽はもちろん，多くの分野で紛争を経験することで，紛争処理のあり方を踏まえた事前予防策を身をもって知ることが重要です。これらに裏打ちされた契約締結交渉の経験は，法務担当者としてのリーガルマインドを益々確かなものとするでしょう。

(5) リスクに対する備え

契約上およそ全ての将来リスクを回避しようとすることは，契約書をいたずらに分厚くするばかりでコストパフォーマンスに見合わないことにもなるでしょう。その意味では，将来リスクの顕在化の可能性の程度，その影響等に照らして，その大きい順にトップダウンにて契約条項策定の際リスク回避策を採る必要があるといえます。契約条項上万全の備え

が採れればベストですが，相手方の利害との調整上譲歩を引き出すことの限界も意識しなければなりません。その場合は，自社のリスクコントロール上，重要と評価されるものから順に対応するべきであり，重要度の低いものについては契約交渉上相手方に譲歩せざるを得ないこともあるでしょう。

　リスクに対する備えが契約条項上不十分な場合でも，契約による見込み利益の可能性と程度次第では，経営判断として契約に踏み切ることがあり得ます。リスク分析に従い，例えば，相手方の債務不履行が強く懸念される場合に引当金を計上してその不履行に備えたり，原材料の卸元や完成製品の出荷先企業に倒産懸念があるのであれば，取引先を複数確保して倒産リスクを分散する等，企業活動上の選択肢として契約に伴うリスクを軽減する余地はあります。また，相手先との力関係，業界慣行等から相手方のドラフトを一切修正することができない場合においても，リスクが顕在化したとしてどの程度の損失を自社が被る虞があるかを把握していれば，それを吸収できるだけの企業の体力を条件として，契約に踏み切ることもできるでしょう。そのような企業の財務的基盤それ自体がリスクに対する備えともいえるのです。

　このようにして，リスクに対する契約内外の備えがあれば，不測の重大な損失による企業の永続性への致命的ダメージを避けつつ，契約による利益の最大化を目指すことができます。

(6)　**書式は参考資料**

　巷にあふれる契約書式集は，上記のようなリスクコントロールという点からみれば，定型的に予測されるリスクを基礎としつつも，必ずしも自社サイドの利害やリスクを踏まえたものとはならないことが想定され，あくまで参考資料としての価値しかないという結論になります。本書においても参考書式は提供させて頂いていますが，その際には，予測されるリスクに対する備えのあり方を常に意識し，どちらの立場に立つとどのような修正が必要となるという発想に立って，解説をさせて頂いています。ここで大切なのは，リスクコントロールの具体化手順なのです。この手順抜きに契約書式集に安易に依存することは，それがいかにも最

はじめに

もらしい体裁を持つだけに危険というものです。

　もとより，法律家が契約書式集に単純に依存してその焼き直しで契約書をドラフトするとは思いませんが，契約書のチェック依頼を受けるに当たり，依頼者たる企業側で当該ドラフトをどのように作成したかは未知数の場合もあり，事後の専門家のチェックを前提に，インターネットで見つけた書式を転用しているに過ぎないこともあるでしょう。その内容の不十分さをいかに的確に見抜き，リスクコントロールを図れるかが，法律家，法務担当者の力量というべきものです。

4 まとめ

　本書では，以上に述べた視点に立って，非現実的，杓子定規的な分析ではなく，現実的なリスク分析を基礎とした実践的なドラフト作成を念頭において，議論を進めています。そのためには，まず各業種の実態を概観し，ある契約類型が業種横断的に登場する場合には，業種毎にどのような視点を意識すべきかを紹介して，そこで問題となるリスクを分析の上，契約条項に落とし込むこととしました。このようなリスクコントロールの視点は，ドラフト作成のみならず，カウンターオファーをも含む契約締結交渉のあらゆる場面において，企業利益の最大化とそれに基づく企業の永続性確保のために活きて来ることと思料します。

第1章 メーカー

第1　メーカー分野の特徴とは
第2　契約類型
　1　動産売買契約
　2　取引基本契約
　3　特許実施契約
　4　OEM契約
　5　技術開発委託契約
　6　共同研究開発契約
　7　秘密保持義務（事業者間）
　8　秘密保持義務・競業避止義務契約
　　　（従業員向け）

第1 メーカー分野の特徴とは

> **Point!**
> ① 製造業とは，原材料を製造加工し，完成した製品を市場に供給する産業である。
> ② 製品の売買契約においては，発注内容を明らかにした上，所有権移転と代金支払のリスクを回避する。
> ③ 発明，ノウハウの保護に関する特許法，不正競争防止法，秘密保持契約等の活用が重要である。

1 製造業とは

　製造業とは，原材料を製造加工し，完成した製品を市場に供給する産業です。我が国においては，原材料を輸入して製造業者がこれを製造加工の上，完成製品を輸出する貿易構造が長らく基本的な特徴でした。この点，近時は為替の状況や発展途上国の安い人件費を初めとする製造コスト等を動機として製造業者の海外進出が進み，輸出型から収益移転型への収益構造の変化が見られるとはいえ，基幹産業としての重要性には変わりはありません。

2 取引実態と契約類型の特徴

(1) 取引の実態

　実際の製品供給の場面においては，動産売買が行われることになりますが，一定の種類の製品の継続的かつ大量の取引が行われる場合には，取引基本契約に基づく発注・受注の形によることが一般的です。取引が国際間取引となる場合には，国際海上物品運送契約と一体となった取引形態となります。

　また，製造業における製造対象となる製品は多岐にわたりますが，製

品の市場における差別化を図るためには技術開発が不可欠であり，そのための投資は時に非常に高額となります。投下資本を十分に回収してそれに見合う収益を確保するためには，研究開発の成果である技術，ノウハウに対する正当な保護が必要となるところです。

この点，発明，ノウハウを公開して産業の発展に寄与させると共にライセンス料を保証するのが特許制度であり，他方，発明，ノウハウを非公開で利用する場合に，その不当な取得，開示，利用行為を禁止して，その保護を図るのが営業秘密保護制度です（不正競争防止法）。秘密保持契約は当事者間の拘束によりこれを補完するものとして機能することになります。

(2) 契約類型の特徴

動産売買においては，所有権移転と代金支払の確実な履行が求められるところであり，そのための契約上の対処が求められることになります。製品の製造委託を伴う取引では，製品の仕様と検査基準・方法の明確化も重要です。自社ブランドでの製造を他社に委託するOEM取引では，商標の目的外利用制限や一定数の商品の買取保証も必要になります。

また，特許実施契約では，特許権者・実施権者相互の競争力増強の観点から，改良発明に関する他方当事者の使用を許諾したり，実施権者に対する原材料の供給・競争品の取引制限等の制約が正当化されることがあります。共同研究開発契約においても，契約期間中及び終了後合理的期間内の第三者との同一テーマの共同開発制限が正当化される場面があります。これらの競争制限は，内容次第では時に独占禁止法上問題を生じることとなる場合がある点に留意が必要です。

さらに，発明，ノウハウの秘密としての保護を期待する場合には，秘密保持契約が必要となります。秘密の範囲を狭めれば秘密管理性の実現可能性は高まりますが，他方，それを広くすることでの一般的抑止力への期待が重要な場合もあります。リスクに応じた使い分けが有益といえます。

第2 契約類型

① 動産売買契約

① 目的物の品質・仕様・数量と検収方法・基準を明確にする。
② 所有権移転と代金支払に伴うリスクを回避する。
③ 債務不履行責任，瑕疵担保責任等は契約上のリスクに適合させる。

サンプル書式→動産売買契約書

1 動産売買契約の利用場面と特徴

　製造業においては，原材料を仕入れ製造加工の上，市場に供給することが業務の中心となりますので，原材料や完成製品たる動産に関する動産売買契約は業務における重要な契約類型となります。下請業者への部品類の製造委託の場面での動産製造請負契約や，購入した商品の現場での設置を伴う売買と請負の混合契約はその派生類型です。他業種においても，著作物の使用許諾等による役務提供の際に媒体としての物品の販売を伴う場合は，この契約との混合契約となります。国際運送を伴う国際取引の場面においては，動産売買契約を基礎に，売買目的物を化体した船荷証券と銀行の発行する信用状を一体として取引する荷為替信用状取引が行われます[1]。

　継続的な取引の場合に取引基本契約を締結の上で個別の売買契約が締結される場合もあれば，取引規模が小さい定型の取引の場面で発注書，受注書によって，品名，数量，代金額，支払期限程度のみを確認して売買契約が成立する場合もあります。取引上のリスクに応じて詳細な契約条項の定

1　運送契約については68頁（第2章物流・小売「運送委託契約」），国際海上物品運送契約については73頁（同章「国際海上物品運送契約」）参照。

めが必要となるといえます。

2 動産売買契約におけるポイント

(1) 目的物の品質・仕様・数量，検収

　売買契約において債務者が納品すべき目的物の品質については，特に合意があればそれに従い，それがなければ取引上通常有すべきと考えられる品質が求められます。特に請負型の契約の場合，納品すべき商品の仕様が非常に重要であり，この点に関する当事者間の認識の齟齬が紛争リスクとなりますので，契約において<u>目的物の品質・仕様等を具体的に明示する</u>べきでしょう。

　不特定物の売買の場合には，契約上の品質・仕様・数量にかなうものかどうかを買主が納品の際に検査し，合格した場合に受け入れることが通常です。これを一般に検収といいますが，これは法律用語ではなく一義的基準もないため，当事者間でのその検査方法・基準をあらかじめ定めておくことが紛争リスクの回避のために重要です。不合格品については，債務者は完全履行請求として代替品の納品義務を負います。

　納品場所及び費用については，特段の合意がなければ持参債務の原則に従うことになります（民法484条）。

(2) 所有権移転，代金支払

　買主にとっては目的物の所有権移転を受けること，売主にとっては，代金支払を受けることが契約上の重要な目的となります。民法上は契約の成立によって所有権が移転するところではありますが，所有権移転時期を具体的に定めることで，両当事者の利害を調整することが可能です。代金支払時期との関連では，<u>代金支払を先履行とすれば売主の倒産の場合に買主の所有権取得が困難となり，他方，代金支払を後履行とすれば買主の倒産の場合に売主の代金回収が困難となります</u>。商品の納品・検収をもって所有権移転とし，これと代金支払を同時履行とすることができれば，両者の妥当な調整は図れますが，必ずしもそのような対応が可能な場合ばかりではありません。そこで，それぞれの立場からリスク回避手段を考察してみます。

ア　代金支払前に商品を納品する売主のリスク回避手段

　例えば，検収をもって契約上商品の所有権が買主に移転したにもかかわらず，後の代金支払時期に代金が支払われない場合，売主としては，納品した商品に対する**動産売買の先取特権**の行使による代金回収の余地があります。そのためには商品の特定や発注・納品の事実の証明が必要になります。当該商品が第三取得者に譲渡され引き渡されるとその追及は制限されますが（民法333条），それでも第三取得者に対する**売買代金請求権への物上代位**は可能です。この点，一般債権者の差押えと競合しても物上代位権の行使は妨げられませんが[2]，物上代位の目的債権が譲渡され，第三者に対する対抗要件が備えられると，その行使は制限されます[3]。また，物上代位権の行使による債権差押・転付命令の送達前に，第三債務者の自働債権の弁済期が到来し相殺適状が生じた場合にも，第三債務者の相殺により物上代位権の行使は制限されます[4]。

　このような場合，売主としては，**所有権を留保**していれば，買主からの転得者が即時取得した場合を除いては，売買契約を解除の上，所有権に基づき目的物の返還を受けることができます。そこで，売主としては代金完済まで所有権を留保することも検討に値します。その際，自動車に関する留保所有権を再生手続において別除権として主張するには対抗要件が必要との判例もあるので[5]，買主から商品を転得し，あるいは譲渡担保権の設定を受けた第三者に対して，留保所有権を主張するためには，引渡後代金完済までは目的物を売主のために占有する旨の占有改定合意をしておくとよいでしょう。第三者による即時取得の成立を防ぐためには，所有者を明らかにするべく登録，明認方法等の公示手段を検討すると共に，買主側倉庫内での商品の保管状況の確認も検討すべきでしょう。

2　最判昭和60年7月19日判タ571号68頁。
3　最判平成17年2月22日判タ1175号140頁。
4　大阪地判平成17年1月27日金判1210号4頁。
5　最判平成22年6月4日民集64巻4号1107頁。

> **条項例（所有権留保と占有改定合意）**
>
> 1　本件商品の所有権は，本件代金の完済をもって売主から買主に移転する。
> 2　買主は検収完了時に本件商品を売主に対して占有改定により引き渡し，以後本件代金完済までの間，売主のために善良なる管理者の注意義務に従い占有・管理する。

　ただし，当該動産が他の不動産や動産に付合してしまう場合には，一個の所有権の客体ではなくなってしまうことから，所有権の留保が困難となります。工事現場で部材として利用される鉄骨等がその例ですが，製造業者から元請事業者を介して発注者へと転売された後，代金支払前に元請事業者が破産した場合には，製造業者と発注者との間には直接の契約関係もなく，代金支払を確保することが困難となります。こうした場合，<u>工事の進行状況に応じて代金の回収を図っておく必要がより一層高まる</u>といえます。

　また，人的担保として連帯保証人を付けさせたり，物的担保として債務者等の所有不動産や動産類に対する抵当権設定や第三者への債権の譲渡を受けることも支払の確実化のためには検討すべきでしょう[6]。集合動産譲渡担保や債権譲渡については第三者対抗要件として**登録制度**の活用が有用です。債権譲渡登記は，債権譲渡登記ファイルに，譲渡人・譲受人の商号（名称）及び本店（主たる事務所），債権譲渡登記の登記原因及び日付，譲渡にかかる債権の総額，その他法務省令で定める事項を記録して行います。譲渡登記と民法上の譲渡通知・承諾が競合した場合は，<u>登記の日時と通知到達時・承諾時の先後によって優先関係を決する</u>ことになります。

　さらに，相互に商品の売買を行う取引先であれば，反対債権による**相殺による回収**も有用です。受働債権が第三者から差し押えられた場合でも，自働債権の取得が差押え後でない限りは，それらの弁済期の前後

6　債権譲渡契約については352頁（第7章金融「債権譲渡」）参照。

を問わず相殺適状を条件として差押え債権者に相殺主張をすることができますが[7]，相殺適状までのタイムラグのリスクを防ぐためには，相手方が差押えを受ける等の信用不安を生じた場合には期限の利益を喪失させて直ちに相殺する旨の相殺予約を合意しておくとよいでしょう[8]。

　この他，相手方の債権の代理受領権限を設定することで，事実上優先弁済を確保することが有用な場合があります。

イ　商品納品前に代金を支払う買主のリスク回避手段

　売買の目的物が特定物の場合はもとより，不特定物でも売主の倉庫内で買主向けの種類・数量にて出庫可能な貨物とされた段階では特定により所有権が買主に移転するのが原則ですが，その結果として，第三者に対する二重譲渡が生じ得ることとなり，対抗要件が必要となります。この場合，買主としては，売主に自己のための**占有改定による引渡し**を求めることで対抗要件を具備することができます。その実効性を高めるために分離保管の状況の確認をすべきでしょう。この点，所有権移転時期を納品，検収時点とすれば，二重譲渡のリスクは避けられますが，一方で売主の経営悪化の場合に納品すべき商品の確保が難しい場合が懸念されます。

　また，売主において原材料を加工して製品化する場合には，完成製品の在庫，あるいはそれが不十分な場合には原材料の在庫について，**集合動産譲渡担保**を設定して引渡しを確実にすることが考えられます[9]。

条項例（集合動産譲渡担保）

1　売主は，本件商品の検収が完了するまでの間，本件商品引渡債務の履行を担保するため，別紙1記載の倉庫内にて管理，占有する本件商品の原材料その他の一切の動産につき，買主に譲渡する。

2　売主は，前項の譲渡担保権について，自らの費用により法令上の登録手続を履行する。

---

[7]　無制限説。最判昭和45年6月24日民集24巻6号587頁。
[8]　期限の利益喪失約款による相殺予約の差押え債権者への対抗を認める最判昭和45年8月20日民集24巻9号1320頁。
[9]　譲渡担保権設定契約については349頁（第7章金融「債権保全関連」）参照。

さらに，目的物の引渡が困難な場合には，売主の第三者への債権について，債権譲渡を受けたり，損害賠償請求権を被保全権利とする差押え又は仮差押えをすることが考えられます。これに備える意味でも人的担保，物的担保は有用です。

(3)　**債務不履行，瑕疵担保，危険負担**

　債務者の責に帰すべき債務不履行の場合には，損害賠償請求と共に，催告により契約を解除できますが（民法541条），履行不能の場合（民法543条），あるいは契約の性質又は当事者の意思表示により特定の期間内での履行が必要な定期行為の場合には契約の無催告解除が可能です（民法542条）。この他，相手方が信用不安を生じた場合等における約定解除権の定めも，倒産リスクの高まった相手方との取引の早期解消のためには重要です。

　また，納品後に隠れた瑕疵が発見された場合，その瑕疵を知ったときから1年以内に解除（契約の目的を達成できない場合），又は損害賠償を請求することができます（民法570条）。この期間内の意思表示により保存された権利は，債権の消滅時効に服することになりますが，<u>責任の内容については合意による変更が許され，目的物の品質に応じたリスク分析が求められます</u>。この点，商人間の売買においては，買主は納品を受けた後遅滞なく目的物を検査し，瑕疵・数量不足を発見した場合には直ちに相手方に通知しなければ，瑕疵・数量不足を理由とする契約解除又は代金減額若しくは損害賠償請求が制限されます。瑕疵が直ちに発見できない場合に，買主が6か月以内にそれを発見したときも同様です（商法526条）。この<u>通知義務を履行の上</u>，**瑕疵担保責任**を追及することになります[10]。

　一方，債務者の責によらない商品の滅失，毀損については危険負担の問題となります。民法上不特定物については目的物の特定により危険が債権者に移転しますが（民法534条2項），これでは債権者の負担が重いと評されており，債権法改正の論点ともなりました。この点，契約によ

10　不動産売買における債務不履行責任・瑕疵担保責任については258頁（第6章不動産・建設業「土地売買契約」）参照。

り危険移転時期を納品時，あるいは検収時等に設定することによって，債権者の負担を軽減することが考えられます。特に，売主の倉庫内で目的物を分離保管させる場合には目的物が特定すると見られる可能性は高く，契約的対処の必要性が高いといえます。

> **条項例（危険移転時期を検収時とする場合）**
>
> 　買主は，本件商品の検収が完了するまでに，両当事者の責に帰することのできない事由によりそれが滅失，毀損した場合には，その限度で代金支払義務を免れる。

(4)　その他

　製造業においては，目的物の瑕疵が原因となって目的物以外の人，物に損害が発生することで，製造業者が製造物責任を問われる場合があります。製造物責任法は，エンドユーザーから製造業者に対する請求を根拠づけるところですが，製造業者から目的物を購入してエンドユーザーに転売した買主が，エンドユーザーに対して負担した損害賠償，商品回収費用，弁護士費用等の損害について，売主たる製造業者に求償できるかについては，契約上の損害賠償範囲の問題として相当因果関係論の問題となるため，あらかじめ合意により処理することが望ましいでしょう。

> **条項例（製造業者への求償の定め）**
>
> 　買主は，本件商品の設計，製造，指示，警告上の欠陥により，それが通常有すべき安全性を欠いていた結果，その転売先等の第三者において損害が生じたときは，当該第三者に支払を余儀なくされた損害賠償額，自らに生じた財産上及び信用上の損害，及び弁護士費用その他の費用の全額について，売主に求償することができる。

　また，動産が，第三者の著作権，意匠権等の**知的財産権**を侵害する場合にも，目的物を転売した買主が，権利者に損害賠償等を余儀なくされることがあり得ます。この場合の売主への求償についても同様にあらかじめ合意により処理するのが望ましいでしょう。

　さらに，損害賠償額の予定や，その金額ないし賠償範囲の制限，軽過

失免責等についても，納品先における拡大損害のリスク次第では，製造業者にとって重要な場合があります。

取引基本契約

> **Point！**
> ① 取引基本契約書には，想定される取引の実態を踏まえて，個別契約に共通して適用すべき事項を記載する。
> ② 個別契約の成立方法を明示する。
> ③ 取引先の信用状態に留意した条項を定める。

サンプル書式→動産売買取引基本契約書

1 取引基本契約の利用場面と特徴

　製造業者と特約店の間の商品の売買契約のように，反復継続して行われる取引（以下「継続的取引」といいます。）を行う当事者間では，商品を売買する度に売買契約書を作成するのは煩雑であり，取引の迅速性を阻害します。そこで，継続的取引関係にある当事者間では，あらかじめ取引の基本となる事項について契約を締結することで，個々の取引（以下「個別契約」といいます。）を画一的かつ迅速に行うことが望まれます。

　基本契約とは，個別契約に共通して適用される基本事項（当事者，注文・承諾の方法，所有権の移転の時期，代金の支払時期・支払方法，瑕疵担保責任，裁判管轄等）を定めた包括的な契約をいいます[11]。

　継続的に売買を行う場合，基本契約書が存在することで，逐一契約条件を交渉して合意することなく，発注書・受注書の送受信のみで個別契約を成立させることができます。

　取引基本契約書は，将来にわたって個別契約の基本となるので，慎重に

---

11 何を基本事項と定めるかは，想定される契約の実態により異なります。本文では代金の支払時期を挙げましたが，発注書・受注書に記すこともあります。

第1章 メーカー

作成することを要します。本章「動産売買契約におけるポイント」(12頁)で解説した，目的物の品質・仕様，所有権移転・代金支払，債務不履行，瑕疵担保責任，危険負担のポイントは，取引基本契約書にもあてはまります。そこで，ここでは継続的な動産売買のために作成された取引基本契約書を例に，取引基本契約の問題となるポイントを解説します。

2 取引基本契約におけるポイント

(1) 基本契約と個別契約の優先関係

　　基本契約と個別契約の間に矛盾が生じた場合，一般的に，後法優越の原則から，契約の成立時期が後の個別契約が優先すると考えられます。

　　ただし，当事者間の認識の齟齬を防ぐため，取引基本契約書中に基本契約と個別契約の優先関係を記載することが望ましいでしょう。

> 条項例（個別契約との優先関係）
>
> 　契約に定める事項は，個別契約に共通して適用される。ただし，個別契約において本契約と異なる事項を合意した場合は，当該事項が本契約に優先して適用される。

(2) 個別契約の成立方法

　　取引基本契約書は，個別契約を画一的かつ迅速に行うために作成されるものですから，民法や商法等の準則に委ねることなく，個別契約の成立方法を明確かつ合理的な方法で定める必要があります。基本契約書作成時に，個別の必要な商品，数量，納期等を合意することは困難と考えられます。そこで，具体的な取引条件については，個別契約に委ねる方法が一般的です。

> 条項例（個別契約の成立方法）
>
> 　1　個別契約は，買主が売主に対して発注書をファクシミリ又は電子メールで送信する方法により発注し，売主が買主に対して受注書をファクシミリ又は電子メールで送信する方法により承諾して成立する。

> 2　売主が前項の発注を受けてから5営業日以内に諾否の回答をしないときは、売主は当該発注を承諾したものとみなす。
> 3　品名、数量、単価、納期その他売買に必要な条件は、本契約に定めるものを除き、個別契約において定める。

(3)　有効期間

　一般的に、取引基本契約書には有効期間を定めます。そして、有効期間が経過した後も契約の有効期間が延長されるよう、**自動更新特約**も定めておくのが一般的です。取引基本契約書は継続的な取引関係を前提としているので、あらためて取引基本契約書を締結するのは煩雑であり、また意図しない契約の終了を回避する必要があります。

　有効期間を定めない場合であっても、契約の効力が永続的に存続することはありません。この場合、原則として、契約当事者の一方の解約の意思表示により、いつでも契約を解除（解約）することができます。

　しかし、この原則を貫くと、「相当期間契約が継続するであろう」という当事者の期待に反する結果になりえます。

　そこで、裁判例は、期間の定めのない継続的契約関係の解除（解約）の可否について、契約を継続し難い重大な事由の有無を検討して判断しています（大阪高判昭和59年2月14日判時1126号42頁[12]、東京高判昭和59年12月24日判時1144号88頁）。

条項例（有効期間）

> 本契約の有効期間は、〇年〇月〇日から〇年〇月末日までとする。ただし、有効期間終了の2か月前までに、売主又は買主から書面によ

---

[12] 継続的商品供給契約の供給者からの解約の有効性が争われた事案において、「期間の定めのない継続的売買契約においては、原則として当事者の一方はいつでも右契約を将来に向つて解除（解約告知）しうるというべきではあるが、当該契約の種類、性質によつては、当事者は相当程度の人的物的投資をなすとともに、契約の継続を前提として第三者との間に商品の仕入あるいは販売のための契約をなしていることが予想されるから、相当の予告期間を設けた場合は別として、契約を継続し難い重大な事由が存しない限り、右契約を一方的に解除し得ないと解するのが相当」とした上、「契約を継続し難い重大な事由」を認め、解除が有効であるとした裁判例。

> る解約の申し出がないときは、本契約と同一の条件で1年間自動的に更新するものとし、以後も同様とする。

(4) 解除

契約の有効期間を定めた場合、原則として、有効期間中は法定解除事由（履行遅滞、不完全履行、履行不能）がない限り、契約を解除することはできません。

しかし、継続的取引関係においては、取引先の信用状態は極めて重要です。法定解除事由がない限り契約を解除することができないとすれば、信用状態が悪化した取引先に対して義務を負担しつつ、債権回収不能のリスク負う結果を招きかねません。

そこで、法定解除事由以外にも契約を解除できるように、契約解除条項を設ける必要があります[13]。

実務上見受けられる契約解除条項の解除事由として、①破産、民事再生、会社更生手続開始の申立②支払停止、不渡処分③仮差押え、仮処分、強制執行の申立④営業停止、営業許可取消⑤解散決議等が挙げられます。

ただし、裁判例では、契約解除条項該当事由が認められても、信義則違反等の一般法理や、やむを得ない事由の存否等による解除の制限がかかる場合が珍しくありません。したがって、解除条項該当事由があったとしても、必ずしも解除が認められるわけではないということのリスクを踏まえる必要があります[14]。

また、破産手続開始時に、当事者双方が双務契約の債務の履行を完了していないときは、破産管財人が契約の解除をし、又は破産者の債務を履行して相手方の債務の履行を請求することができると定められていることから（破産法53条1項）、相手方からの解除はできないことにも注意が必要です。同様の規定は、民事再生手続の場合（民事再生法49条1

---

[13] 契約解除条項に定める解除の効果は、原則として将来効であると考えられる（瀧川宜伸『取引基本契約書の作成と審査の実務』241頁（民事法研究会、第5版、2014年））。

[14] 清水建成・相澤麻美「企業間における継続的契約の解消に関する裁判例と判断枠組み」判夕1406号29頁。

項）や，会社更生手続の場合（会社更生法61条1項）にも存在します。

3 特許実施契約

> **Point！**
> ① 許諾対象となる権利，許諾の種類，地域，期間，技術分野，許諾料等を明確にする。
> ② 改良発明の譲渡・実施許諾，原材料の購入義務，競争品の取引制限，不争義務等については，独占禁止法に留意する。
> ③ 侵害排除義務，権利の保証，担保責任等を具体化する。

サンプル書式→特許実施契約書

1 特許実施契約の利用場面と特徴

　特許権の実施契約とは，特許権者が当該特許権にかかる特許発明を自ら実施せず，又は自らも実施しつつ，第三者にその実施を許諾する契約です。
　特許法は，「発明の保護及び利用を図ることにより，発明を奨励し，もって産業の発達に寄与することを目的とする」（同法1条）と定めています。すなわち，自然法則を利用した技術的思想の創作のうち高度のものを「発明」（同法2条1項）として，一定期間特許権を与えて権利を独占させ，その技術開発投下資本の回収を図らせると共に，技術そのものは公開して，特許実施料を支払うことでその利活用を推進する制度です。
　企業活動の要素は，①ヒト，②モノ，③カネ，の3要素で語られることが多いですが，現代においては，②モノに含まれるべき重要要素として「情報」を挙げることができます。情報は高度の資産価値を有する場合があり，その最たるものが発明です。これを自己実施のみにより利活用するのであれば，あえてその公開をする必要もなく，特許出願をせずにその秘密管理を図ることも検討に値します。しかし，これをライセンシングして第三者の実施による利活用を進め，その対価としての実施料による収益化

を実現するには,発明の独占的な保護が図られなければなりません。その際に,発明の公開による産業の育成を図りつつ,発明者の正当な対価を保証するのが特許制度であり,ライセンシーによる実施を一定の条件の下で許諾するのが特許実施契約です[15]。

ここでは,特許権者としては,①ライセンスによる収益,②投下資本の回収,③(クロスライセンスなど)他社の技術・権利の取得対価への充当,を期待するのであり,他方,実施権者としては,①研究開発費などのコスト節減,②研究開発期間の短縮,③権利の確立・保障過程の省略,を期待することとなります。

ところで,特許法が発明についての独占的な権利を保障することから,私的独占,不当な取引制限及び不公正な取引方法を禁止し,公正かつ自由な競争を促進することにより,一般消費者の利益確保と国民経済の民主的で健全な発達を促進する独占禁止法との関係が問われます。この点,独占禁止法21条は,「この法律の規定は,著作権法,特許法,実用新案法,意匠法又は商標法による権利の行使と認められる行為にはこれを適用しない。」としていますが,公正取引委員会の「知的財産の利用に関する独占禁止法上の指針」(以下「知財指針」といいます。)[16]第2−1によれば,同条の趣旨は,外形上権利の行使と見られる行為であっても,実質的に権利の行使とは評価できない場合[17]は,独占禁止法の規定を適用するものと解されており,規範的評価を伴う実質判断によることになります。

2 特許実施契約におけるポイント

(1) 許諾対象となる権利,許諾の種類,対象地域,期間等

特許実施契約においては,まず許諾対象となる特許を明示の上,許諾

---

15 著作物に関するライセンスについては92頁(第3章エンターテインメント「ライセンス契約」),ソフトウェアライセンスについては144頁(第4章通信・情報処理「ソフトウェア開発委託契約」)参照。
16 平成19年9月28日制定,平成22年1月1日改正。
17 同指針によれば,「権利の行使とみられる行為であっても,行為の目的,態様,競争に与える影響の大きさも勘案した上で,事業者に創意工夫を発揮させ,技術の活用を図るという,知的財産制度の趣旨を逸脱し,又は同制度の目的に反すると認められる場合は,上記第21条に規定される『権利の行使と認められる行為』とは評価できず,独占禁止法が適用される。」とされます。

により設定される実施権の内容を合意することになります。この点，特許法は，許諾による実施権として，①**専用実施権**及び②**通常実施権**を定めています[18]。専用実施権は，設定行為で定めた範囲で業として特許発明の実施を専有する権利です（特許法77条2項）。排他独占的権利であり，登録が効力発生要件とされ，特許権者自身の実施は制限され，侵害行為に対しては，特許権者及び実施権者が当事者として提訴できます[19]。

　これに対し，通常実施権は，設定行為で定めた範囲で業として特許発明の実施をする権利です（特許法78条2項）。債権的権利ですが，平成23年特許法改正により，登録なくして対抗力を有することとされました[20]（同法99条）。特許権者自身の実施は制限されず，侵害行為に対しては，特許権者のみが当事者として提訴できます。このうち，独占的なライセンスの合意を交わした場合を独占的通常実施権，それ以外の場合を（非独占的）通常実施権と呼びますが，通常実施権者といえども上記法改正により，後に設定を受けた独占的通常実施権者，専用実施権者，特許権の譲受人に登録なくして実施権を対抗できることとなったことから，特許権の譲渡，実施権の設定を受ける際は，先行する実施権の存否についての調査が不可欠となります。こうして実施契約の存否，内容が将来的な紛争要因となり得ることから，許諾の種類，地域，期間，技術分野[21]，許諾料等についても，明確に定めることで，後日の紛争を避けるべきでしょう。

(2) **実施権者の実施義務，再実施権の許諾**

　ところで，契約に規定がない場合に，実施権者が実施義務を負うかについては争いがあるものの[22]，無償の実施権者及び定額実施料の支払いを約した実施権者は許諾特許の実施義務を負いません。

　ここでの問題は，むしろ実施権者が特許権を実施しない場合に特許権者として実施の機会をいかに回復するかにあります。この要請は，専用

18　この他，仮専用実施権，仮通常実施権等がありますが，これは特許権の設定登録前に特許を受ける権利が第三者に移転した場合や，特許を受ける権利を有する者が破産した場合等に実施権者を保護するために導入された制度です。
19　最判平成17年6月17日民集59巻5号1074頁。
20　通常実施権の権利変動についての対抗要件については，民法の指名債権の規定（民法467条等）に従って規律されます。

実施権,独占的通常実施権の場合に,より顕著となります。こうした場合,例えば,実績実施料があらかじめ定めた最低額に満たない場合に,特許権者側の判断により,独占実施権を非独占実施権に変更できる旨の定めを置くことが考えられます。

ところで,実施権者が誰かは特許権者においても重要事項ですので,その譲渡又は再実施権の許諾に当たっては,特許権者の事前承諾を求めることになります。ただし,通説・判例によれば,下記の要件を満たした下請[23]実施は,再許諾とは扱われず,特許権者の承諾がなくとも適法に実施できるものとされています[24]。すなわち,①実施権者から下請製造者への工賃の支払い,②実施権者の下請製造者に対する,原材料の購入,品質等の点での指揮,監督,③実施権者の下請製造者からの製品全品の引き取りの実施,の3要件[25]です[26]。

---

21 「ライセンサーがライセンシーに対し,当該技術を利用して事業活動を行うことができる分野(特定の商品の製造等)を制限することは,原則として不公正な取引方法に該当しない」(知財指針第4-3)とされますが,次のような場合には例外的に不公正な取引方法に該当するので注意を要します(同指針第4-2)。
  ① 自己の競争者がある技術のライセンスを受けて事業活動を行っていること及び他の技術では代替困難であることを知って,当該技術に係る権利を権利者から取得した上で,当該技術のライセンスを拒絶し当該技術を使わせないようにする行為。
  ② ある技術に権利を有する者が,他の事業者に対して,ライセンスをする際の条件を偽るなどの不当な手段によって,事業活動で自らの技術を用いさせるとともに,当該事業者が,他の技術に切り替えることが困難になった後に,当該技術のライセンスを拒絶することにより当該技術を使わせないようにする行為。
  ③ ある技術が,一定の製品市場における事業活動の基盤を提供しており,当該技術に権利を有する者からライセンスを受けて,多数の事業者が当該製品市場で事業活動を行っている場合に,これらの事業者の一部に対して,合理的な理由なく,差別的にライセンスを拒絶する行為。
22 実績実施料の支払いを約束した実施権者は実施義務を負うとする実績実施料説,専用実施権者・独占的通常実施権者のみが実施義務を負うとする独占実施権説等がある。
23 なお,下請代金支払遅延等防止法の定める要件は,下請企業の保護のための要件に過ぎず,上記下請実施として特許権者の承諾が不要となるかどうかとは議論の場面を異にします。
24 当該開示技術が出願公開前,ないしは秘密性を要するノウハウ技術である場合には,許諾権者側の承認なしに当該技術を他人に下請させることができないものと一般に解されています。ノウハウの場合は,情報漏えいを生じることで権利保護が困難になることに照らせば,その結論はあながちバランスを欠いたものではありません。
25 米国判例では,上記③が重視される一方,②はそれほど重視されず,したがって,より広い範囲で下請製造該当性が認められています(西美友加「米国判例における下請製造権(have-made rights)の解釈」・日本弁理士会会誌「月刊パテント」63巻7号92頁以下)。

(3) 改良発明の通知，譲渡，実施許諾

　　特許権者，実施権者いずれにおいても，改良発明を他方に開示することの意義は大きいといえます。すなわち，特許権者側の改良は，これを実施権者に開示し実施させることで，実施権者の競争力を高め，実施料の安定収入を確保することができます。他方，実施権者側の改良は，これを特許権者側に開示することで，研究開発費をかけることなく技術改良と競争力の増強を図ることができます。このため，改良技術の開示を双方に義務づける例も見られるところです。この点，改良発明の定義としては，「本特許発明と特許法72条所定の利用関係にある発明」とすることが考えられます。

　　ところで，実施権者側が改良発明を行った場合は，当該改良発明及び特許出願権が無償にて特許権者に帰属するとする，いわゆる**アサインバック条項**については，本来実施権者に帰属すべき権利を不当に特許権者に帰属させるものとして，不公正な取引方法（一般指定12項）に該当し，違法となるおそれが高いため（知財指針第4－5(8)），特許権者の実施を許諾する，いわゆる**グラントバック条項**に留めるべきでしょう。ただし，実施権者が改良発明後にその特許出願権を放棄した国，又は一定期間内に出願しない国への出願権を特許権者側に認める規定については，改良発明の保護への利害の観点から，その内容が合理的である限り許容されると解されています。

　　なお，実施権者が開発した改良技術がライセンス技術なしには利用できないときは，当該改良技術に係る権利を相応の対価で特許権者に譲渡する義務を課すことが，円滑な技術取引を促進する上で必要な場合があり，実施権者の研究開発意欲を損なうとまでは認められないことから，一般に公正競争阻害性を有しないものとされています（知財指針第4－5(8)）。想定される改良技術の価値を視野に入れて判断すべきでしょう。

26　大判昭和13年12月22日人民集17巻2700頁。同旨のものとして最判昭和44年10月17日民集23巻10号1777頁，最判平成9年10月28日裁判民集185号421頁。

> **条項例（改良発明の通知，実施許諾）**
>
> 1　甲又は乙が本契約期間中に本特許発明の改良発明（本特許発明と特許法72条所定の利用関係にある発明をいう。）を行ったときは，その改良発明後1月以内にその内容を他方当事者に対して書面により無償開示する。
> 2　甲が前項の改良発明を行ったときは，乙は本特許権の実施条件の下，これを追加費用なしに実施することができる。ただし，当該改良発明による経済的効果が著しいことが想定される場合には，甲及び乙は本件実施料の改訂を協議する。
> 3　乙が第1項の改良発明を行ったときは，甲は当該改良発明を無償にて非独占的に実施することができる。

(4) 原材料の購入，競争品の取引制限

　特許権者が実施権者に対して，原材料・部品等の品質又は購入先を制限する場合があります。かかる行為は，当該技術の機能・効用の保証，安全性の確保，秘密漏洩の防止の観点から一定の合理性が認められる場合があります。しかし，許諾特許を用いた製品の供給は，実施権者自身の事業活動であり，原材料・部品に係る制限は実施権者の競争手段（原材料・部品の品質・購入先の選択の自由）を制約し，また，代替的な原材料・部品を供給する事業者の取引の機会を排除する効果を持つことになるので，上記の観点から<u>必要な限度を超えてこのような制限を課す行為が公正競争阻害性を有する場合には，不公正な取引方法（一般指定10，11，12項）に該当する</u>ものと解されます（知財指針第4－4(1)）。

　また，特許権者が実施権者に対して特許権者の競争品の製造・販売を制限したり，特許権者の競争者から競争技術のライセンスを受けることを制限する場合があります。これらの行為も，公正競争阻害性を有する場合には，不公正な取引方法（一般指定10，11，12項）に該当することになります（知財指針第4－4(4)）。

(5) 不争義務

　許諾特許の有効性を争わない義務を実施権者に課すことがあり，不争

義務と呼ばれます。この定めは，許諾特許の有効性に特段問題がない場合など，円滑な技術取引を通じ競争の促進に資する面があり，当事者間の信頼関係保持の観点から機能が期待されます。しかし，仮に特許の無効のおそれが生じた場合においても，一切これを争えないとなると，本来無効となるべき権利が存続し，当該権利に関する技術の利用が制限されることにもなるため，公正競争阻害性を有するものとして，不公正な取引方法（一般指定12項）に該当するおそれがあります（知財指針第4－4(7)）。

この点，特許の有効性を争った場合の解除権を定めることには問題がないものと一般に解されていますが，実施権者側からすれば，正当理由を解除権行使の要件として求めた上で，明らかな無効事由に対しては担保責任の問題としての処理を求めるのが合理的です。

(6) 権利の保全，侵害排除

特許権者は，特段の合意がなくとも，契約期間中許諾特許の実施を実施権者に享受させる義務を負い，特許権の権利性を保全しなければなりません。特許料の納付による権利保全を図ると共に，実施権者の予期しない訂正審判により，その実施範囲が制約を受けることを回避するべく，実施権者の承諾なしに許諾特許について訂正審判を請求することはできないものとされます（特許法127条）[27]。

この点，特許請求の範囲を制限しなければ許諾特許全部が無効になるおそれが顕著な場合，実施権者の承諾を得られないと，特許権者は訂正審判請求ができなくなることが懸念される一方[28]，実施権者側の特許の無効を争う正当な利益にも配慮するべき場面も想定されます。そこで，訂正審判請求に合理的理由がある場合に限定して実施権者の承諾義務を定めることが考えられます。

ところで，特許権者の義務は実施権者の実施を妨げないという不作為が中心であり，第三者の侵害排除までは義務付けられません。通常実施

---

[27] 無効審判における訂正請求の場合にも準用されている（特許法134条の2第9項）。
[28] 実施契約を締結しただけでは直ちに実施権者にこの承諾義務が生じるものではないとした裁判例があります（東京高判平成16年10月27日裁判所ウェブサイト）。

権者自身は差止請求権を有さないことに照らしても[29]、特許権者の侵害排除義務の定めが必要になります。実際に、十分な排除措置が採られない場合、実施権者としては、義務の内容次第では債権者代位権行使の余地はあるものの、実施料の減免や損害賠償責任の定めを置くことも現実的な選択肢です。特許権者としては、賠償額の制限条項を置くことも検討課題となり得ます。

> **条項例（特許の無効と実施料の減免）**
>
> 1 甲は、本特許権に関し、特許異議の申立てがなされたとき、取消決定がなされたとき、特許の無効の審判請求があったとき、特許を無効にすべき旨の審決があったとき、又は取消決定若しくは特許を無効にすべき旨の審決が確定したときは、その旨を乙に速やかに通知するものとする。
> 2 前項の場合、乙は甲に対して、相当の範囲で第〇条に定める実施料の減免を請求し、又は本契約の目的を達成することができない場合にはこれを解除することができる。いずれの場合も、乙は甲に対して、発生した損害の賠償を請求することができる。
> 3 乙は、合理的な理由があるときは、甲の行う本特許請求範囲縮減の訂正審判請求に承諾することとする。

(7) 権利の保証、担保責任

特許無効審判確定時に、既払実施料が不当利得となるかについては学説が分かれますが、特許の有効性を保証した場合にはその効果として不当利得返還が認められる余地もあるため、実施許諾に伴うノウハウの提供の状況や法的安定性に鑑みて、特許の有効性を保証しないとして、実施料不返還特約を置く例も見られますが、特許権者に合理的な調査義務を課すという選択肢もあり得るところです。

また、特許の技術的実施可能性を保証しないとする例も散見されます

---

29 実用新案権の非独占的通常実施権についての否定例として、大阪地判昭和59年4月26日判タ536号379頁、意匠権の完全独占的通常実施権についての否定例として、大阪高判昭和61年6月20日無体集18巻2号210頁。

が，実施権者としては，錯誤無効，瑕疵担保責任共に当事者の認識次第で救済の可能性は限定されるため[30]，一定の保証が望ましいところです。この場合，工業生産上の技術的実施可能性（実施権者の工場においてそれが生産可能であること）の保証までは求められないとしても，<u>実験上の技術的実施可能性（実施権者の下での再実験において同様の実験結果を得られること）の保証については，合理的と考えられる余地も大きい</u>といえます。

さらに，当該特許の実施が第三者の知的財産権を侵害するような場合，特許権者に瑕疵担保責任を生じると解する見解も有力ですが，侵害しないことの保証の上で，侵害時の実施料の減免，損害賠償責任ないしその制限条項を置くことも考慮に値します。

条項例（特許の有効性に関する調査義務等）

1　甲は，乙に対して，本特許権に無効事由が存しないこと，及び乙による実施が第三者の権利により制限を受けないことにつき，合理的な範囲で調査を行う。
2　甲は，乙に対して，本特許発明が実験上技術的に実施できるものであることについては保証し，それが工業生産上技術的に実施できるものであることについては保証しない。

4 OEM契約

Point！

① 商標と技術情報の利用範囲を限定する。
② 委託者とメーカーの資本金次第では，下請取引（製造委託）に該当することがある。
③ 競合他社とOEM取引を行う場合は，独占禁止法上のリスク

30　民法95条ただし書，570条，566条1項，572条。

第1章 メーカー

> にも目を向ける。

サンプル書式→ OEM 基本契約書

1 OEM 契約の利用場面と特徴

OEM[31] 取引とは，委託者がメーカーに対して委託者のブランドで製品の製造を委託する取引をいいます[32]。

製品の仕様等については，委託者が指定することもありますし，メーカーが自社ブランドで販売している製品と同じ場合（製品名だけ違う場合）もあります。

OEM 取引は，委託者にとっては，自社で新たな技術開発投資をせずに自社ブランドで当該市場に参入したり，市場成長期の生産能力不足を補ったりするメリットがあります。他方，メーカーにとっても，委託者の販売力を活かして製品を拡販することで生産量を増やして売上高を増大させたり，委託者から製造に必要な機械や金型などの貸与や技術指導を受けることで，自社の技術水準を向上させるメリットがあります。この点，委託者は，OEM 取引で自社の製造技術やノウハウが流出することを防止するために，契約上手当しておくことが必要です。

なお，市場が成熟した製品については，製品構成を維持しつつ新製品の技術開発に投資するために，競争事業者間で OEM 取引が行われるケースも少なくなく，独占禁止法のリスクにも注意する必要があります。

2 OEM 契約におけるポイント

(1) 商標の目的外使用制限

委託者は，自社のブランドが表示された製品について「製造者」としての責任を負いますので（製造物責任法2条3項2号），メーカーが委託者に無断で製品を横流しするようなことがあれば，購入者から予期せぬ

---

[31] Original Equipment Manufacturer の略称です。委託者のブランドで製品を開発・設計する場合は，ODM 取引（Original Design Manufacturing）といいます。
[32] 音楽著作物に関する OEM 取引については121頁（第3章エンターテインメント「OEM 契約」），業務提携契約については117頁（同章「業務提携契約」）参照。

クレームを受けることにもなりかねません。

そこで，委託者は，メーカーに対して，OEM 取引の対象製品を第三者に販売することを禁止するとともに，商標の対象製品への表示を「本契約の目的」に限定し，対象製品以外への表示を禁止しておくことが必要です。

> **条項例（商標の利用範囲）**
>
> 乙は，甲の商標を付した本製品を甲以外の第三者に譲渡・販売したり，甲の商標を本契約の目的以外に使用してはならない。

また，委託者にとっては，ブランドイメージの定着のために，商標やサービスマークが製品に正確に表示されることも大切です。そこで，委託の際に，自社の商標やサービスマークの表示の態様や方法等をメーカーに書面で細かく指示をしておくようにしましょう。

(2) 買取（発注）保証

メーカーは，限られた生産能力の中で委託者の注文に対応していくことになります。OEM 取引をきっかけに生産設備を増強するようなことになれば，その費用の回収も見込まなければなりません。そこで，あらかじめ委託者に年間の買取（発注）数量を保証させることにより，メーカーは，生産の平準化を図ることが可能となり，また在庫リスクも抱えなくてすみます。

> **条項例（年間発注保証）**
>
> 甲は，乙に対して，本製品を次の通り発注して買取ることを保証し，次年度以降については，甲乙協議して定める。
> 　初年度（〇月〇日から〇月〇日まで）〇〇〇万個

(3) 委託者の技術情報の秘密保持

委託者が仕様等を指示して製造を委託する場合，その指示の中には委託者の技術情報が含まれます。メーカーが OEM 取引以外の目的にこの技術情報を利用したり，この技術情報を再委託先などに流出させたりすることを防止するために，委託者に無断で同一品や類似品を第三者に対

して販売したり，第三者にこれを行わせることを禁止しておくことが重要です。

> **条項例（第三者への販売禁止）**
>
> 乙は，甲の書面による事前の承諾を得た場合を除き，第三者に対し甲より提供された仕様書により指示する本製品又はその一部を変更した類似品の製造販売を自ら行い，あるいは第三者にこれを行わせてはならない。

また，委託者が書面で仕様を指示する場合は，メーカーに対して，当該仕様書を事前の委託者の承諾なく複製を禁止するとともに，委託者所定の目的以外に使用したり，第三者に開示したりしてはならないことも明記しておくべきです。

(4) 生産中止の事前通知義務

委託者は，自社の販売力を維持するためには，製品を安定的に継続的して市場に供給することが必要です。そのため，メーカーが製造を中止する場合には，委託者が後継のメーカーを探したり，販売先に代替製品への切り替えを案内するなどの対応ができるよう，メーカー側に相当期間前に連絡するように義務づけておくことが肝要です。

> **条項例（生産中止）**
>
> 乙が，本製品を商業的に生産することが著しく困難又は不可能となった場合，その旨を生産中止の〇か月前までに甲に連絡し，甲の最終発注量及び以後の対策について別途協議するものとする。

(5) 下請取引に該当する場合の注意点

次に定める委託者とメーカーの間でOEM取引を行う場合，当該取引は**下請取引**に該当します。

第2　契約類型
4　OEM契約

委託者		メーカー
資本金3億円超	⇒	資本金3億円以下
資本金1千万円超3億円以下	⇒	資本金1千万円以下

　下請取引に当たる場合，委託者は，次に挙げる親事業者の義務を負います。支払期日については当然ながら，その他の義務についても社内に認識させるために，できる限り契約書の約定にも反映させておく方がよいでしょう。

ア　**書面の交付義務**：発注時に法定記載事項[33]を満たす書面を交付すること。

イ　**支払期日を定める義務**：下請代金の支払期日を<u>給付の受領後60日以内</u>に定めること[34]。
　　なお，起算点が，メーカーから請求のあったときからではないことに注意してください。

ウ　**書類の作成・保存義務**：下請取引の内容を記載した書類を作成し，<u>2年間保存すること</u>[35]。

エ　**遅延利息の支払義務**：支払が遅延した場合は<u>年14.6パーセント</u>の遅延利息を支払うこと[36]。

---

[33] ①親事業者及び下請事業者の名称（番号，記号等による記載も可），②製造委託した日，③下請事業者の給付の内容（委託の内容が分かるよう明確に記載する。），④下請事業者の給付を受領する期日，⑤下請事業者の給付を受領する場所，⑥下請事業者の給付の内容について検査をする場合は，検査を完了する期日，⑦下請代金の額（具体的な金額を記載する必要があるが，算定方法による記載も可），⑧下請代金の支払期日，⑨手形を交付する場合は，手形の金額（支払比率でも可）及び手形の満期，⑩一括決済方式で支払う場合は，金融機関名，貸付け又は支払可能額，親事業者が下請代金債権相当額又は下請代金債務相当額を金融機関へ支払う期日，⑪電子記録債権で支払う場合は，電子記録債権の額及び電子記録債権の満期日，⑫原材料等を有償支給する場合は，品名，数量，対価，引渡しの期日，決済期日，決済方法（下請代金支払遅延等防止法第3条の書面の記載事項等に関する規則第1条）。

[34] 下請代金支払遅延等防止法2条の2。

[35] 下請代金支払遅延等防止法第5条の書類又は電磁的記録の作成及び保存に関する規則3条。

[36] 下請代金支払遅延等防止法第4条の2の規定による遅延利息の率を定める規則。

(6) 競争事業者とOEM取引をする場合の独占禁止法上の注意点

　独占禁止法は，競合他社とのOEM取引自体を禁止しているものではありませんが，OEM取引により当事者間で製造に係る情報を共有することになり，価格や販売先の調整などをしやすい環境が必然的に生まれるため，これにより一定の取引分野における競争が実質的に制限される場合には，不当な取引制限（独占禁止法3条）として問題となることがあります[37]。

　<u>不当な取引制限にあたるかどうかは，委託者とメーカーの市場シェアの合計，他の競争事業者の市場シェア，競争状況（新規参入の可能性など），製造コストの販売価格に占める割合，メーカーの生産能力に占める割合などを総合考慮して判断されます</u>[38]。

　OEM取引の際に，価格や販売先などについて競争事業者間で条件をつけるようなことがあれば，不当な取引制限に該当するリスクが高まります。委託者であれば購買部門，メーカーであれば製造部門に対して，OEM取引により知り得た情報を厳重に管理するよう注意喚起することが重要となります。

5 技術開発委託契約

Point!

① 開発を委託される技術の内容，開発手法等をできるだけ明確化し，当事者間での認識の齟齬を防ぐ。
② 委託業務により発生した成果の帰属，利用権の所在を明確にする。
③ 技術の内容等に関する秘密保持義務を明確にする。

サンプル書式→技術開発委託契約書

37　公正取引委員会・平成13年相談事例集・「8 建設資材メーカーの相互的OEM供給」など（http://www.jftc.go.jp/dk/soudanjirei/h14/h13nenmokuji/h13nen08.html）。
38　伊藤薫「競争事業者間のOEM契約における独占禁止法の観点からの一考察」ビジネス法務2012年10月号138頁以下参照。

1 技術開発委託契約の利用場面と特徴

　現在のグローバルな競争が続く事業環境のもと，事業者は，絶えず技術の改良・革新を継続していく必要があります。他方，そのような技術改良・革新のために必要な研究・開発活動には，基礎となる技術・ノウハウのほか，人材，資金力，機材等のリソースが必要とされ，それら全てを自社でまかなえる事業者は稀でしょう。

　そのような場合に，第三者のリソースを相互に利用し，分業によって効率的に技術開発を進める手法として，後に述べる共同研究開発と，ここで述べる技術開発委託が考えられますが，ここでは，一方が委託者，一方が受託者として，委託者が受託者に対し技術開発活動を委託することを内容とする技術開発委託契約について述べることとします[39]。

　この技術開発委託契約の法的性質としては，受託者が研究開発の目的たる技術の完成を約した場合は請負と評価すべきでしょうが，それ以外は法律行為以外の事務の委託として準委任契約と捉えられ，技術の完成義務は負わないものの，善管注意義務を伴う開発業務の履行が求められます。

　他方，委託の内容が技術開発に関する業務であることから，成果（物），すなわち開発した技術に関する**特許権その他の知的財産権**の帰属ないしは利用権に関する取り決めを行うことが不可欠となります。

2 技術開発委託契約におけるポイント

(1) 委託範囲の明確化

　技術開発委託契約においては，開発業務は委任事務処理として受託者に委ねられること，技術という高度に専門化・細分化された分野を対象とすることから，開発委託の対象についてできるだけ明確にすることが必要です。いかに受託者が懸命の努力をしたとしても，開発の対象についての認識が委託者と異なっていれば，その成果は委託者にとって何ら

---

[39] コンサルティング契約については106頁（第3章エンターテインメント「コンサルティング契約」），音楽著作物の制作委託契約については109頁（同章「制作委託契約」），ソフトウェア開発契約については144頁（第4章通信・情報処理「ソフトウェア開発委託契約」）参照。

第1章　メーカー

用をなさないという事態もあり得ます。進めるべき技術開発について，当事者間での認識の齟齬を防止し，共通理解を得ることが，技術開発という所与の目的を達するために最も重要なことと考えられます。

すなわち，システム開発でいえば仕様書・要件定義にあたりますが，開発すべき技術及びその内容・水準，開発期間（場合により段階を分けて），必要に応じてその開発の手法をも含めて特定することが必要といえます。

この場合，契約書の本文にそれらを全て網羅的に記載することは困難なことが多いでしょうから，契約書に別紙として添付する形式をとるとともに，開発業務の進展に応じそれを変更する場合には，別途その旨の合意書ないし覚書を作成することが望ましいでしょう。

条項例（委託業務の範囲）

　甲は，下記技術開発（以下，「委託開発業務」という。）を乙に委託し，乙はこれを受託した。
記
○○△△に関する技術　なお詳細な仕様は別紙のとおり。

この内容について当事者が理解を一致させ，後述のように進展状況について双方協議し，場合により軌道修正をしながら開発を進めることが，当事者間の紛争を予防するとともに，当事者双方にとって実のある開発活動となることの最重要の第一歩といえます。

(2)　リソースの提供責任

研究開発のためには，そのベースとなる技術・ノウハウ，素材の他，研究スタッフ，機材等の各種リソースを必要とするのが通常ですので，それらリソースを当事者のどちらが提供する責任を負っているのかを明確にする必要があります。

委託者の役職員が受託者において受託業務に参加する場合には，当該スタッフの処遇（出向等），人件費の負担等についても定めるべきでしょう。

また，開発業務のためには当然，各種経費の支出が必要となりますが，

例えば特別な経費（海外出張，第三者への委託，特殊な機材の購入）等について，委託者の事前承認を条件に委託者がその経費を負担する旨定めることも考えられます。

(3) **開発状況の報告等**

既に述べたとおり，技術開発契約を準委任契約と捉えると，受託者は善管注意義務を負う（民法656条，644条）とともに，適宜委託者に対し委任事務の遂行状況（開発業務の進行状況）について報告を行う義務（同法656条，645条）を負担することになります。

この点，特に**委託者に対する報告**については，技術開発契約の法的性質につき準委任契約と捉えるか否かにかかわらず，委託目的達成のために重要です。上記(1)において明確とされた，開発すべき技術及びその内容・水準，開発期間と現状とを比較し，進捗状況に応じ内容を適宜修正する機会が設定されることにより，委任者が現状を正確に把握し納得しながら開発を進めることができ，紛争を予防するとともに，委任者の事業に貢献する技術開発となり得るものと考えられるのです。

> **条項例（委託者への報告）**
>
> 1　乙は，本契約期間中，毎月10日までに，前月の委託開発業務の進展状況について，甲に対し書面により報告を行う。
> 2　甲と乙は，いずれか一方の要望があるときは，委託開発業務の進展状況，具体的な開発業務の手法，今後の見込等について協議を行うものとする。
> 3　前項のほか，甲は必要に応じ委託開発業務に関し乙に対し指示を行うことができ，乙はこれに従うものとする。

(4) **対価**

開発委託に対する対価は，本契約の最重要の要素であり，その支払時期と併せ，明確に定めるべきです（なお後述(7)参照）。

これは多くの場合，契約締結時点で総額ベースで決定されており，数度に分けて支払時期を定めていると思われますが，開発期間をフェーズ1，2……等と段階を分けているケースでは，そのステージが上がる毎

に支払時期を設定することもあります。

　なお後述する知的財産権の取り扱いに関連して，委託者からいわば成功報酬として，ロイヤルティ類似の対価を受領することも考えられます。

(5)　**秘密保持義務，再委託・類似開発業務の制限**

　開発委託は，事業者がその競争力の源泉となることを期待する技術に関して行われることが多く，その技術内容及び開発業務に関する**秘密保持義務**を定めることが通常です。なお，<u>公表により発明が新規性（特許法29条1項）を失うことがあるため，公表は慎重になされるべきです。</u>

　また，開発委託は受託者の能力を期待してなされることに加え，秘密を保持する意味からも，再委託については原則禁止（委託者の事前の書面による承認を必要とする）とすることが考えられます。

　さらに，開発委託の成果について争いが生じることを防止すると共に，受託者を開発委託に専念させるために，必要に応じて，開発委託のテーマと極めて密接に関連するテーマの第三者との研究開発を委託開発期間中，及び開発終了後の合理的期間に限って，制限することについても検討の余地があります。

(6)　**成果の帰属，利用権について**

　開発委託という形態をとり，委託者が受託者に対し，（開発目的の達成・成果たる技術の完成にかかわらず）対価たる報酬を支払う以上，<u>成果については，知的財産権を含め，委託者に帰属させる取り扱いが通常であると考えられます。</u>

> **条項例（知的財産権を委託者に帰属させる場合）**
>
> 　成果物及び委託開発業務の目的に関係して行った発明，考案，創作に係る権利，特許権又は著作権等の知的財産権及び技術に関する情報は，甲に原始的に帰属し，又は発生と同時に乙から甲に移転するものとする。

　ただ，開発の形態も種々であり，例えば開発のため，あるいは成果の利用のために，受託者の有する技術・ノウハウが必須であるというような場合には，当事者間の現実の交渉力が影響し，知的財産権についても

受託者に何らかの権益を付与することもあり得るでしょう。すなわち，受託者に，成立した特許権の通常実施権を付与することや，成功報酬として，ロイヤルティ類似の対価を支払うことも考えられます。

また，近年，事業者が大学等の公的研究機関に対し開発委託を行うケースも出てきていますが，そのような公的機関の場合，開発された知的財産権は受託者に留保され，必ずしも委託者が取得できるとは限らないことに注意が必要です[40]。その場合，委託者の利用については通常実施権等によらざるを得ませんので，開発委託報酬についてもそれを勘案して決定すべきこととなります。

なお，委託者に特許権等を取得させる場合であっても，発明を受ける権利自体は，実際に発明を行った受託者の個々の役職員に帰属するのが原則です。そこで，受託者の就業規則等に基づき，受託者が個々の役職員から当該権利を取得できるようになっていること（及び場合により補償金の定めも）について，必要に応じ委託者がそのことを確認するべきでしょう。

条項例（受託者の役職員の権利不行使）

乙は，委託開発業務又は成果物に関連し，乙の役職員が特許を受ける権利等を取得した場合でも，当該役職員からその権利等を取得の上，甲に移転させることを約するとともに，著作者人格権等，乙が取得できない権利については，甲又は甲の指定する第三者が当該権利主張を受けないことを保証する。

なお，成果については，受託者に対し第三者の権利を侵害しないことについての表明・保証を求めることも必要と考えられます。

---

[40] 研究交流促進法7条において「国は，国以外の者から委託を受けて行った研究の成果に係る国有の特許権又は実用新案権の一部を，政令で定めるところにより，当該国以外の者に譲与することができる。」旨が定められています。
　また知的財産基本法13条において，「国は，大学等における研究成果が新たな事業分野の開拓及び産業の技術の向上等に有用であることにかんがみ，大学等において当該研究成果の適切な管理及び事業者への円滑な移転が行われるよう…知的財産権に係る設定の登録その他の手続の改善…その他必要な施策を講ずるものとする。」とされています。

(7) 独占禁止法との関係

　その他，技術開発委託において，取引上優越した地位にある委託者が受託者に対し，代金の支払延期，減額要請等を行った場合，下請代金支払遅延防止法への抵触が問題となったり，優越的地位の濫用（独占禁止法19条，2条9項5号）とされるおそれがありますので，注意が必要です[41]。

6 共同研究開発契約

> **Point!**
> ① 役割分担，研究開発期間などの条件を明確にする。
> ② 研究開発成果の帰属，公表，実施などの取扱いを明確にする。
> ③ 実施に際しては，独占禁止法違反とならないよう注意する。

サンプル書式→共同研究開発契約書

1 共同研究開発契約の特徴

　製造業を営む企業においては，新製品の完成や既存製品の改良のための研究開発を行うことは，他社との差別化を促しビジネスで成功するために必要不可欠かつ重要な業務です。

　研究開発を一社単独で行うには，多額の費用や長い時間を要する場合が多く，失敗した際のリスクは小さくありません。特に，研究開発に際して自社の専門分野以外の知識や技術などが必要となる場合はなおさらです。そこで，自社に不足する知識や技術などを補い，研究開発期間を短縮して，研究開発活動を効率的なものとし，さらに費用の軽減とリスクの分散を図る手段として，企業間で，あるいは企業と研究機関の間で，共同研究開発が活用されています[42]。

41　公正取引委員会「役務の委託取引における優越的地位の濫用に関する独占禁止法上の指針」を参照。

共同研究開発にはこのようなメリットがある反面，研究開発の実施にあたって意見が相違し又は利害が対立する可能性や，研究開発成果を独占できず，研究開発成果の実施等について様々な制約を受けるというデメリットがあります。契約締結時には当事者間で友好な関係が築けていても，研究の進捗，研究開発成果の有無や内容次第では，当事者の当初の思惑と異なる事態が発生し，当事者間の関係が悪化し紛争に至ることもあります。そこで，将来の紛争を防止するため，可能な限り共同研究開発の条件を明確化しておく必要があります。研究開発のゆくえが事前に分からない以上，あらゆる場合に備えた完全な取り決めを行うことは困難ですが，想定できる重要な争点については合意しておきましょう。

2 共同研究開発契約におけるポイント

(1) **当事者の役割分担，研究開発期間等**

各当事者が貴重な資源を投入するため，自社にとって予想外の負担とならないよう，また，業務の重複などにより無駄な作業が発生しないよう，当事者の役割，費用の分担，必要な情報の開示など，研究開発の遂行に当たり当事者間がどのように共同研究開発に貢献するのかを定める必要があります。共同研究開発が始まってから判断に迷うことがないよう，可能な限り事前に具体的に合意しましょう。他方，事前に予測不能な事態が発生することも多いため，当事者間で協議して条件を修正することができるよう，ある程度の柔軟性を持たせるのもよいでしょう。なお，役割分担を契約書本文ではなく別紙にまとめて添付する形式を取ると，契約締結後の修正が簡単に行え，便利です。

また，効率的な運営のため，定期的に，又は随時に，当事者間で連絡会議を開催するなどして，相互に進捗の報告を行い，必要に応じて協議ができるメカニズムを導入するとよいでしょう。

ところで，研究開発期間については，別途当事者が解約するまで等と

---

42 医薬品等の共同研究開発契約については本書213頁（第5章医療・ヘルスケア「バイオテクノロジー・再生医療」），業務提携契約については本書117頁（第3章エンターテインメント「業務提携契約」）参照。

して，期間を無期限とする場合もありますが，共同研究開発が事実上終了した後に一方当事者が独自に研究開発した成果について，共同研究開発成果として他方当事者から権利を主張されるおそれも否定できないため，終期を決めておくことが望ましいでしょう[43]。

(2) 研究開発成果の帰属

研究開発の結果，発明，考案，意匠，ノウハウなどの成果（以下，「研究開発成果」といいます。）が得られた場合に，研究開発成果をどの当事者に帰属させるかについては，共同開発契約における当事者の最大の関心事であり，最も利害対立が先鋭化しやすい事項ですので，納得のいくまで協議して決定しておくべきです。

研究開発成果の帰属については，通常，①一方当事者に単独で帰属させるもの，②共有とするもの，③研究開発成果の基礎となる発明等を行った者が属する当事者に帰属させるものなどがあります[44]。

共同研究開発においては，得られた研究開発成果が双方の協力の結果であることから，両当事者の共有（②）とするのが最も自然であり[45]，当事者の納得も得やすいと思われます。この場合，当事者間の持分割合を忘れずに決定しておくとよいでしょう。持分を決定しておかなければ，研究開発成果を第三者にライセンスする場合のライセンス料の配分の決定の際などに紛争となるおそれがあります。持分の定めについては，均等割りとする場合，費用負担の割合に応じる場合などがありますが，事前に合意に至らない場合には，研究開発成果に対する貢献度に応じて別途協議するとしてもよいでしょう[46]。

---

[43] 経済産業省関東経済産業局「特許・ノウハウに関する共同研究開発契約の手引き」（平成15年4月）第2章1①，⑤（9頁）参照。http://www.kanto.meti.go.jp/seisaku/juten/data/tebiki.pdf

[44] 生沼寿彦＝小池眞一＝山上修平「共同研究開発契約の理論と実務（第4回）発明成果　表明保証」NBL970号47頁参照。

[45] 前掲本章脚注43・同第2章1⑥（9頁）参照。

[46] 特段の定めがなければ，民法250条により持分は均等と推定されます。

第2　契約類型
6　共同研究開発契約

> **条項例（研究開発成果の帰属）**
>
> 　本研究開発により得られた発明，考案，意匠，ノウハウなどの一切の成果は甲及び乙の共有とし，別段の合意がない限りその持分割合は均等とする。

　研究開発成果を一方当事者に単独帰属させる場合（①）としては，費用負担，各当事者がコア技術とする技術や業種分野を基準として割り振る方法などがあります[47]。

　また，研究開発成果の基礎となった発明等を行った者の属する当事者に帰属させる（③）と定める場合もありますが，この場合でも，発明等が両当事者の双方の共同によるものであるとされれば，結果として両当事者の共有となります。

　ところで，発明，考案，意匠の創作などにつき，特許を受ける権利等は，原始的には発明者である従業員等に帰属することから，企業である当事者に権利を帰属させるためには，自社の職務発明規程などにより，当該従業員等から権利の承継を受けることが必要となる[48]ため，念のためこれを相手方当事者に保証させるとよいでしょう。

(3)　研究開発成果の権利化

　研究開発成果によっては，特許権，実用新案権，又は意匠権（以下「特許権等」といいます。）として，一定期間，法律上の独占権を付与される場合もあります。そのような保護を受けるためには，特許庁に出願手続を行う必要がありますが，先に出願した者が権利を付与される先願主義のため，ライバル企業などの第三者に先に同一の発明等の出願をされないよう迅速に手続を行う必要があることから，研究開発成果が生じ

47　前掲本章脚注44　NBL970号47頁。
48　特許法35条（実用新案法11条3項，意匠法15条3項により準用）参照。なお，2015年7月3日，第189回通常国会において，「特許法等の一部を改正する法律」が可決成立し，同月10日に公布されました。同法は，公布の日から起算して1年を超えない範囲内において政令で定める日に施行されます。本改正により，契約，勤務規則その他の定めにより，従業者等がした職務発明に関する特許を受ける権利をその発生時から使用者等に帰属させることが可能となります。また，その場合，従業者等は相当の利益を受ける権利を有することとなります。

た場合には，他方当事者に対し速やかに通知する義務を定めるとよいでしょう。

　さらに，出願について，共同出願か単独出願かを定めておくとともに，可能であれば，出願費用や権利取得後の権利保全の費用についても決めておくとよいでしょう。ただし，特に国内のみならず外国での出願をする場合，出願国を決める必要があり，また，想定外の手続費用が発生する場合もありますから，出願に際しては別途詳細な出願契約を締結することも有用でしょう[49]。

(4)　研究開発成果の公表

　研究開発成果が生じた場合，いち早く世間に発表して顧客の注目を集めたいと考える当事者もいるでしょう。また，研究機関である当事者においては，学会や論文などでの発表を急ぎたいというニーズが強いと思われます。他方，他社に模倣されることを防ぐためにノウハウとして秘匿しておきたい当事者もいるでしょうし，特許権等の出願に当たり，新規性を確保するため，公表を遅らせたい場合もあるでしょう。このように，研究開発成果の公表の可否やその時期については，当事者間で利害が対立する可能性がありますので，相手方の同意を得ずに公表することを禁じておくと安心です。

> 条項例（研究開発成果の公表）
>
> 　甲及び乙は，他方当事者の事前の書面による同意なくして，本研究開発成果の全部又は一部を公表してはならない。

(5)　研究開発成果の実施等

　研究開発成果が共有の場合で，特許権等である場合については，契約で別段の定めがない限り，そもそも各共有当事者が自ら実施することが可能です[50]が，研究開発成果が著作権の場合は，共有者全員の合意によ

---

[49]　このほか，研究開発成果の内容によっては，登録により，回路配置利用権又は育成者権が発生する場合があります。また，著作権については，著作物を創作した時点で自動的に発生しますが，一定の事実を登録する制度があります。必要に応じてこれらの登録手続についても定めるとよいでしょう。

[50]　特許法73条2項（実用新案法26条，意匠法36条により準用）。

らなければ行使することができません[51]。また，自己実施の方法に一定の制約を設けたい場合もあるでしょう。そこで，研究開発成果を共有する当事者の双方が自ら研究開発成果を実施することの可否を明確に定めておくとよいでしょう。

　この点，当事者の第三者への業務委託が自己実施に該当するかが問題となる場合があります。通常は自己実施の範囲内と考えられる第三者への委託であっても，秘密情報やノウハウの流出等のリスクもあるため，自己業務の第三者委託については他方当事者の同意を必要とすることと定めておくことも一案です。他方，あらかじめ自己業務の委託が当然に想定される場合には，後の紛争を避けるため，あらかじめ相手方から明確に同意を取り，その旨を明文化しておくとよいでしょう。

> **条項例（研究開発成果の実施等）**
>
> 1　甲及び乙は，本研究開発成果を，自ら無償で実施できるものとする。
> 2　前項の規定にかかわらず，甲及び乙は，他方当事者の事前の書面による同意なくして，本研究開発成果を実施する自己の業務を第三者に委託してはならない。

　なお，研究開発成果が共有であるにもかかわらず，当事者の一方が実施を行わない場合には，不実施補償として，他方当事者からライセンス料の支払いを受けるとするとよいでしょう。特に，研究機関との共同研究開発の場合にはこのような規定が入る場合が多いと思われます。

> **条項例（実施料の支払い）**
>
> 　甲及び乙は，他方当事者が本研究開発成果について商業上の実施を行わない場合には，当該他方当事者に対して実施料を支払うものとし，その実施料率については甲及び乙協議の上別途定める。

　研究開発成果を一方当事者の単独帰属とする場合には，権利者たる当

51　著作権法65条2項。

事者が単独で研究開発成果を実施できることになりますので，他方当事者が研究開発成果の実施を希望する場合には，これに応じて他方当事者に対し実施許諾を行うべき旨をあらかじめ定めておく必要があります。

また，研究開発成果につき単独で又は共同で権利を有する当事者が，研究開発成果の全部又は自己の持分の第三者への譲渡又はライセンスを希望する場合も想定されます。共同研究開発のパートナーに無断で，ライバル企業などの第三者に権利を譲渡されたり，権利を実施許諾されたりする事態を避けるためには，相手方の承諾なくこれらを行うことを明確に禁じておくべきでしょう[52]。

> **条項例（研究開発成果の譲渡等の禁止）**
>
> 　甲及び乙は，他方当事者の事前の同意なくして，本研究開発成果を第三者に対し譲渡し，又は実施許諾してはならない。

(6) 研究開発成果の改良

　共同研究開発の当事者が，共同研究開発の終了後，研究開発成果について独自に改良を加える場合も想定されます。その場合，研究開発成果に貢献した他方当事者にとっても，そのような改良についてメリットを受けたいのが自然ですから，改良当事者に他方当事者に対し通知を行わせる義務，及び双方が協議を行う義務を規定することが有効です。

> **条項例（研究開発成果の改良）**
>
> 　甲及び乙は，本契約終了の日から〇年以内に本研究開発成果に関し改良を行った場合には，遅滞なくその内容を他方当事者に通知するものとし，別途協議の上その取扱いについて定めるものとする。

　なお，後述のとおり，改良発明について譲渡義務を課すこと，又は独占的ライセンス義務を課すことは独占禁止法上違法とされる可能性が高いため注意が必要です。

---

[52] なお，特許権，実用新案権，意匠権及び著作権の共有の場合には，特許法73条1項及び3項（実用新案法第26条及び意匠法36条により準用）並びに著作権法65条1項及び2項により，そもそも，他の共有者の同意なくして譲渡やライセンスを行うことはできません。

(7) 独占禁止法上の注意点

共同研究開発の検討に際しては，公正取引委員会の「共同研究開発に関する独占禁止法上の指針」（以下「指針」といいます。）[53]に抵触しないよう細心の注意が必要です。

まず，研究開発の共同化に関しては，指針は，共同研究開発は多くの場合，少数の事業者間で行われ，独占禁止法上問題となるものは多くないとし，特に，共同研究開発の参加者の市場シェアの合計が20％以下である場合は通常問題とならないとしています。また，同シェアを超える場合には，参加者の数，市場シェア，研究の性格，共同化の必要性，対象範囲，期間などの事項を総合的に勘案して判断されますので，一応の注意が必要になります[54]。

さらに，指針は，共同研究開発の実施に伴う各種取り決めについて，不公正な取引方法に原則として該当しない事項，該当するおそれがある事項又は該当するおそれが強い事項を具体的に列挙しているため，契約締結前に独占禁止法違反のおそれがある条項がないか，チェックリストとして活用できます。以下，その内容の一部を紹介します。

まず，契約の相手方の研究行為を禁止することについて，指針は，「共同研究開発のテーマと同一のテーマの独自又は第三者との研究開発を，共同研究開発実施期間中について制限すること」（①），「共同開発の成果について争いが生じることを防止するため又は参加者を共同研究開発に専念させるために必要と認められる場合に，共同研究開発のテーマと極めて密接に関連するテーマの第三者との研究開発を共同研究開発実施期間中について制限すること」（②），及び「共同研究開発の成果について争いが生じることを防止するため又は参加者を共同研究開発に専念させるために必要と認められる場合に，共同研究開発終了後の合理的期間に限って，共同研究開発のテーマと同一又は極めて密接に関連するテーマの第三者との研究開発を制限すること」（③）を，原則として不

---

53 平成5年4月20日制定，最終改正平成22年1月1日。
　（http://www.jftc.go.jp/dk/guideline/unyoukijun/kyodokenkyu.html）
54 指針第1参照。

公正な取引方法に該当しないとしています[55]。これを参考に、次のような条文を禁止事項として入れておくことが考えられます。

> **条項例（第三者との共同研究開発の禁止）**
>
> 　甲及び乙は、本契約期間中、他方当事者の事前の書面による同意を得ることなく、本研究のテーマと同一又は極めて密接に関連するテーマについて第三者と共同で研究開発を行ってはならない。

　また、指針は、研究開発成果を利用した研究開発を制限することは、不公正な取引方法に該当するおそれが強いとしています[56]ので、そのような規定は避けるべきです。

　さらに、指針は、研究開発成果の改良発明について、改良発明を開示させること、又は他の参加者へ非独占的に実施許諾する義務を課すことは原則として不公正な取引方法に該当しないものの、改良発明を他の参加者へ譲渡する義務を課すこと又は他の参加者へ独占的に実施許諾する義務を課すことは、不公正な取引方法に該当するおそれが強いとしています[57]ので、注意が必要です。

　さらに、指針には、共同開発の成果である技術を利用した製品についての規定もあります。原則として不公正な取引方法に該当しないと認められる事項として、「成果であるノウハウの秘密性を保持するために必要な場合に、合理的な期間に限って、成果に基づく製品の販売先について、他の参加者又はその指定する事業者に制限すること」、「成果であるノウハウの秘密性を保持するために必要な場合又は成果に基づく製品の品質を確保することが必要な場合に、合理的な期間に限って、成果に基づく製品の原材料又は部品の購入先について、他の参加者又はその指定する事業者に制限すること」、及び、「成果に基づく製品について他の参

55　指針第2－2(1)ア［7］［8］［9］参照。また、同ウ［1］［2］では、「研究開発のテーマ以外のテーマの研究開発を制限すること」（ただし、上記②③の場合を除く。）、及び「研究開発のテーマと同一のテーマの研究開発を共同研究開発終了後について制限すること」（ただし、上記③の場合を除く。）は、不公正な取引方法に該当するおそれが強いとしています。
56　指針第2－2(2)イ［1］参照。
57　指針第2－2(2)イ［2］参照。

加者から供給を受ける場合に,成果である技術の効用を確保するために必要な範囲で,その供給を受ける製品について一定以上の品質又は規格を維持する義務を課すこと」を挙げています[58]。また,これら以外の方法により,成果に基づく製品の生産や販売に関して制限を加える場合であって,不公正な取引方法に該当するおそれがあるとされる事項も具体例に列挙されています[59]。特に,成果に基づく製品の第三者への販売価格を制限することは,不公正な取引方法に該当するおそれが強いとされていますので,要注意です。

秘密保持義務（事業者間）

> **Point!**
> ① 契約の対象（目的,検討の範囲など）を特定する。
> ② 秘密保持の対象となる情報を特定する。
> ③ グループ内で相手方から開示を受けた情報を共有する必要がある場合は,当該関係会社へ開示できる旨明記しておく。

サンプル書式→秘密保持契約書

1 秘密保持契約の利用場面と特徴

　秘密保持義務は,事業者間で締結される契約の一般条項として規定されることが多いですが,技術取引,企業の合併・買収・業務提携,個人情報の提供を伴う業務委託などの場面では,独立した一本の秘密保持契約として締結されることがあります[60]。

　仮に,秘密保持契約を締結せずに情報を開示した場合でも,開示した情報が不正競争防止法上の「**営業秘密**」[61]であれば,開示者は,当該情報の

---

58 指針第2-2(3)ア参照。
59 指針第2,2-(3)イ及びウ参照。
60 経済産業省が公表している「営業秘密管理指針参考資料2」に各種契約書等の参考例が掲載されています。

不正取得，不正使用，不正開示に対して，民事上の責任（差止・損害賠償・信用回復措置）と刑事上の責任（営業秘密侵害罪）を問うことができるという意味で保護されますが，「営業秘密」の要件を満たすかどうか争いになることを避けるためにも，秘密保持契約書を締結しておくべきです。

秘密保持契約は，相手方に開示する情報を秘密に保持させることを主目的とするため，秘密情報の特定は，いずれの場面でも重要です。それ以外の規定については，利用される場面に応じて特色があります。

たとえば，技術取引や企業の合併・買収・業務提携の場面では，事前評価の段階で秘密保持契約を締結することが少なくなく，このような場合は，検討の対象範囲を特定しておくことも必要になります。

特に技術取引では，開発テーマが細分化しており，テーマごとに異なる相手方と手を組んで並行して開発を進めることもあるため，各契約において対象範囲を特定し，相手方より開示された情報の自社内での利用範囲をそれに限定することで，情報の混入を避ける狙いもあります。

業務委託の場面としては，ダイレクトメールの発送業務の委託などがありますが，個人情報の提供を伴う場合は，受託者の情報管理体制の監査権や情報漏えい時の緊急対応に関する規定を定めておく必要があります。

以下では技術取引の場面に利用される秘密保持契約を前提に各規定につき解説します。

2 秘密保持契約におけるポイント

(1) 契約の目的

技術取引の場合，製品や技術などで範囲を特定します。この際，特定が不十分ですと，他の相手方と取り組む開発テーマと範囲が重複し，情報が混入するおそれがあるからです。一方，あまり狭く規定し過ぎても，開示した秘密情報が本契約の対象から外れるおそれがあるため，注意が必要です。

---

61 不正競争防止法2条6項。①秘密として管理されていること（秘密管理性），②有用な営業上又は技術上の情報であること（有用性），③公然と知られていないこと（非公知性）の3つを満たす情報に限定されます。

第2　契約類型
7　秘密保持義務（事業者間）

> **条項例（前文）**
>
> 　〇〇株式会社（以下「甲」という）と〇〇株式会社（以下「乙」という。）とは，(例)〇〇に関する共同開発の可能性の検討（以下「本検討」という。）を行うにあたり，相互に開示・提供する情報の秘密保持につき，次のとおり契約を締結する。

(2)　秘密情報の特定

　秘密情報の特定の手法としては，①情報の種別・性質による方法（例，「医薬品の研究開発に関する情報」），②情報開示の際の個別指定行為により定める方法などが考えられます。①は広範囲の継続的取引の場面など，開示情報が大量にわたり秘密情報の個別指定が難しい場合に適しており，他方，②は開示情報の範囲が限定される個別情報開示の場面に適しているといえます。①の場合は，指定範囲が一般的であればあるほど（例，「取引上知り得た一切の技術上及び取引上の情報」），情報取扱いの現場で秘密管理性を高めることは難しくなりますが，一般的抑止力を期待する余地はあります。他方，②の場合，どの情報を開示・提供するかについては，自社が任意に決定するものとし，情報を開示・提供するときに秘密表示された情報のみを秘密情報として扱うと定めることにより，秘密保持義務の対象範囲についての紛争を避けることができます。もっとも，個別指定を失念すると秘密としての保護が受けられなくなるため，自社内での指導の徹底が求められることになります。

　この点，②の場合，秘密情報が有体物であれば，それ自体に「秘密」等の表示を行うことができますが，口頭で開示や映像等で開示する場合は，秘密表示ができないため，その場で当該情報が秘密である旨を相手方に伝えた上で，後日，「内容」「提供日」「提供場所」等，当該情報を特定するために必要な事項が記載され，秘密表示がなされた書面を相手方に提出することで，秘密表示を行います。

> **条項例（情報開示）**
>
> 1　甲及び乙は，本検討に必要と自らが判断する技術上及び営業上の

情報，サンプル等を相手方に開示・提供する。
2　甲及び乙は，情報を相手方に開示・提供する場合，秘密である旨の表示（以下「秘密表示」という。）をする。

(3) 秘密保持義務

秘密表示された情報のほか，相手方と秘密保持契約を締結している事実そのものも秘密にしてもらいたい場合は，「本契約締結の事実，本契約の内容，本検討の結果」を秘密保持の対象に追加します。

ただし，「本検討の結果」を秘密保持の対象にした場合，特許の出願行為も禁止されることになりますので，追加する際には注意が必要です。

条項例（秘密保持）

甲及び乙は，前条に基づき相手方から秘密表示して開示・提供を受けた情報，本契約締結の事実，本契約の内容及び本検討の結果（以下総称して「本秘密情報」という。）を厳に秘密に保持し，それらを事前に相手方の書面による承諾なく第三者に開示，漏えい，示唆等してはならない。

グループ企業において，親会社と関係会社が共同して開発に取り組んでいる場合に，親会社と相手方だけで秘密保持契約を締結してしまうと，法人格の異なる関係会社は「第三者」となり，親会社は相手方の事前の書面による承諾を得なければ関係会社に情報を開示できないという不都合が生じます。そこで，関係会社への情報開示が想定される場合には，当該関係会社へ開示ができる旨を明記するか，又は当該関係会社を契約当事者に追加しておくことを検討すべきです。

条項例（関係会社等への開示）

乙は，本検討の目的を遂行するために必要な限りで，自己の関係会社に開示・提供することができる。ただし，乙は，当該関係会社に対する開示・提供に先立ち，本契約に基づき自己が負う義務と同一の義務を当該関係会社に課すとともに，当該関係会社の当該義務の履行に

つき一切の責を負う。

(4) **有効期間**

有効期間の始期は，自社が相手方に初めて情報を開示した日より以前の日で設定するようにします。自社が開示する情報を広く秘密保持の対象とするためです。

なお，有効期間満了後に当事者一方が終了の意思を表示しなければ自動延長されるとの定め（自動延長条項）を入れることは，秘密保持契約ではお勧めしません。

技術取引の場面で締結する秘密保持契約の場合，開発計画がある程度決まっている場合も少なくなく，終了時期をあらかじめ見通せること，秘密としての要保護性が低下した情報について，時に取引関係終了後も形式的な拘束を継続する事態となることは意味がないことなどがその理由です。

ところで，秘密保持の対象となっている情報は，契約終了しても引き続き情報価値があるため，条項例の２項のような**残存条項**を設けることが多いです。残存させるのは，秘密保持義務，目的外使用の禁止，知的財産権の帰属に関する条項などです。

残存期間については，3年から5年経過すれば情報としての価値が失われるという理由で，当該期間で設定することが多いといえます。

条項例（有効期間）

1　本契約の有効期間は，　年　月　日から　年　月　日までとする。なお，甲及び乙は，書面による合意の上，有効期間を延長又は短縮することができる。

2　前項の規定にかかわらず，第〇条乃至第〇条の規定は，本契約終了後も〇年間有効に存続する。

8 秘密保持義務・競業避止義務契約（従業員向け）

> **Point!**
> ① 相手方である役職員毎に，担当業務等を考慮し，秘密保持義務の対象とする秘密の範囲を適切に設定する。
> ② 相手方である役職員毎に，その地位，担当業務，代償措置等を勘案し，競業禁止の期間・地域を適切に設定する。
> ③ 誓約書を徴求する場合，そのタイミングに留意するとともに，趣旨を十分理解させる措置を講じ，証拠を残しておく。

サンプル書式→秘密保持競業避止誓約書

1 秘密保持義務・競業避止義務契約の利用場面と特徴

(1) 秘密保持義務について

　公にされていない技術情報は，事業者にとってその競争力の源泉となる重要な資産といえます。事業者において秘密情報を取り扱うのは，一人一人の役職員ですが，それら役職員が秘密情報を個人的に流用したり，第三者に漏えいすることは，事業者にとって競争力の源泉を失うことになるだけでなく，守秘義務の下で秘密情報の提供を受けた第三者に対しその漏えいによる債務不履行責任を発生させ，その存立すら危うくするほどの大きな脅威となります。

　事業者は，これら情報の秘密を保持することによって，その競争力を維持するとともに，不測の損害発生を避け，事業者の信用を維持する必要があり，役職員について，在職中及び退職後において，適切な秘密保持義務を課し，履行させることが重要となります。

　この点，在職中の役員についてはともかく，従業員，そして退職後の役職員については，秘密保持義務の法的根拠が必ずしも明確ではないところがあります。

　また，不正競争防止法においては，一定の「営業秘密」の取得・使

用・開示行為を不正競争行為として規制し，民事上・刑事上の責任を定めています。ただ，規制対象となる「不正競争行為」には種々の要件があり，その保護はなお限定的といえます。

そこで，誓約書等によって秘密保持義務の範囲を明確にするとともに，役職員との間で意思確認の手続を踏むことによって，秘密保持の意識を向上・徹底させることが，事業者の秘密情報の保護の実効性につながるといえるでしょう。[62]

(2) **競業避止義務について**

上記(1)の秘密保持義務の点と関連しますが，事業者において重要な技術情報・ノウハウや営業情報を取り扱っていた役職員が，それらを利用して他社で同様の営業活動を行ったり，競合する第三者に提供した場合，事業者にとっては大きな打撃となります。

この点，役職員の在職中においては，会社法上の忠実義務（355条）・競業制限（356条），就業規則上の職務専念義務等により，ある程度は対応可能といえますが，退職後，それら競業を制限する法的根拠は必ずしも明確とはいえません。

退職後においても，事業者の秘密の保持を実質化し，その営業上の利益の保護を実効化するため，競業避止義務に関する契約が必要となります。ただし，競業の制限は，一方では退職した役職員に対する**職業選択の自由**（憲法22条1項）の制限となり得ることから，裁判例の上でも，その範囲には種々の限定がかけられ，それを超える制限とされた場合，競業禁止自体が無効とされるおそれがあることから，競業禁止の内容を適切な範囲にとどめることが重要となっています。

---

62 もちろん，従業員については就業規則，労働協約等にて規定する方法もありますが，個別に誓約書等を徴求することにより，対象者の認識を深め，秘密保持に対する意識を喚起することにつながると考えられます。

2 秘密保持義務・競業避止義務契約におけるポイント

(1) 秘密保持に関する条項について

ア　本契約においては，その対象となる「秘密」をどのように定義するのかが最も肝要であると考えられます。

条項例（「秘密」の定義について）

> 次に示される貴社の技術上又は営業上の情報（以下「秘密情報」という。）について，貴社の書面による許可なく，如何なる方法をもってしても，第三者への開示・漏洩，複写・複製，社外への持ち出しを行わないことを約束致します。
> (1) 貴社の製品開発，製造，営業及び販売等の各業務プロセスにおける企画・ノウハウ，技術資料，製造原価，価格決定等に関する情報
> (2) …

　事案によっては，「役職員が事業者での業務遂行上知り得た一切の情報」という広範・網羅的な定め方をする例も見られます。心理的な抑止力という点では相応の意義が期待されるところではあります。ただこの場合，対象となる情報であるか否かが不明確であり，守秘義務を負わせる対象が広範に過ぎるとして，その効力を否定的に捉えられるおそれもあります。後述する競業制限との関連を併せ考えると，あまり広範な規定は，退職後の役職員の過度の就業制限となる可能性があるので，一定の範囲に限定するのが，事業者・役職員双方にとって公平ともいえるでしょう。[63]

　また，あらゆる情報を秘密とする結果，重要な情報に対する格別の管理水準を期待することも難しくなり，かえって秘密管理のレベルが下がって不正競争防止法上の「営業秘密」としての保護対象から漏れ

---

[63] 東京地裁平成17年2月23日判決（判タ1182号337頁）は，「従業員が，使用者の保有している特有の技術上又は営業上の情報等を用いることによって実施される業務が競業避止義務の対象とされると解すべきであり，従業員が就業中に得た，ごく一般的な業務に関する知識・経験・技能を用いることによって実施される業務は，競業避止義務の対象とはならないというべきである」と判示しています。

ることにもなりかねません。この点,真に要保護性のある秘密情報の保護を検討するのであれば,営業秘密の要件である秘密管理性[64]を基礎として,相手方となる役職員ごとに,当該役職員が担当していた業務等を考慮し,対象とする秘密の範囲を適切に設定するのが望ましいといえます。

　イ　禁止行為

　　禁止すべき行為としては,秘密情報の自己利用のほか,第三者への開示・漏えい,複写・複製,社外への持ち出しの禁止,資料の返却などに加え,近時では,ファイル共有ソフトのインストールや,私的パソコンの業務上利用を制限することも考えられます。

(2) 競業避止義務に関する条項について

　　競業避止義務に関しては,これまで数多くの裁判例が見られたところ,メットライフアリコ生命保険競業避止義務事件（東京高判平成24年6月13日裁判所ウェブサイト掲載）においては,「何人にも職業選択の自由が保障されていること（憲法22条1項）からすれば,雇用契約上の使用者と被用者との関係において,また,委任契約上の委任者と受任者との間においても,雇用契約ないし委任契約終了後の被用者ないし受任者（以下「被用者等」という。）の競業について,被用者等にこれを避止すべき義務を定める合意については,雇用者ないし委任者（以下「雇用者等」という。）の正当な利益の保護を目的とすること,被用者等の契約期間中の地位,競業が禁止される業務,期間,地域の範囲,雇用者等による代償措置の有無等の諸事情を考慮し,その合意が合理性を欠き,被用者等の上記自由を不当に害するものであると判断される場合には,公序良俗に反するものとして無効となると解することが相当である。」と判示されており,この内容が近時の裁判例の流れを集約したものと考えられます。[65]

　　すなわち,特に退職後の競業避止義務については,職業選択の自由の

---

[64] 営業秘密の要件としては,①秘密管理性,②有用性,③非公知性が挙げられます（不正競争防止法2条6項）。なお,経済産業省より「営業秘密管理指針」（平成27年1月28日全部改訂）が公表されています。

観点から，その有効性を問われる可能性が大きいので，相手方である役職員毎に，その地位，担当業務，代償措置等を総合的に勘案し，競業禁止の期間・地域を適切に設定することが必要になります。

　ここでも，上記秘密保持義務で述べたのと同様，**守られるべき事業者の正当な利益**は何であるか（たとえば，高度の技術情報や集積された顧客情報など）の観点を基本として，その質的重要性，対象となる役職員が関与していた程度に応じて，競業避止義務の程度の軽重も異なってくると考えるべきです。

　具体的には次のとおりです。

ア　禁止行為の限定

　　競業行為全般を禁止するか，特定業種の他社への就業を禁止するか，取引先への就業を禁止するか，特定業務の担当を禁ずるにとどめるか，といったパターンが考えられますが，一般的抽象的な定めをすると，後の法的紛争においてその効力が否定的に捉えられる可能性が高くなります。

イ　地域の限定

　　海外又は日本全域とするか，同一又は隣接都道府県内とするか，もしくはさらに限定するか，事業者の利益の保護の視点から，合理的な範囲を定めるべきです。

ウ　期間の限定

　　守られるべき事業者の利益がどの程度の期間有効に存続するか，という視点から検討することが有益と考えられますが，これまで一応の目安として2年間という見方があったものの，これも絶対ではなく，さらに限定することも検討すべきでしょう。

65　「平成24年度経済産業省委託調査　人材を通じた技術流出に関する調査研究報告書」（平成25年3月三菱UFJリサーチ＆コンサルティング株式会社）の「競業避止義務契約の有効性について」において，近年の裁判例の分析がなされています。(http://www.meti.go.jp/policy/economy/chizai/chiteki/pdf/houkokusho130319.pdf)

エ　代償措置の定め

> **条項例（代償措置について）**
>
> 私は在職中，上記義務の代償として，守秘義務手当を受給するとともに，私が受給する退職金には，上記義務の代償としての割増加算部分が含まれていることを承知しております。

　役職員に競業避止義務を負担させる代償として，例えば他の従業員と比して高額の給与で処遇していたり，「守秘義務手当」を支給していたり，退職金の割増加算を行っていたというような事情があれば，それも勘案した上で，競業避止義務の有効性について判断されます。

(3) 制裁措置について

　上記の守秘義務又は競業避止義務の不履行の場合の制裁については，損害賠償責任を定めるほか，退職金の不支給又は返還義務を定める例が見られます。

> **条項例（制裁措置について）**
>
> 上記各項目に違反した場合，法的な責任を負担するものであることを確認し，これにより貴社が被った一切の損害を賠償するとともに，貴社の指示に従い，受領済みの退職金の一部又は全部を貴社に対し返還することを約束致します。

　この点，退職金の不支給については，退職金の法的性質について，在職中の賃金の後払いと見るか，功績報償と見るかという捉え方にもよりますが，場合により，労働基準法で禁じられた損害賠償の予定（同法16条）であるとの反論もあり得るところから，注意が必要となります。[66]

(4) 締結時期について

　本件の秘密保持義務又は競業避止義務に関する契約は，実務上，どの

---

[66] 最高裁判所昭和52年8月9日判決（労働経済判例速報958号25頁）は，「会社がその退職金規則において，右制限に反して同業他社に就職した退職社員に支給すべき退職金につき，その点を考慮して，支給額を一般の自己都合による退職の場合の半額と定めることも，本件退職金が功労報償的な性格を併せ有することにかんがみれば，合理性のない措置であるとすることはできない。」と判示しています。

第1章　メーカー

タイミングで，どのような形式で行うべきかは，一概にはいえないところです。

　一般的には，①入社時に誓約書を徴求，②就業規則等で規定，③秘密情報に接する時点（例えば昇進時や異動時など）で誓約書を徴求，④退職時に誓約書を徴求，といったパターンが考えられますが，上記の通り，守られるべき事業者の正当な利益は何であるかの観点からは，①については当該役職員が接する秘密情報が未確定であること，②については従業員等一般についての規則であり，当該役職員に則した定めができないこと，③については，その後の人事異動の際に改めて誓約書の作成が必要であること，④については，当該役職員が取り扱ってきた営業秘密に則した合意が可能であるものの，事業者が満足する内容の誓約書の提出を受けられるか否かは，役職員の意思次第であり不透明であること，のようにいずれも一長一短であり，事業者の実情に即して検討する必要があります。

　なお，いずれの場合も，役職員からは，「意味をよく理解していなかった」等の反論がなされることが予想されることから，誓約書の文言について，別途平易な説明文を作成する等により，十分な理解を得たことについての証拠を残すことも検討されるべきでしょう。

第2章

物流・小売

第1　物流・小売分野の特徴とは
第2　契約類型
　1　運送委託契約
　2　国際海上物品運送契約
　3　フランチャイズ契約
　4　代理店契約

第2章 物流・小売

第1 物流・小売分野の特徴とは

> **Point!**
> ① 物流とは，生産者から消費者に至るモノの流れである。
> ② 物流に関する総合的な特別法は制定されていないが，基本法たる商法と様々な法令が各機能分野ごとに制定されている。

1 物流とは

　物流とは，物的流通，物資流通のことであり，その語義のとおり，モノ（物＝商品）の流れを意味しています。物流は，生産者から消費者へ至る流れが主たるものですが，生産者への原材料供給や消費者による廃棄やリサイクル[1]なども物流の一環といえます。

　物流の機能に着目すると，その構成要素は，大きく輸送・保管・荷役・包装・流通加工[2]に分けられ，さらに現在の高度情報化社会を踏まえてこれらに情報（物流情報処理）を加える場合もあります。

　物流における当事者には，生産者，消費者以外の大きなステークホルダーとして販売者が存在し，生産者から消費者への流れをつないでいます。販売者には卸売と小売があり，通常，卸売（業者）から小売（業者）への流れがあります。この生産者から消費者への大きな流れは「販売物流」ともいわれます。

　また，今まで掲げたような外部への物流のみならず，内部でのモノの流

1　消費者から再び生産者に「モノ」が戻るリサイクルを考えると，物流は源流から海への「川」のような一方的な流れだけではなく，雨になって再び源流に戻るような「還流」のある流れであるといえます。
2　物流を直接定義している法令は現在のところ存在しませんが，「物資の流通」に関する流通業務の総合化及び効率化を目的とする流通業務の総合化及び効率化の促進に関する法律は，その「流通業務」を「輸送，保管，荷さばき，流通加工（物資の流通の過程における簡易な加工をいいます。以下同じ。）その他の物資の流通に係る業務」と定義付けしています（同法2条1号）。

れ(例えば,生産者における生産工場から組立工場への生産物の移送や販売者であるコンビニエンスストアにおける各店舗への商品の配送など)も重要な物流です。宅配は主として消費者内部での物流といえましょう[3]。

2 物流と法

我が国では,平成19年以降,政府における物流施策及び物流行政の指針を示し,関係各省庁が連携して総合的かつ一体的な物流施策を図るものとして,5か年毎の「総合物流施策大綱」を策定しており,現在の「大綱」は平成25年6月25日に閣議決定されたものです[4](平成25年から29年まで)。

他方,法律面においては,商法(場合によっては会社法)が基本法として存在し,物流における当事者の立場に関する法的性格やその行為の法的性質について規定しています。

例えば,代理商(商法27条～31条),商行為としての売買(同法524条～528条),運送営業(物品運送については総則も含めて同法569条～589条),倉庫営業(同法597条～628条)などについて規定しています。

これに対して,いわゆる「物流法」のような特別法的な法令が存在しているわけではなく,各機能分野において種々の関連法令(主として規制法)が規定されています。一例を挙げれば,貨物自動車等による貨物運送においては,貨物自動車運送事業法,貨物運送取扱事業法など,鉄道による貨物運送においては「鉄道事業法」「鉄道営業法」など,海上における貨物運送においては「海上運送法」「内航海運業法」「国際海上物品運送法」などがあり,これら輸送(運送)分野以外でも,保管を行う倉庫に関しては「倉庫業法」などが制定されています。

3 約款

運送事業を中心に,契約内容については約款を定めることが求められて

---

[3] 物流の種類や仕組みについての詳細な解説としては,澤喜司郎『高度物流社会と法』9～14頁(海文堂,2014年)。
[4] 今後の物流施策が目指すべき方向性として,「強い経済の再生と成長を支える物流システムの構築」を目標に掲げています。

います。例えば，貨物自動車運送事業法は，「一般貨物自動車運送事業者は，運送約款を定め，国土交通大臣の認可を受けなければならない。」（同法10条1項）と規定して運送約款を定めることを求めています。ただ，「国土交通大臣が標準運送約款を定めて公示した場合（これを変更して公示した場合を含む。）において，一般貨物自動車運送事業者が，標準運送約款と同一の運送約款を定め，又は現に定めている運送約款を標準運送約款と同一のものに変更したときは，その運送約款については，第一項の規定による認可を受けたものとみなす。」（同3項）とも規定していることから，通常，運送事業者はこの「標準運送約款[5]」を使用しています。

運送事業に密接関連する倉庫業でも同様の規定が置かれ（倉庫業法8条1項及び3項），倉庫寄託契約[6]に関して，標準倉庫寄託約款[7]が作成されています。

4 本章で取り扱う契約類型[8]

本章では，物流の基本的機能である輸送（運送）に関して，その代表である貨物自動車運送に関する運送契約（運送委託契約）と特殊な例として国際海上物品運送契約を取り上げます。

5　貨物自動車運送事業法に基づく標準運送約款としては，後述する標準貨物自動車運送約款の他，標準貨物軽自動車運送約款，標準宅配便運送約款等があります。

6　倉庫寄託契約とは，倉庫業者と物品の寄託者との間で締結される契約です。「倉庫」とは，物品の滅失若しくは損傷を防止するための工作物又は物品の滅失若しくは損傷を防止するための工作を施した土地若しくは水面であって，物品の保管の用に供するものをいいます（倉庫業法2条1項）。「倉庫業」とは，寄託を受けた物品の倉庫における保管を行う営業をいいます（同条2項）。

　倉庫業は，国民生活に欠かせない重要物資を大量かつ安全に保管することで，物流の結束点として生産者と消費者を結ぶという我が国の経済の安定にとって重要な役割を担っています。そのため，その適正な運営を図ることによって，倉庫の利用者の利益を保護するとともに，倉庫証券の円滑な流通を確保することを目的として倉庫業法が制定されています（同法1条）。例えば，同法3条は，倉庫業を営むためには，国土交通大臣の行う登録を受けなければならないと規定しています。

7　発券倉庫業者（国土交通大臣の許可を得て倉庫証券を発行する者）向けのものを「(甲)」とし，非発券倉庫業者向けのものを「(乙)」とします。

8　本章では取り扱いませんが，物流において使用されることの多い契約類型として，動産売買契約については12頁（第1章メーカー），プライベートブランド商品を開発する場合などにおける共同研究開発契約については42頁（第1章メーカー），事業用地や建物等不動産に関する契約については第6章252頁（第6章不動産・建設業）を参照してください。

また，物流における重要なステークホルダーである小売業者についても着目し，その業況拡大のために行われるフランチャイズや販売代理に関する契約も取り上げます[9]。

---

9 流通の中身を商流と物流に分けて考える場合（野尻俊明『流通関係法』1頁（白桃書房，第3版，2006年）等），フランチャイズ契約や販売代理契約は「商流」に該当するものですが，広い意味での「モノの流れ」という点では「物流」でもあります。本章では，特に「商流」「物流」との区分はせずに，「物流」の一環としてこれらの契約を取り上げます。

第2 契約類型

1 運送委託契約

> **Point!**
> ① 標準貨物自動車運送約款が公示されている。
> ② しかし，標準貨物自動車運送約款だけでは契約内容として十分ではないこともあり，この場合，補充的追加的な規定を定めた契約書等を別途用意する必要がある。
> ③ この当該契約書等では，標準貨物自動車運送約款と異なる（修正する）規定を置くこともできる（ただし，法令違反等にならない限度で）。

サンプル書式→運送委託契約書

1 標準運送約款と契約内容

　本章総論で述べたとおり，運送事業者は運送約款を定めることが求められ，貨物自動車による運送事業に関しては，「**標準貨物自動車運送約款**[10]」（以下「標準約款」といいます。）を使用することが通例といえます。

　運送約款の必要的記載事項は貨物自動車運送事業法施行規則11条に規定されており，その内容は，①特別積合せ貨物運送をするかどうかの別，②貨物自動車利用運送を行うかどうかの別，③運賃及び料金の収受又は払戻しに関する事項，④運送の引受けに関する事項，⑤積込み及び取卸しに関する事項，⑥受取，引渡し及び保管に関する事項，⑦損害賠償その他責任に関する事項，⑧その他運送約款の内容として必要な事項です。

　当然，標準約款もかかる必要的記載事項を網羅しており，原則として標

10　国土交通省「標準貨物自動車運送約款」
　　http://www.mlit.go.jp/common/001034286.pdf

第2　契約類型
1　運送委託契約

準約款が適用されることにより、運送委託契約の内容は明確化されることになります。

しかしながら、標準約款は貨物自動車運送事業法施行規則11条所定の必要的記載事項を網羅し、最低限の規定を置くに過ぎません。

例えば、「運賃及び料金」について標準約款32条は「運賃及び料金並びにその適用方法は、当店が別に定める運賃料金表によります。」（同1項）「個人を対象とした運賃及び料金並びにその適用方法は、営業所その他の事業所の店頭に掲示します。」（同2項）と規定するのみであり、必要に応じて具体的な金額や適用方法については別途契約内容を補充的に定めておく必要があります[11]。

また、個別具体的な契約内容に合わせて標準約款を変更する必要がある場合や、標準約款に規定のない事項を追加的に定めておく必要が生じる場合などもあります。

標準約款上でも、「当店の経営する一般貨物自動車運送事業に関する運送契約は、この運送約款の定めるところにより、この運送約款に定めのない事項については、法令又は一般の慣習によります。」（2条1項）、「当店は、前項の規定にかかわらず、法令に反しない範囲で、特約の申込みに応じることがあります。」（同条2項）との規定が置かれ、契約内容を定めるに当たって、標準約款だけではなく、当事者間の合意による補充・追加・修正があることを想定しています。

従って、実務上、標準約款に加えて、標準約款の補充・追加・修正となる契約書や覚書等を締結することになります（さらに進んで標準約款とは別の独自の約款を定め、国土交通大臣の認可を受けることも考えられます。）。

そこで、本稿では、このような標準約款に加えて締結する契約書等の内容について特にポイントになる事項について検討していきます。

---

[11] 標準約款は単発の運送委託契約を想定し、継続的契約を前提にしておらず、継続的契約が主となるビジネス（B to B）契約においては、一般的に、別途契約書が必要となるといえます。なお、個人の場合、宅配便の利用が通常であり、宅配便についても前述のとおり「標準宅配便運送約款」が公示されています。

2 契約内容の検討[12]

(1) 運賃及び料金に関する具体的規定

　ア　金額・算定方法

　　標準約款では、前述のとおり、運送事業者が定める運賃料金表を示すことになりますが、運賃及び料金の金額や算定方法は委託者にとっても非常に重要な事項ですので、特にビジネス契約における運賃料金表の策定に当たっては、双方当事者の協議や委託者の承諾を得ることなどを規定することにより、委託者の意思を反映することができるようにすることが考えられます。

　　また、そもそも運賃料金表に代えて、契約書等において具体的な運賃及び料金の金額や算定方法を定めることも有効です[13]。

　イ　支払方法

　　標準約款33条では「当店は、貨物を受け取るときまでに、荷送人から運賃、料金等を収受します。」(同1項)と規定しており、前払いが前提となっています。

　　しかしながら、継続的かつ大量の運送委託を行うようなビジネス契約の場合、月極などの方法によりまとめて支払をする方が一般的といえます。

12　なお、滝川宜信『業務委託(アウトソーシング)契約書の作成と審査の実務』312～351頁(民事法研究会、2015年)参照。本稿では紙幅の都合上割愛した標準約款の逐条解説も加えられ、詳細な検討がなされています。

13　継続的契約に関しては、標準約款に加えて基本契約書を締結することが通例ですが、基本契約書においても具体的な運賃及び料金の金額や算定方法までの定めは置かず、結局個別の取引(個別契約)毎に運賃等を当事者間で決めることになるケースも多いのが実情です。その結果、書面化を省略することによるトラブルが絶えません。従って、本文で述べたとおり、しっかりと契約書等で定めることが重要であり、そうでないとしても、標準約款8条1項では委託者たる荷主等に運賃、料金、燃料サーチャージ等の金額や支払に関する事項(同項4号)が記載された運送状の提出義務を規定しています。これに対して運送事業者が運送引受書を発出することがさらに「トラック運送業における書面化推進ガイドライン」(国土交通省、平成26年、以下「ガイドライン」といいます)では求められています。運賃等に限らず、しっかりと契約内容を明示した契約書等を締結することにより、適正な取引を規律することは勿論のこと、荷主等の過剰な要求を抑え、その結果無理な運送業務が防止され、安全運行の確保につながるというメリットもあります。

従いまして，委託者としては，締め日を設定した上での月末払いや翌月払いなどの規定を定めることが考えられます。

ウ　変更規定

中長期的な継続的契約となる場合には，その期間によっては経済状況等によりあらかじめ定めた運賃及び料金が不相当になることが考えられます。

そこで，賃料などと同様に，将来的に運賃及び料金に関する規定を変更することができる旨の規定を置くことが考えられます。

(2) 附帯業務

標準約款60条は，「当店は，品代金の取立て，荷掛金の立替え，貨物の荷造り，仕分，保管，検収及び検品その他貨物自動車運送事業に附帯して一定の時間，技能，機器等を必要とする業務（以下「附帯業務」という。）を引き受けた場合には，当店が別に定める料金又は実際に要した費用を収受します。」（同1項）と規定しています。附帯業務に関しては曖昧になることが多く，前述のガイドラインでは，運送引受書等の記載内容として附帯業務内容及び附帯業務料等を求めています。かかるガイドラインの趣旨からしても，契約書等で予め具体的な規定を置くことによって，トラブル[14]を回避することができる効果が生まれます。

(3) 契約の有効期間に関する規定

前述のとおり，標準約款は，単発での運送委託業務を想定しており，特に契約の有効期間に関する規定は置いていません。

従いまして，継続的な契約になる場合には，契約の有効期間を定める必要があります。

(4) 契約解除（解約）に関する規定

契約の始期・終期（期間）の関係では，有効期間と同様に，標準約款

---

[14] 国土交通省が発出した荷主，元請事業者，利用運送事業者への通達・要請（国自貨第110号，国官参物第156号）でも，契約にない附帯作業が安全運行を阻害しうる事例として「元請は，現場で附帯作業があるか，ないかを正確に把握していないケースが多いため発注時に十分な説明がなされず，現場に行って初めて附帯作業の存在を認識することになった。契約にない附帯作業の対応により，必要な休憩・休息時間の確保が困難となった。」との事例が掲げられています。

は，契約の終期に関する契約の解除並びに解約に関する規定も置いていません。

従いまして，継続的な契約になる場合には，勿論のこと，通常の運送委託契約においても，契約の解除並びに解約は重要な要素となるものですので，運送委託契約においても，契約の解除及び解約に関する規定を置く必要性が高いといえます。

(5) **秘密保持条項，反社排除条項等**

標準約款はあくまで運送事業プロパーなものですので，一般的なビジネス契約書において規定されるような第三者対応に関する事項や秘密保持，反社会的勢力の排除などの規定は一切置かれていません。また，付属的に規定されることの多い，トラブルの際における信義誠実協議規定や合意管轄規定なども置かれていません。

従いまして，必要に応じて，このような規定も追加的に規定する必要があります（特に，秘密保持規定や反社会的勢力の排除規定については，多岐にわたる場合があるため，別途合意書等を取り交わすことも通例です[15]。）。

(6) **効力規定**

標準約款の他に契約書等を締結することにより，追加的補充的規定を置く場合には，当該規定も適用となることについて特に問題はありませんが，修正規定を置く場合には，標準約款と契約書等の抵触し合ういずれの規定が優先するか問題にはなります。

前述のとおり，標準約款は「特約」を認め，当事者の合意である契約書等が標準約款の規定に優先することは当事者間の合理的意思解釈として明らかではありますので，敢えて契約書等に効力規定を置く必要も無いとの見解もありますが，特に修正規定を置く場合には，かかる修正規定が標準約款の抵触する規定に優先することを明記した方が余計なトラブルを回避する意味で有効です。

---

15 それぞれの詳細については，秘密保持規定に関しては51頁（第1章メーカー「秘密保持義務」），反社会的勢力の排除規定については374頁（第8章契約の一般条項）を参照してください。

❷ 国際海上物品運送契約

>
> ① 国際海上物品運送法の特色に留意する。
> ② 各論で論じた事項（国際売買条件等）について十分な注意を払うことが必要である。

サンプル書式→外航貨物運送契約書

1 全体論

(1) 国際海上物品運送法

　海運界においては，19世紀頃より，船荷証券中の免責約款の利用が急増し，本来は運送人が負担すべき責任を荷送人又は船荷証券所持人に転嫁し，運送人はほとんど責任を負わないほどに免責約款が濫用される事態に至りました[16]。そこで，免責約款の濫用を制限するための海上運送契約法の統一に向けた国際的な動きが広がり，その成果として，1924年に船荷証券に関するある規則の統一のための国際条約（船荷証券統一条約）が採択されました[17]。第二次世界大戦後，日本においても船荷証券統一条約が批准され，1957年に当該条約に基づく国内法として**国際海上物品運送法**（以下「国際海運法」といいます。）が制定されました[18]。**国際海運法は，運送人の義務・責任の最小限度と権利及び免責の最大限度を定めており，法定の事項に反する特約で，荷送人，荷受人又は船荷証券所持人に不利益なものは全て無効とする，片面的強行法規として機能します**[19]。

(2) 運送約款（標準外航利用約款など）との関係

　貨物利用運送業者が事業を開始するためには，各社ごとに利用運送約

16　中村眞澄・箱井崇史『海商法』145頁（成文堂，第2版，2013年）。
17　前掲本章脚注16　145〜147頁。
18　前掲本章脚注16　148頁。
19　前掲本章脚注16　149頁。

款を定め，国土交通大臣の認可を受けなければならないとされています（貨物利用運送事業法8条1項）。ただし，公示された**標準利用運送約款**を用いる場合には認可を受けたものとみなされます（同条3項）。

(3) 運送契約の種類

ア 傭船契約

傭船契約とは，運送人である船主が船舶の全部又は一部を提供して，これに船積みされた物品の運送を約し，その相手方である傭船者が報酬を支払うことを約する契約です。利用する船内のスペースに応じて全部傭船契約と一部傭船契約がありますが，実務的には，原油，石炭，鉄鉱石などの原材料を専用船によって運送する全部傭船が大部分を占めています[20]。

イ 個品運送契約

個品運送契約とは，運送人が個々の物品の運送を引き受け，その相手方である荷送人がこれに報酬すなわち運送賃を支払うことを約する契約です。運送人は多数の荷送人との間で運送契約を締結するため，個品運送契約は，あらかじめ作成された運送約款の記載された船荷証券等を利用して画一的に締結されるのが通常です[21]。もっとも，運送約款においては運送人に有利な契約条件が紛れやすい状況にあるため，利用者保護のため，上述のような法制度や認可約款制度などによって契約内容の規制が行われています。

2 各論

(1) 国際売買条件

国際売買では，物品の輸送距離が長いことに加え，通関，船積，荷揚げなどの重要な手続を経る必要があり，売主側と買主側との役割分担に応じた価格の取り決め方や価格に応じた様々な引渡条件の設定が可能であるといえます[22]。そこで，国際売買においては，一般的に**インコター**

---

20 前掲本章脚注16　157頁
21 前掲本章脚注16　158頁
22 澤田壽夫ほか編著『マテリアルズ国際取引法』100頁（有斐閣，第3版，2014年）

ムズ（INCOTERMS/International Commercial Terms）などの貿易取引条件が利用されています[23]。最も広く利用されているのは，国際商業会議所（ICC）が制定したインコタームズであり，引渡条件，危険負担の移転時期，運送・保険の手配に関して全部で11種類の取引条件が定められています。なお，ICCのインコタームズでは，物品の所有権の移転時期は取り決められていないため，これを取り決める必要が場合には，別途所有権移転についての規定する必要があります[24]。

(2) 国際売買決済

一般的に，国際売買の決済には「**荷為替信用状**」による決済が多く利用されています。荷為替信用状とは，国際間での代金の円滑な決済のために，売主が売買代金の回収に当たり振り出した荷為替手形の支払あるいは引受けを銀行が約束することにより信用を供与する書面であり，買主の依頼に基づき発行銀行が発行し，通知銀行を通じて売主に差し出されます。売主は信用状条件を充足する書類を添えて自己の取引銀行に持ち込み，当該銀行が荷為替手形を買い取った上で書類を発行銀行に呈示し，支払を受けることになります。信用状については，国際商業会議所（ICC）が商業荷為替信用状に関する統一規則及び慣例という統一規則を制定しており，ほとんどの国の金融機関が実務的に統一規則を利用しています[25]。

(3) 損害賠償（免責減責関係）

ア　運送品に関する注意義務

運送人は，運送品の受取り，船積み，積付け，運送，保管，荷揚げ及び引渡しについて注意を尽くさなければならず（国際海運法3条1項），当該注意を尽くしたことを証明しない限り原則として責任を免れません（同法4条1項）。ただし，運送人は，船長，海員，水先人その他運送人の使用する者の航行もしくは船舶の取扱いに関する行為から生じた損害については免責され，また，運送人自身の故意又は過失

---

[23]　前掲本章脚注17　99～101頁，牧野和夫＝河村寛治＝飯田浩司『国際取引法と契約実務』231～233頁（中央経済社，第3版，2013年）
[24]　前掲本章脚注23　『国際取引法と契約実務』236～237頁
[25]　前掲本章脚注22　148～149頁

に基づく場合を除いて，船舶における火災から生じた損害についても責任を負いません（同法3条2項）。

また，海上その他可航水域に特有の危険，天災など一定の事実から生じた損害については，当該一定の事実があったこと及び運送品に関する損害が当該事実により通常より生ずべきものであることを証明できれば責任を免れるとされ，運送人の免責のための証明責任を通常の債務不履行における場合よりも軽減しています（同法4条2項）。

イ　航海に堪える能力に関する注意義務

運送人は，その引受けた運送契約を履行するにあたり，当該航海を安全になし得る能力を備えた船舶を提供する義務を負います（**堪航能力担保義務**）。具体的には，以下の3項目について注意義務を負います（国際海運法5条1項）[26]。

- 船舶自体の設計，構造及び性能が当該航海における通常の海上危険に堪える能力を有すること（狭義の堪航能力）
- 資格を有し，かつ，十分な員数の船員を乗り組ませ，船舶を艤装し，航海に必要な需品を補給すること（運航能力）
- 船倉，冷蔵室その他運送品を積み込む場所を，運送品の受入れ，運送及び保存に適する状態に置くこと（堪荷能力）

運送人は，上記の注意を怠ったことによって生じた運送品の滅失，損傷又は延着について損害賠償責任を負い，当該注意を尽くしたことを運送人自身が証明しなければその責任を免れることはできません（同条2項）。

ウ　損害賠償額の限度

運送品の一部滅失又は損傷があり，当該滅失又は損傷に運送人の責任が認められる場合，運送人が負うべき損害賠償の額は，原則として荷揚地の荷揚時の市場価格に定型化され，1包又は1単位につきの限度額が法定されています（国際海運法12条の2，13条）。

もっとも，運送人の故意により，又は損害発生のおそれがあること

26　前掲本章脚注16　213～214頁。

を認識しながらした無謀な行為によって損害が生じたときは，運送人は，例外的に債務不履行責任の一般原則により定まる範囲で一切の損害につき賠償責任を負います（同法13条の2）。

エ　運送人の責任の消滅

運送人が負うべき運送品の滅失，損傷又は延着に関する一切の損害賠償責任は，運送品が引き渡された日から1年以内に裁判上の請求がされないときは消滅します（国際海運法14条1項）。ただし，運送品に関する損害が生じた後に限り，合意によって当該期間を延長することは可能とされています（同条2項）。

オ　免責特約の禁止

上記のような運送人の法定の義務と責任の免除又は軽減を目的とする特約で，荷送人，荷受人又は船荷証券所持人に不利益なものは無効とされます（国際海運法15条1項）。

3　フランチャイズ契約

> **Point!**
> ①　商標等の権利帰属，使用について明確な規定を置く。
> ②　ロイヤルティは本部及び加盟者にとって最重要事項であり，明確な規定が置かれるだけでなく加盟者が十分に理解し納得することが必要である。
> ③　加盟者からは本部の規定に対して制限的な条件を付すことも可能である。

サンプル書式→フランチャイズ契約書

1　フランチャイズ・システムと法規制

フランチャイズ・システムについて統一的な定義はないですが，一般的には，フランチャイザー（以下「本部」といいます。）がフランチャイジー

(以下「加盟者」といいます。)に対して,特定の商標・商号等を使用する権利を与えるとともに,加盟者の物品販売・サービス提供その他の事業・経営について,統一的な方法で統制・指導・援助を行い,これらの対価として加盟者が本部に金銭を支払う事業形態であるとされています[27]。

フランチャイズ・システムにより,本部は加盟者という第三者の人的・物的資本を利用することにより事業拡大を行うことができ,加盟者は対価を支払い,本部の有するノウハウや商品の提供等を受けることにより独立・開業が可能となり,かつ本部の持つブランド・信用力によりその後の事業継続が容易となります。本部と加盟店は外形上上下関係があるようにみえるのが一般的ですが,法的には加盟店はあくまで独立した事業者であり,本店・支店のような社内関係とは異なることから,<u>フランチャイズ・システムにおける取引関係には独占禁止法が適用されます</u>。

また,小売商業(小売業・飲食業)となるフランチャイズ・システムの場合には,中小小売商業振興法11条1項の規定する特定連鎖化事業に該当するものとして同項及び中小小売商業振興法施行規則10条,11条の規定する事項の書面交付による情報提供及び説明が義務づけられます。

2 フランチャイズ契約におけるポイント

(1) **総論**

上記のとおり,小売商業の場合は,中小小売商業振興法によりフランチャイズ・システムに関する多岐にわたる事項の情報提供及び説明義務が本部に課せられますが,ガイドラインでは,小売商業に限らず,フランチャイズ・システムの全体論として,本部が加盟者を募集するに当たり,①加盟後の商品等の供給条件に関する事項(仕入先の推奨制度等),②加盟者に対する事業活動上の指導の内容,方法,回数,費用負担に関する事項,③加盟に際して徴収する金銭の性質,金額,その返還の有無及び返還の条件,④加盟後,本部の商標,商号等の使用,経営指導等の対価として加盟者が本部に定期的に支払う金銭(以下「ロイヤルティ」

---

[27] これは公正取引委員会の公表する「フランチャイズ・システムに関する独占禁止法上の考え方について」(以下「ガイドライン」といいます。)における定義です。

といいます。）の額，算定方法，徴収の時期，徴収の方法，⑤本部と加盟者の間の決済方法の仕組み・条件，本部による加盟者への融資の利率等に関する事項，⑥事業活動上の損失に対する補償の有無及びその内容並びに経営不振となった場合の本部による経営支援の有無及びその内容，⑦契約の期間並びに契約の更新，解除及び中途解約の条件・手続に関する事項，⑧加盟後，加盟者の店舗の周辺の地域に，同一又はそれに類似した業種を営む店舗を本部が自ら営業すること又は他の加盟者に営業させることができるか否かに関する契約上の条項の有無及びその内容並びにこのような営業が実施される計画の有無及びその内容について，開示が的確に実施されることが望ましいと規定しています[28]。

これらの事項はフランチャイズ契約の内容となるものであり，この中でも共通項として，①加盟者が本部の商標，商号等を使用し営業することの許諾に関するもの，②営業に対する第三者の統一的イメージを確保し，加盟者の営業を維持するための加盟者の統制，指導等に関するもの，③上記に関連した対価の支払に関するもの，④フランチャイズ契約の終了に関するものを概ね含む統一的契約がフランチャイズ契約であるとされます[29]。

また，フランチャイズ・システムにおいて，程度の相違はあれ，加盟者は本部に依存する立場に立つことから，<u>本部はその優越的地位の濫用（独占禁止法2条9項5号）や不公正な取引方法[30]（同法19条）に該当しないように十分な注意が必要です</u>[31]。

(2) **商標等**

本部の有するブランド・信用力は商標等を以て，顧客に示されることになりますので，加盟者は使用することができる（付与される）商標等を契約上明確にすることが重要です。

---

28 実際に，一般社団法人日本フランチャイズチェーン協会の会員各社は中小小売商業振興法及びガイドラインの規定を受けて，「フランチャイズ契約の要点と概説」を必要に応じて提供しています。
29 ガイドライン1(3)参照。
30 具体的には，抱き合わせ販売等（一般指定10項）や拘束条件付取引（同12項）などが問題となり得ます。
31 ガイドライン3参照。

これに対して，本部は，商標等の権利が本部に帰属することの確認，加盟者が同一・類似の商標等の出願をすることの禁止，本部の定める目的や指示に反した使用の禁止，契約終了後の商標等の使用禁止など加盟者が商標等を不正に使用することを未然に防止する規定を設ける必要があります。また，第三者が本部の商標等を侵害している事実（無断使用等）を加盟者が知った場合にはその旨を本部に通知することや，逆に第三者から権利侵害を指摘された場合にはその旨を本部に通知するなどの規定も置くと良いでしょう。

(3) **ロイヤルティ**

ロイヤルティは加盟者が本部に対して契約期間中継続的に支払う対価であり，双方にとって最も重要な事項です。ロイヤルティの金額，算定方法等は本部が定めるものですが，加盟者は事前に本部から十分な説明を受け理解し，納得することが必要であり，その説明とおりの契約内容になっていることを慎重に吟味しなければなりません。

また，フランチャイズ・チェーンの中には**オープンアカウント**といわれる制度を採用するものもあります。オープンアカウントとは，加盟者が日々の売上を本部に送金し，本部は通常月単位で本部・加盟者間の債権債務（商品仕入代金等）を相殺し（交互計算（商法529条）の準用），さらにロイヤルティを差し引き，その残余を加盟者に返戻し，加盟者は返戻額から経費（人件費等）を差し引いたものが収入となる制度です。ただ，当該収入がマイナスになることもあり，その場合本部からマイナス分の金額について自動的に貸付がなされます。この貸付は一般的に利息付きですので加盟者は注意が必要です[32]。

(4) **経営指導等**

本部の持つノウハウの提供や経営指導等は，研修や講習会，指導員を派遣しての直接指導等により行われ，その内容・方法は多岐にわたるものです。従って，経営指導等を享受する権利を有する加盟者からは，その内容・方法が詳細かつ明確に規定されていることが求められます。他

---

32 中小小売商業振興法施行規則10条13〜15号。

方，義務者である本部にしても，抽象的な規定に留めるよりも，加盟者から債務不履行を指弾されないように詳細かつ明確に規定しておく必要があります。

　ただ，経営指導等は時と場合に合わせた対応が求められるものですので，過度に拘束するものであってはならず，包括規定を置くなどして，柔軟な運用ができるように規定すべきでしょう。

(5) 契約終了

　フランチャイズ・システムにおいて，加盟者は，通常，本部との長期的継続的取引関係を要請するものであり，契約の継続が確保される必要があります。従いまして，例えば，条項例1のような契約更新に関する規定を置くとよいでしょう[33]。

> **条項例（有効期間）**
>
> 1　本契約の有効期間は，本契約の成立日から〇年間とする。
> 2　前項にかかわらず，本契約の終了日の半年前までに，本部又は加盟者が相手方に対し，書面により本契約を終了させる意思表示を行わない場合には，本契約はさらに〇年間更新されるものとし，その後も同様とする。

　また，逆に中途解約規定が置かれる場合，加盟者に対して違約金支払が求められることが多いので，注意しましょう。

(6) その他

　加盟者にしてみれば，周辺に同一又は類似の事業（店舗）が営まれることは死活問題です。特に本部又は他の加盟者に同一又は類似の事業（店舗）を営まれてはフランチャイズ契約を締結した意味はなくなりま

33　当該規定を置いたとしても本部が契約更新を拒絶することはできます。しかしながら，近時の裁判例では，契約上の文言にかかわらず，「やむを得ない事由」がなければ本部は契約更新を拒絶することができないとし，フランチャイズ契約が当事者間の信頼関係に基づく継続的取引であることから，加盟者が信義則上要求される義務に違反し信頼関係を破壊することにより，当該契約の継続を著しく困難なものとしたような場合に，「やむを得ない事由」があると判示するものがあります（東京高判平成24年10月17日判時2182号60頁，最決平成26年3月31日にて上告棄却・上告不受理により確定）。

す。そこで，加盟者からは，自らの周辺地域において，本部又は他の加盟者に同一又は類似の事業（店舗）を営業させない権利（**テリトリー権**）が付与されているか否かは重要ですので注意しましょう。

　また，加盟者に対し，契約終了後の**競業避止義務**が課される場合があります。ただし，競業避止義務の範囲については，その地域，期間又は内容において制限的に規定されるべきであることがガイドライン上も要請されており[34]，特に期間制限がない場合には，加盟者において本部に対し期間の明示を求めるべきでしょう。

4 代理店契約

Point !

① 代理店契約や販売店契約など名称においては種々のものがあるが，重要なのはその契約の根幹となる法的性質である。名称に惑わされずに本質をつかむことが必要となる。
② 独占禁止法に抵触することがないようにしっかりと公正取引委員会の公表する指針の内容を把握することが必要である。

サンプル書式→代理店契約書

1 法的性質

(1) 契約の実際

　世上には，代理店，販売店，販売代理店，特約店といった名称を冠した事業者（店舗）があります。商品販売という物流においては，いずれも他の事業者との何らかの契約関係に基づき商品の供給を受け，その商品を代理店等が販売するという関係にあります。

　これは単に代理店等（仮に「事業者A」といいます。）が他の事業者

---

[34] ガイドライン3(1)ア参照。

(仮に「事業者B」といいます。)から商品を仕入れて、その商品を販売することを意味するものではありません。その商品には事業者Bの持つブランド・信用力が付与されており、さらに事業者Bの商標の使用許諾を得ることなどにより、自らの販売力を強化することになります。また、その商品の継続的供給を受けるようになることは事業継続の安定性をもたらし、場合によってはその商品の排他的(独占的)販売権を得ることによって、莫大な利益を上げる機会が生じることにもなります。一方、事業者Bは第三者の人的・物的資本を利用することにより商品の販売チャネルを増やし、販路の拡大を図ることができます。

このような構図はフランチャイズ契約におけるフランチャイザーとフランチャイジーの関係と非常に類似しているものです。

(2) 販売店契約・代理店契約

ただ、フランチャイズとは異なり、代理店や販売店といった事業者Aの名称から必ずしも事業者AとBとの間の契約関係が明らかになるわけではありません。例えば、代理店と謳っていても、それは法律上事業者Aが事業者Bの「代理」であることを必ずしも意味しているわけではないのです。

従って、この契約関係の根幹部分における法的性質をしっかりと理解することが重要になります。

その大きな分岐点は、消費者との商品の売買契約の効果が事業者Aに帰属するのか、それとも事業者Bに帰属するのかという点にあります。

前者の場合はまさしく事業者Aと消費者との間に(継続的)売買契約が成立しているのであり、事業者Aと事業者Bは売買契約の当事者ということになります。商品の買入価格と販売価格との差が事業者Aの利益ということになります(以下、前者の場合の契約を「販売店契約」といいます[35]。)。

これに対して、後者の場合、事業者Aは事業者Bの取引を代理・媒介する立場にあり、事業者と事業者Bとの間には商品の販売を委託(委任)する契約が成立していることになります。この場合、事業者Aは一定の手数料を事業者Bから受領し、それが事業者Aの利益ということに

なります。よくある形態は，商品の販売個数に比例した手数料を設定することです（以下，後者の場合の契約を「代理店契約」といいます。）。

また，代理店契約の場合，事業者Aが代理商に該当する可能性もあります。代理商とは，商人（会社）のためにその平常の営業の部類に属する取引の代理又は媒介をする者で，その商人（会社）の使用人でないものを指します（商法 27 条，会社法 16 条）。代理商に該当する場合には，商法又は会社法の規定から，通知義務や競業禁止義務等が事業者Aに課せられることになります（商法 27 条～31 条，会社法 16 条～20 条）。

なお，本稿に関する契約書のサンプル書式については，販売店契約はフランチャイズ契約と類似するため，代理店契約に関するものを収録します。

2 ポイント

(1) 各種条項

販売店契約においては，根幹となる（継続的）売買契約に係る条項に加えて，また代理店契約においては，根幹となる販売代理・媒介（販売委託，販売委任）契約（代理商契約も含む。）に加えて，排他的（独占的）販売権，テリトリー制，販売先指定，再販売価格維持条項（販売店契約の場合），商標等の使用許諾[36]，競業避止義務などの条項が付されることになります。また，ノウハウの提供や経営指導の条項も付されると，本質的にフランチャイズ契約により類似することになります。

また，事業者Bにとっては商品の販売を拡大するための手段でもありますので，販売の促進に関する義務規定（通常は，努力義務規定）が置かれることが多いです。

---

35 江頭憲治郎『商取引法』262 頁（弘文堂，第 7 版，2013 年）ではかかる場合の事業者Aを「特約店」としていますが，「実際の呼び名は，「代理店」「販売店」「取扱店」等多様である」として，必ずしも名称が統一されたものではないことを明らかにしています。
　また，フランチャイズ契約はこの「特約店」契約（本稿での販売店契約）の特殊形態と位置づけています。上記のとおり，フランチャイズ契約における関係性と非常に類似しているのはこの所以であるといえます。
36 77 頁（本章「フランチャイズ契約」）参照。

(2) 独占禁止法との関係

　商品の供給等を行う事業者Bは事業者Aよりも優越的地位に立つことから，優越的地位の濫用や不公正な取引方法等の行為を行うことにより，公正かつ自由な競争を阻害するおそれがあります。そこで，上記条項については，事業者Bとしては独占禁止法に抵触しないよう注意する必要があります。この点，公正取引委員会は「流通・取引慣行に関する独占禁止法上の指針」（以下「指針」といいます。）を公表しています。特に「垂直的制限行為」（メーカーが自社製品を取り扱う卸売業者や小売業者といった流通業者の販売価格，取扱い商品，販売地域，取引先等の制限を行う行為[37]）については，競争を促進する効果を生じることもありますが，主として競争を阻害する効果を生じさせるものであるといえ，指針においてもその適法・違法性判断基準が示されています。

ア　非価格制限行為

　テリトリー制や販売先指定，事業者Bの商品以外の取扱い制限などの価格以外での制限行為については，指針では「新規参入者や既存の競争者にとって代替的な流通経路を容易に確保することができなくなるおそれがある場合」「当該商品の価格が維持されるおそれがある場合」に該当しない限り，通常独占禁止法上の問題になるものではないとしています。

イ　再販売価格維持条項

　これに対して，指針において，再販売価格維持条項に関しては，通常，需給状況に関係のない価格決定により競争を阻害する効果が大きく，原則として公正かつ自由な競争を阻害するおそれのある行為として，独占禁止法に抵触するものと判断されています。

　従って，事業者Bとしても，原則として再販売価格維持条項は販売店契約において規定すべきではありません[38]。

---

[37] 指針第2部2を参照。
[38] 販売価格に関しては，113頁（第3章エンターテインメント「販売代理契約」）に詳しい解説があります。

第3章
エンターテインメント

第1　エンターテインメント分野の特徴とは
第2　契約類型
　1　ライセンス契約
　　(1)　コンテンツライセンス契約
　　(2)　出版契約
　　(3)　CD・DVD契約
　　(4)　上映契約
　2　コンサルティング契約
　3　制作委託契約
　4　販売代理契約
　5　業務提携契約
　6　OEM契約
　7　製作委員会契約
　8　出演契約（CM）
　9　出演契約（映画・テレビ番組）

第3章　エンターテインメント

第1 エンターテインメント分野の特徴とは

> **Point !**
> ① ライセンス契約が多いことに留意する。
> ② 業務委託という名称で様々な契約内容があることに注意する。
> ③ 独自の慣習があるので注意する。

1 エンターテインメントの対象となる分野

　エンターテインメントとは，直訳すると，「人々を楽しませる娯楽」という意味があります。エンターテインメント業界とは，広く「人々を楽しませる」業務を扱う業界をいうものとして，具体的には，映画やテレビなどの映像，音楽，スポーツ，演劇，書籍，ゲーム，遊園地，ホビーなどの分野を扱う業界であるといえます。近年 **ICT**（Information and Communication Technology），**IOT**（Internet of Things）の普及とともに，スマホゲーム，インターネットオークションなど，ベンチャー企業から大企業までエンターテインメント業界の企業は増え，それらの企業における法務部の役割の重要性も増大しています。

2 「コンテンツ」について

　エンターテインメント業界のうち，映像，音楽，ゲーム等の分野では多く「コンテンツ」を扱っています。デジタルコンテンツ協会の資料によれば[1]，日本のコンテンツ産業の現状は市場規模が約 **12 兆 748 億円**，それらの内訳は，下記のようになっております。このデータからは，現在のエンターテインメント業界において，「動画」と「静止画・テキスト他」のシェアが大きいことが分かります。

1　経済産業省商務情報政策局『デジタルコンテンツ白書2015』31頁（一般財団法人デジタルコンテンツ協会，2015）。

- 「動画」(DVD，ブルーレイ，動画配信，映画，ステージ，地上波，BS，CS，CATV) 4兆5,399億円
- 「音楽・音声」(CD，DVD，ブルーレイ，音楽配信，カラオケ，コンサート，ラジオ) 1兆3,271億円
- 「ゲーム」(ゲーム機向けソフト，オンラインゲーム，ソーシャルゲーム，アーケードゲーム) 1兆5,768億円
- 「静止画・テキスト他」(書籍，雑誌，新聞，フリーペーパー，マガジン等) 4兆6,310億円

3 契約書の特徴と内容

(1) 契約書の特徴

　エンターテインメント業界は取引のプレイヤーが限定的ということもあってか契約書を締結しない場合も少なくなかったといえます。例えば，テレビCMの取引の場合，発注書ベースの取引等も多く，いまだに億単位の取引であっても従前からの信頼関係を前提に詳細な契約書が締結されていないようです。エンターテインメント業界で扱う契約書は，和文のものについては，銀行の約款のように細かく規定されたものは少なく，契約書の分量はおしなべて多くありません。ただ，近年エンターテインメント業界の市場が急激に変化しており，新たなプレイヤーの参入によって，契約書締結の必要性が増大しているということは間違いありません。他方で，契約書が締結される時期についても，取引が開始された後に，**バックデイト**で締結されることが多いということも業界の特徴といえそうです。例えば映像コンテンツの制作委託の場合，企画内容や制作体制がどんどん変わっていくことが多いため，契約の詳細な条件が当事者間で確認された上で発注するという段階がはっきりしないという取引実態がありますが，このあたりにバックデイトが多くなる要因があるのかもしれません。いずれにせよ，エンターテインメント業界の制作の現場では納期が極端に短いことがあるなど，契約書締結の余裕がないことが業界の慣行として存在する面があるのが事実です。しかし，契約条件などで後から紛争となる場合もあるので，バッグデイトは避け，取

(2) 契約書の内容

　契約書の内容については，エンターテインメント業界の多くの会社が「コンテンツ」を扱っていることから，著作権・商標権といった知的財産権にかかわる取引に関する契約書が圧倒的に多いです。エンターテインメント業界の法務の通常業務では，ライセンス契約が6～7割くらいを占めていると言っても良いように思います。その他に多く見られる契約としては，コンサルティング契約，制作委託契約，販売代理契約があり，多くはないですが，業務提携契約，OEM契約，製作委員会契約，出演契約なども挙げられます。請負や委任，準委任の法的性格をもつ契約は「業務委託契約」と括られる場合もあるので，注意が必要です。

4 素材と端末の変化，慣習の存在

(1) 素材と端末の変化

　エンターテインメントで用いられる素材（媒体）は日々変わっていきます。コンテンツ等を保存している素材について，ビデオテープやネガだけであったものが，CD，DVDと変わり，ブルーレイ，HDD（ハードディスク）と変化しています。音楽の分野でも素材（媒体）はレコードから始まり，CD，MD，そして音楽データの配信と変わっています。コンテンツが保存されている素材，会社同士で受け渡しの対象となる素材については現場に確認しつつ，何が使われているかは確認が必要となります。現在，映像の分野ではテープ素材は非常に少なくなり，電子データによる素材の提供が普及してきているようです。素材によって，納品方法や検収方法，検収期間，返却方法も変わってくるので注意です。また，コンテンツの出口，ここでは端末と呼びますが，端末の面でいえば，映像に関して，当初は映画館やテレビだけを端末としていたものが，現在はPC，スマホ，タブレットなど多様化が進んでいます。出版についても，紙だけでなく，電子での出版も増えてきており，音楽もネットを通した「聞き放題」が普及してくるなど，電子化が進んでいます。「ライセンス契約」を締結するに際しても，何を素材として，何を端末

(2) 慣習の存在

　エンターテインメント業界の契約書自体は簡素なものが多いのですが，特有の決まりや慣習が存在します。例えば，音楽業界では，「印税」という言葉を慣習的に使います。「印税」という言葉自体は法律用語ではなく，ロイヤルティの言い方にすぎません。また，レコードにおけるメインアーティストにはアーティスト印税や歌唱印税と称する報酬を支払うのが慣行となっています[2]。CDやレコード制作の際にはこのほかに原盤印税といった，マスターテープを作ったレコード会社などの原盤制作者に支払われる印税もあります（100頁参照）。広告業界では，タレントの競合出演が禁止され（134頁参照），テレビの裏番組に同じタレントが出てはいけないという暗黙のルールがあるなど，エンターテインメント業界には独自の慣習があることが多いです。これらは契約書上明記される場合とされない場合がありますので，エンターテインメント業界の慣行として把握しておかないと，これに反する契約を締結するリスクなどがあるので注意が必要です。

2　内藤篤『エンタテインメント契約法』138頁以下（商事法務，第3版，2012年）。

第3章　エンターテインメント

第2　契約類型

ライセンス契約─(1)　コンテンツライセンス契約

> **Point!**
> ① 著作物を使用できる範囲を確認する。
> ② 対価の支払方法を確認する。
> ③ 権利を保証する条項の有無を確認する。

サンプル書式→コンテンツライセンス契約書

1 コンテンツライセンス契約書のポイント

　映像作品などのコンテンツ（著作物）をライセンスする場合を想定した契約書です。ライセンス契約[3]とは，特許権や著作権，商標権等の知的財産権の所有者が，その知的財産権を使用したい者に対して使用を許諾し，使用者が一定の対価を支払う契約をいいます。エンターテインメント業界では映画や映像メディア，音楽といった著作物のライセンスが特に多く見られます。権利を許諾する者を「**ライセンサー**」，権利の許諾を受ける者を「**ライセンシー**」と呼んでいます。なお，著作物の作成者が持っている権利を著作権といい，「著作権」と「著作物」の用語の使い分けは少々難しいのですが，業界では通常，「著作物のライセンス」という表現を用います。また著作物のことを「コンテンツ」「作品」という点も業界の特徴です。以下，著作物は適宜「コンテンツ」又は「作品」と称します。

2 権利の範囲

　著作物のライセンスの場合，ライセンス期間や著作物をどのように使用

3　メーカーに関するライセンス契約については，23頁（第1章メーカー「特許実施契約」）参照。

するか，そのライセンスを使用者だけが使用できるのか，あるいは使用者以外の者にもライセンスされるのか（独占か非独占か）といったことが重要となります。そのため，ライセンシーが著作物をどのように使用するのか，すなわち許諾する権利の内容を明確にする方法として契約書の中で，許諾する権利の範囲を箇条書きにするケースが多いです。

> **条項例（使用許諾）**
>
> ライセンサーはライセンシーに本件作品の使用について下記の条件で許諾する。
> (1)作品名　(2)許諾地域　(3)許諾期間　(4)独占の有無，など。

(1) **独占か非独占か**

作品のライセンスの場合，**独占**（使用者しか使用できない）とするとライセンシーが支払う許諾料は上がりますが，他の者が扱っていない分，ライセンシーが利益を多く得られる可能性が高くなります。**非独占**ですとその逆です。契約書を作成する際に，独占だと思って契約をした後で非独占であったというトラブルもあり，この点は注意が必要です。

(2) **権利の範囲**

著作物を許諾する権利の範囲については，最近はテレビやDVD，インターネット，タブレットなど，その著作物を映し出す出口である端末も細かく分類されてきました。テレビ放送の中にも地上波やBS放送，CS放送があり，インターネットといってもパソコンで見るか，タブレットで見るか，スマホで見るかなどの違いがあり，出口を細かく設定される場合があります。テレビの場合はその著作物を許諾期間中に何回放送してよいかについての放送可能回数が記載されることもあります。インターネットの場合は，**ダウンロード**（受信したデータを端末に記憶させる方式）か，**ストリーミング**（端末に記憶させず，データを受信しながら閲覧する方式）かの違いも重要です。また，ネットカフェやホテル内での配信といった場所を限定するケースもあります。

(3) **権利の期間**

著作物を許諾する期間については著作物が複数のとき，かつ作品ごと

に期間が異なる場合にはそれぞれの期間を確認することが必要です。放送コンテンツなどでは，ライセンサーの都合により，放送できない期間（**カーブアウト**）が設定されることがあります。また，細かい点ですが，契約締結日と権利許諾期間の整合性にも注意が必要です。

3 対価・支払方法

> **条項例（対価）**
>
> 　ライセンサーは，ライセンシーに対し，本作品許諾の対価として下記許諾料を支払う。

(1) 対価の支払方法

　許諾料の支払方法については，通常の売買のように価格を設定して売り切る形（**フラット（固定）**）もある一方，**レベニューシェア**（分配金を分配する）という方法もあります。対価をレベニューシェアの方法で支払う場合もMG（**ミニマム・ギャランティ**，最低保証金）として，一定の金銭を先に支払うケースが非常に多いです。レベニューシェアの形を取っている場合は，著作物を放送し，分配金が発生した場合に，このMGに充当していき（「**リクープする**」といいます。），MGを超えてから実際に分配金を支払うのが通常です。ここからは少しこみいった話ですが，レベニューシェアのほかにプロフィットシェアといった言葉も出てきます。費用などを差し引かず，得られた収入をそのまま分配する場合をレベニューシェア，費用を差し引いて利益が残った場合に分配する方法をプロフィットシェアと言います。この二つは，費用のかかり具合によって使い分けられるケースが多いです。

(2) 支払における注意点

　ライセンシーの立場からは，最初に支払う対価であるMGが高額の場合，契約時や素材到着時等に分割して支払うといった方法も有効な手段です。著作物のライセンスでは放送・放映のための素材を受け取ることは必須となります。売れ行きによって使用料（「**ロイヤルティ**」ともいいます。）が発生する場合には使用料支払の締め日と支払日を現場に確

認する必要があります。インターネットで配信する場合などで，販売数などのデータが翌月になってやっと分かるような場合，月末締めの契約を締結してしまうと月末ではまだ販売数が分からないことから，それだけで債務不履行になってしまうリスクがあります。実際の支払日が金融機関の休業日に該当する場合の取扱い（前営業日とするか，翌営業日とするか。）や振込手数料の負担についての記述も忘れがちですが記載がある方が望ましいでしょう。

4 表明保証

条項例（表明保証）

　ライセンサーは本契約を締結するにつき，必要な全ての権限を適法かつ正当に取得していることを表明し保証する。

　コンテンツ等の著作物の場合，権利処理（著作権等の権利者から使用することの同意を得ているか，対価をきちんと支払っているか，など），がきちんとされているかが重要です。著作物の著作権は登録がされている場合が少なく，一方で1つの作品の中には関与している権利者が多いため，正当な権利者の証明が難しいからです。そのため，許諾するコンテンツの著作権が正当であることを権利者（ライセンサー）に保証させます。原権利者から現在の権利者までの連続する権利移転のことをチェーン・オブ・タイトル（Chain of title）と呼ぶこともあります。著作物のライセンス契約では当然入れるべき条項なので，この条項が抜けていると法務の落ち度となります。海外のライセンス契約では著作権のうちの著作財産権について，複製権（著作権法21条）などの扱いを細かく指定するものもありますが，日本のライセンス契約ではそこまで細かく指定されることはないです。

5 その他の注意点

(1)　改変について

　テレビなどで放映する作品の放送にはCMを挿入するために尺（作品の長さ）を変更したり，放送局のロゴを入れたりなど，多かれ少なかれ

編集の必要が生じます。作品を作った人から見れば，CMを挿入することや，番組枠に合わせて作品の一部をカットすることは，どこで場面を切るかなどを含め重大な問題です。そのため，**著作者人格権**，特に**同一性保持権**（著作権法20条）との関係で，改変や加工を可能とする権利を契約書の中で加える必要があります。ライセンシーから見た場合，「必要な範囲で」改変できるとしたり，「通知のみ」として簡単な手続にしたいところですが，ライセンサーの視点からは「書面による許諾」の文言を加えておいた方が安全でしょう。コンテンツの尺（長さ）については，海外の映画を放送する際などの場面で非常に苦労するようです。販促の際に作品の一部を使うときにも同様の使用許諾についての条項を入れる必要があります。

(2) **音楽使用料の支払**

作品中で使用する音楽について，音楽の著作権を管理する団体であるJASRACなどへの支払をどちらが負うかについても明確にしておく必要があります。現在でも楽曲についてはほとんどJASRAC管理となっておりますが，いくつか他の権利団体がありますので，JASRACは管理団体の例示列挙としておくべきでしょう。作品にはキューシート（進行表）と呼ばれる音楽を記載した表があるのが通常なので，ライセンシーの立場からはその提出義務をライセンサーに課す方がよいでしょう。

(3) **DRM技術などのセキュリティ処置**

ライセンサーの立場からは，特にインターネットでの配信などの際，不正な複製を防止したり，日本の国内だけで利用できるような防護措置についての規定も必要です。DRMとは**デジタルライツマネジメント**（デジタル著作権管理）といって，著作物を保護するためその利用や複製を制御・制限する技術のことをいいます。

(4) **素材の問題**

作品を受け取る際に，データ（USBやHDD等）で受け取るのか，ビデオテープなどの素材で受け取るのかは確認が必要です。放送や配信に加工作業が必要な場合にはその加工（エンコード）作業をどちらが行うか，特にその費用をどちらが負担するのかも重要です。

(5) 監査権

　売上の報告をライセンシーに任せる場合，ライセンサーは**監査権**を持っておく必要があります。その際，監査の費用はライセンサーがもつのが通常ですが，例えば，報告と実際の売上との間に5％以上の差があった場合にはその費用を相手方に負担させるような条項も有効です。日本国内では相手方に監査に入るというのは稀なケースのようではありますが，牽制としての役割もあるようです。

1 ライセンス契約―(2)　出版契約

> **Point！**
> ① 出版権を設定するか否かを検討する。
> ② 出版権を設定する場合，その範囲に注意する。
> ③ 出版者の義務・期間についての特約事項の有無を検討する。

サンプル書式→出版契約書

 出版契約書のポイント

　本項目で紹介する出版契約は，主に著作権者と出版者（出版社の他，個人等も含めるために「出版者」と表記しています。）との間での出版契約を想定しています。出版社の業界団体である一般社団法人日本書籍出版協会（書協）のホームページで出版契約のひな形が紹介されています[4]。ひな形との違いを確認すると，その出版社がどのような権利を強化したいかなどがわかるでしょう。

　また，平成26年改正前の著作権法における出版権は紙媒体の出版権に限定されており，海賊版対策も紙媒体しか対応できませんでした。しかし，インターネット上での海賊版が急増してきたことから，現行の出版権の対

4　一般社団法人日本書籍出版協会（書協）のホームページ
　http://www.jbpa.or.jp/publication/contract.html

象を電子出版にも拡張し，出版権者による電子の海賊版の差止等を可能にしました（平成27年1月1日より施行）。

2 権利の範囲

> **条項例（出版権の設定）**
>
> 甲は，本著作物の出版権を乙に対して設定する。
> (1)範囲　(2)出版者の義務についての特約　(3)権利期間など。

(1) **出版権を設定するか否か**

　出版権は①紙媒体（CD-ROM等による出版を含む。パッケージ出版物と呼ばれることもあります。）で著作物を頒布目的で複製する権利（著作権法80条1項1号。1号出版権）と②著作物の複製物をインターネット送信する権利（同法80条1項2号。2号出版権）から構成されています。条文上は「設定契約に定めるところにより」出版権者がこの権利の全部又は一部を独占すると定められているため，著作権者は，出版権を紙媒体等に限定するか，電子出版に限定するか，契約により設定することができます。さらに，1号出版権を紙媒体による出版権とCD-ROM等による出版権といったように細分化することもできると考えられています（ただ，どこまで細分化できるかの限界は最終的には司法判断となります。）。

　一方で，既に他社でも同様の出版を行っていたり，権利者が出版者に対して出版権のような強い権利を与えることを希望しない場合には，通常の出版許諾契約（複製権，頒布権，公衆送信権等のライセンス）を締結することになります。

(2) **出版者の義務**

　出版権は出版者に独占権を付与するかわりに，出版者に対していくつかの義務を負わせています。たとえば，①出版権者は原稿等の引渡しを受けてから6か月以内に出版・配信を行う義務，②出版権者は慣行に従った継続出版義務があります（著作権法81条）。出版権者がその義務に違反した場合には，出版権設定者は一定の条件の下に出版権消滅請求が可能になります（同法84条）。ただし，これらも「設定行為に別段の

定め」をすることが可能であり、出版契約で出版権を消滅させないと定めることができます。出版権者としては消滅させないような特約を設ける一方で、著作権者としては、特約が契約に盛り込まれているのかどうかを確認することになるでしょう。

(3) **権利の期間**

出版権を設定した場合で、期間の定めが無いときには、最初の出版又は配信から3年で消滅します（著作権法83条）。ただ、多くの契約書ではその期間の定めが設けられています。出版権を5〜7年程度設定するものから、増刷があった場合には増刷時からさらに同期間延長するという条項もあります。無期限の出版権設定が可能かについては争いもありますが、特に著作権存続期間中の出版権の設定について合意した当事者の意思を否定することまでは必ずしも必要なく認められると考えられます[5]。

(4) **契約終了後の権利**

出版契約には出版契約終了後もロイヤルティの支払いを前提として在庫書籍について販売可能とする規定があります（セルオフ条項）。一方、電子出版の場合には在庫という概念がありませんが、AmazonやAppleなどのプラットフォーム側でユーザーが購入した電子書籍を他のデバイスで再ダウンロードすることができるサービスを提供している場合があります。出版者としては契約終了後の再ダウンロードを可能にするかどうか、電子書籍を販売するプラットフォームとの間の契約と整合性を確認する必要があります。

3 翻訳出版の特殊性

日本の書籍を海外で翻訳し出版するライセンスアウトの場合に最も問題になりやすいのが、翻訳版の著作権をどのように取り扱うかです。将来別の出版社から同じ言語で翻訳版を出版する場合、前の翻訳版の著作権侵害と主張されるリスクがあります。そのため、日本の出版社側としては、将

5　中山信弘『著作権法』441頁（有斐閣、第2版、2014年）。

第3章　エンターテインメント

来の出版社の変更に備え，可能であれば翻訳の著作権を買い取ることができるよう定めることが考えられます。

ライセンス契約—(3)　CD・DVD契約

Point!
① 原盤を譲渡するか，原盤供給かを検討する。
② 対価の計算方法はどのように行われるのかを確認する。
③ 音楽の権利処理〜シンクロ権に注意する。

サンプル書式→原盤供給契約書

1 CD・DVDに関する契約書のポイント

　原盤の権利を有している人と，CD・DVDを発売したいレコード会社の間を想定した契約書です。CD・DVDを制作する際には，それを大量にプレスするために最初にマスターを制作する必要があります。このマスターとなる原盤に固定されている音を最初に固定した人に「レコード製作者の権利」が発生します（著作権法96条以下。「原盤権」ともいいます。）。レコード製作者は，その原盤について複製する権利や公衆送信する権利を有しますので，CD・DVDを頒布する際には，そのコンテンツの権利処理とは別に原盤権者の権利処理が必要となります。たとえば，音楽CDであれば，作詞家・作曲家の著作権の権利処理と，レコード会社の原盤権の処理が必要です（楽器を演奏する方（実演家）の権利処理も考えられますが，多くの場合はレコード会社により権利処理済みです。）。

権利者	有している権利	主な処理方法
作詞家・作曲家	著作権	JASRACなどを通じて処理
演奏家	実演家の権利	原盤権者を通じて処理
原盤制作者	レコード製作者の権利（原盤権）	原盤権者を通じて処理

原盤に関しては，大きく①原盤に関する権利をライセンスする原盤供給契約，②原盤に関する権利を譲渡する原盤譲渡契約があります。また，共同で原盤を制作し，原盤制作費用や原盤の権利行使方法を定める共同原盤契約があります。本項目では，主に①②を取り扱います。

2 原盤を譲渡するか，ライセンスするか

① 原盤譲渡契約

> **条項例（原盤の譲渡）**
>
> 甲は乙に対し，本契約期間中，本件原盤に関する全ての権利（著作権法 27 条及び 28 条の権利を含む。）を独占的に譲渡する。

原盤譲渡契約では，原盤の権利を第三者に譲渡し，その対価として原盤印税を取得します。原盤譲渡契約で契約期間が定められていても，契約終了後も原盤の権利は戻らないと定められているケースも多く，結果として権利が戻ってこない場合もありますので注意が必要です。また，原盤の利用に関しても，譲受人にとって有利に規定されており契約終了後も継続して自由に利用できるとする場合もあります。権利終了後のパブリシティ利用（ジャケットに使用されている氏名・肖像など）などをどこまで認めるかなどの検討も必要になるでしょう。著作権法 27 条及び 28 条についての解説は 111 頁を参照してください。

② 原盤供給契約

> **条項例（利用許諾）**
>
> 甲は乙に対し，本契約期間中，甲乙協議の上定めるレコードに本件原盤を複製し，第三者により頒布（及び音楽配信）することを独占的に許諾する。

原盤供給契約は，原盤の権利は譲渡せず単に権利のライセンスを行うという形式ですので，その利用態様に関してはライセンサーが一定のコントロールをすることができる場合が多いです。また，契約終了後は，一定の期間（6 か月の場合が多いです。）ライセンス料を支払う代わりに在庫に限

り販売ができるという「セルオフ条項」を設けている契約があります。契約終了すれば在庫販売すらできなくなることが原則ですが，それではライセンシーへの影響が大きい場合もあるため，在庫に限りこのような販売を多くの場合認めています。

3 対価の計算方法

(1) 音源を国内用にライセンスする場合

たとえば日本の音楽業界では，小売価格から容器代（10％程度）を控除した金額を基準に料率を計算しています。この基準額に，印税対象枚数（営業所や倉庫からの出荷枚数）をかけるのですが，返品を見越して10％～20％の控除を行います。すなわち，日本において，原盤権者の手にする印税は以下のような計算式になります。なお，原盤の料率は平均18％程度といわれています[6]。

> 原盤権者の手にする印税＝（税抜小売価格－容器代（10％））×料率×印税対象枚数（出荷枚数の80％～90％）

上記はパッケージ商品の場合です。配信の場合には返品の概念がありませんので，返品控除は不要とも思われます（さらにいえば，「容器代」も明確ではありません。）。しかしながら，配信用音楽ファイルの作成費用等という名目で控除が行われている場合もあります。配信用の場合は特にその控除理由について，レコード会社等に確認をするとよいでしょう。

(2) 音源を外国用にライセンスする場合

一方，CDを外国で販売する場合は，原盤印税の計算基準を国内のような小売価格ベースではなく卸売価格（PPD（Price Published to Dealers））とする場合があります。印税は，PPDから容器代を控除した金額が基準額となります。また，印税対象枚数も，純売上枚数の90％とされる場合があります[7]。

---

6 安藤和宏『よくわかる音楽著作権ビジネス 実践編 4th edition』46頁（リットーミュージック，2011年）。

> 原盤権者の手にする印税＝（PPD －容器代（10 〜 30％））×料率×印税対象枚数（純売上枚数の 90％程度）

(3) 完成した商品を販売する場合

　上記は，レコード会社に原盤をライセンスする場合の契約ですが，CDやDVDを製造した上で，それを第三者に販売あるいはレンタルする形態もあります。販売の場合には，小売価格／カタログ価格の例えば50％などという価格で販売されます。一方，劇場用映画などのDVDレンタルでは「PPT」（Pay Per Transaction）という方式が取られるときもあります。これは，レンタルショップがDVD商品製造元からレンタルを受け，その商品の実際の貸出実績からロイヤルティを払う方式です。その場合には，レンタルショップが得た収入の一定割合をDVD商品製造元に支払う形になります。

4 権利処理について

　原盤を実際に使用する場合の権利処理につき，たとえば音楽CDの場合，歌手（実演家）の権利は原盤を提供する側が権利処理をする一方で，実際にCDを複製し頒布する際に発生する著作権使用料などはレコード会社側が行うことが一般的です。DVDなど，映像が音楽と同時に使用されるときには，「シンクロナイゼーション・ライツ」（シンクロ権）という特殊な権利も関係してきます。この権利は録音権の一部ですが，日本の楽曲であれば，ゲームソフトやテレビCMなどでない限り，JASRAC等の使用料に含まれているのでそこまで意識されません。しかし，外国楽曲の場合には管理対象外とされており，その使用料は個別交渉（指値）になります。日本の楽曲と同じように利用できると勘違いしたまま海外の著名曲を使用してしまった場合，高額の使用料を求められるケースもあるので，注意が必要です。

7　前掲本章脚注6　安藤・48頁。

1 ライセンス契約—(4) 上映契約

> **Point !**
> ① 対価の支払い方法を確認する。
> ② 監査権の設定の有無を確認する。
> ③ 素材が「フィルム」から「デジタル」に変化したことに注意する。

サンプル書式→上映契約書

1 上映権の許諾

　上映契約書は，配給元が個々の映画館と締結する契約書で，映画の上映権（著作権法22条の2）を許諾することを目的とする契約です。もともと配給という言葉は**フィルムを配る**ことから使われていた言葉なので，デジタル化が進んだ現在においても，フィルムを配ることを前提としたひな形になっています。映画配給の場合，数多くの映画館と契約を締結するため，契約書は締結せず，発注書ベースで行っている映画館もあるようです。

2 利益配分

　映画の中には，映画館が最低保証料を支払うものも稀にありますが，多くの映画は利益配分を定めるものとなっており，一般的には興業収入に対して，半分半分の取り分とするものが多いようです。また，興業に関する費用に優先的に当てる金額として「**トップ・オフ金額**」というものが設定されることもあります。

3 貸出期間とプリントの発送

> **条項例（プリントの発送）**
> 　甲は乙の指定する場所に，上映に間に合うように映画本編及び予告

編のプリント（デジタル素材を含む。）を発送する。

条項例（検収）

乙はプリント到着後，本編，予告編の内容及びプリントの状態を確認し，不具合を確認した場合は直ちに甲に連絡しなければならない。直ちに通知されない場合，乙は瑕疵のないプリントを受領したものとみなす。

配給元は上映期間に間に合うようにフィルムを配り，受け取った映画館は不具合がないか検査をする必要があります。貸出期間については，昔はフィルムの貸出期間として2週間程度が一般的で，それから地方の映画館に回されるということが多かったようです。そのため映画の封切りから期間が経ち，上映回数が増えるほど，フィルムの質にもよりますが，フィルムとともに映像も劣化するということもあったようです。

4 報告・監査権

条項例（監査）

甲は必要に応じて，乙の劇場及び事務所に立入りし，興行状況を確認又は監査することができる。

上記「2 利益配分」の箇所で述べたように，配給会社の取り分は，興業収入によって決定されることになります。そのため，興業会社に対し，映画の入場者数の報告を義務付けるとともに，**監査権**の設定が重要な要素となります。

5 素材の変化

最近ではデジタルシネマ化が進み，フィルムを配るケースが少なくなっています。一般社団法人日本映画製作者連盟の調べによれば[8]，2014年12

---

8 http://www.eiren.org/toukei/screen.html

月末時点において，全国のスクリーン数は3,364，そのうち，デジタル設備は3,262と約97％で導入されています。契約書の「プリント」の箇所は「デジタル素材」を含むとする形へと移行されています。配給会社によって素材の受け渡し方法は様々となっているようです。余談ですが，デジタルシネマの普及により，特に映画本編が上映される前の広告，予告編などの配信が増えました。フィルムでは1枚1枚広告についても焼き付けを行わないといけなかったのですが，現在のデジタル素材になると配信で済むため，全国に同じ広告を配信することができます。そのほか，**ODS**（Other Digital Stuff）といって，映画以外のものを映画館で上映することも可能になっています。コンサートや，演劇などがその一部です。

6 VPFスキーム

　映画のデジタル化が進んだ背景には技術革新が進み社会全体での大規模なデジタル化への動きがありました。このデジタル化に伴い，映画のフィルム代が浮いた配給会社に，映画機材の導入費用の一部を負担させる事業でVPF（Virtual Print Fee）（仮想プリント経費）スキームというものもあります。配給会社は，映画を上映する際に映画館に機材を導入した会社からVPF費用というものを請求される場合がありますので，ご注意ください。

 コンサルティング契約 •••••••••••••••••••••••••••••••••

Point！

① 業務の範囲を確認する。
② 成果物の帰属に注意する。
③ 競業避止義務の有無を確認する。

サンプル書式→コンサルティング・サービス契約書

1 コンサルティング契約

コンサルティング契約[9]とは，委託者の依頼に基づき，受託者がその専門的知識に基づき，アドバイスや有益な情報を委託者に提供することを目的とする契約です。コンサルティングには，請負のように一定の仕事の完成を目的とするものもありますが，一般には，単に業務を委託するものが多く，その場合，法的性質としては，**委任ないし準委任**に当たります。

2 コンサルティング契約のポイント

(1) コンサルティング業務の範囲

　　コンサルティングは，仕事の完成と異なり，成果や成果物の形が必ずしも明確ではないことが少なくありません。したがって，委託業務の内容やスケジュールがあいまいである場合は紛争の原因となりますから，業務の目的や内容，スケジュールを明確に定めておくことが重要です。

(2) 報酬

> **条項例（報酬）**
>
> 　委託者は，コンサルタントが本件業務を実施し，甲がこれを確認した場合，報酬として，毎月金［　　　］円（消費税別途）を支払うものとする。

　コンサルティングの場合，仕事の完成が目的ではなく，成果物の形やスケジュールも様々です。そこで，報酬の支払方法も，時間当たりのタイムチャージ，月額定額制，合意した段階に応じた支払などがあります。また，一定の成功を期待される場合は，着手金と成功報酬の形もあり得ます。

3 成果物の帰属

　コンサルティングの成果物としての報告書などに係る著作権その他の権

---

[9] 秘密保持契約については51頁（第1章メーカー「秘密保持義務」）を参照。

利の帰属が問題となります。権利の帰属に関して何ら規定がなされない場合，例えば，コンサルタントが作成した報告書の著作権はそれを作成したコンサルタントに帰属します。したがって，委託者が何らかの権利を主張したい場合は，特段の定めを設けることが必要です。

4 成果物の利用とその制限

> **条項例（委託者による成果物の利用）**
> 　委託者は受領した本件成果物及びこれらに含まれる情報を，自己の責任と負担において利用することができる。

> **条項例（競業避止義務）**
> 　コンサルタントは，事前に委託者の承諾を得ることなく，本件業務と同一又は同種の業務を提供してはならない。

　委託者としては，コンサルタントにより作成された成果物及びそれに含まれる情報を十全に活用しようとします。したがって，仮に報告書に係る著作権等の権利がコンサルタントに帰属するとしても，委託者にとっては，報告書を自由に利用できることが重要です。他方，コンサルタントも，問題のない範囲で，成果物をその後のコンサルティング等に利用ないし応用したいと考えることがあります。委託者としては，コンサルティングの成果が競業他社にも活用されるようでは，折角得た成果の意味が失われかねません。そこで，委託者は，受託者に秘密保持義務を課すとともに，競業他社に同種のコンサルティングをしないよう義務を課したいところです。この点，コンサルタントとしては，この求めを完全に受け入れると将来受託する業務の範囲が狭められてしまいます。そこで，具体的な事業者を列挙してそれら事業者にはコンサルティングをしないことに限定して，競業避止義務を定めバランスを取るという方法も考えられます。

5 再委託の可否

　委託者は，受託者の専門性やノウハウ等を見込んで委託しており，また，

委託者が提供する情報等の拡散を防ぐためにも，再委託を禁止することが重要となります。

制作委託契約

> **Point！**
> ① 委託業務の内容を具体的に特定する。
> ② 権利の帰属条項の記載方法に留意する。
> ③ 納品・検収方法の記載を具体的取引に応じて工夫する。

サンプル書式→「映像作品」制作委託契約書

1 制作委託に関する契約書のポイント

　ここではコンテンツの制作を外注する場合に発注者（委託者）が外注先（受託者）と締結する制作委託契約[10]を想定しています。外注先にコンテンツ制作に関する全ての業務を委託する場合もあれば，制作業務の一部だけを委託する場合もあります。また，一口にコンテンツといっても映画・テレビ番組・ゲーム等の「映画の著作物」，レコード原盤，イラスト・CGといったように成果物となるコンテンツの種類は異なります。そのため，委託業務の範囲，コンテンツの種類等の違いに対応した形での制作委託契約書を作成する必要があります。共通してポイントとなる点は，委託業務の内容を特定すること，コンテンツの権利（著作権）帰属について定めた条項を入れること，納品・検収方法の記載を置いておくことです。以下，この3点について確認します。

10　メーカーの制作委託契約については31頁（第1章メーカー「OEM契約」）参照。

2 委託業務の内容

> **条項例（制作委託）**
>
> 1　甲は乙に対し，本件コンテンツの制作業務及びこれに付随する一切の業務（以下「本件業務」という。）を委託し，乙はこれを受託する。
> 2　乙は，本件業務を遂行するにあたって，以下の各号に定める事項を遵守しなければならない。
> (1)（以下，略）

　契約書では，コンテンツの制作業務のうちどこまでの業務を委託するのか（つまり，委託業務の範囲）を特定する必要があります。これにより制作を進めていく上での責任分担を明確化することができます。委託業務の特定が不十分なまま制作に着手してしまうと，後になって当事者間でどちらが遂行すべき業務なのか（どちらが責任を負うべきか）に関して争いが生じた場合に解決しにくくなるので注意が必要です。

　そして，コンテンツ制作業務を遂行する上で遵守すべきこともあわせて記載しておくべきです。例えば，コンテンツの内容が一定の基準・条件に沿って制作しなければならない場合，その具体的な基準・条件を明記しておくべきです。特に，制作過程で既存の著作物（音楽・CGなど）を複製する必要があるコンテンツ（映画やテレビ番組など）の場合には，既存の著作物についての権利処理業務を委託側，受託側のどちらが行うのかや権利処理を行う利用範囲はどこまでかについて明記しておく必要があります。あわせて，権利処理漏れが発覚した場合の事後対応についても明記しておいたほうが望ましいです。また，二次利用が想定される場合には，権利処理作業は誰が行うのか，その場合の費用はどちらが負担するのか等についての条項も入れておくべきです。

3 権利の帰属

条項例（権利の帰属）

　本コンテンツ及び本件業務の遂行過程で発生した一切の著作物の著作権（著作権法27条及び28条の権利を含む。），所有権その他一切の権利は，甲に帰属する。

　制作業務遂行により制作された成果物の著作権の帰属を定める条項を置いておくことで，将来の著作権の帰属主体を明確にしておくことは，制作委託契約書を作成する重要な目的の一つです。委託側として成果物の著作権を自らに帰属させたい場合に，著作権法上，初めから成果物の著作権が委託側に発生するといえる場合には，制作委託契約書に権利の帰属について明記しておくことはあくまで確認のためであるといえます。しかし，著作権法上，成果物の著作権が受託側に発生する場合（あるいは，どちらに発生するかがはっきりしない場合）には，合意により委託側に著作権を移動させる必要がありますので権利の帰属について明記しておかなければならないということになります。ここでの理解の前提として，著作権法上著作権が誰に発生するのかということと，最終的に著作権が誰に帰属するのかということを区別しておく必要があります。著作権の発生は著作権法（2条1項，15条，16条，29条等）の適用によって決まりますが，最終的な著作権の帰属先は当事者間の合意で定められることになります。前者の発生先と後者の帰属先が異なる場合には，著作権帰属条項は著作権譲渡の合意が含まれるという意味で解釈されることになります。なお，制作委託料の対価を定める条項については，著作権譲渡の対価も含まれるのか否かが分かるように記載しておくべきです。

　帰属対象となる権利について，重点的に検討すべきものは著作権です。契約書で著作権帰属の定めを置く場合には，単に「著作権は甲に帰属する」と記載するのではなく，「著作権（著作権法27条及び28条の権利を含む。）は甲に帰属する」というように括弧書きにある記載を付記しておくことがほとんどです。これは，著作権法61条2項が，翻案権（同法27

条)と二次的著作物利用権(同法28条)が譲渡の目的として特掲されていないときは、これらの権利は、譲渡した者に留保されたものと推定すると定めているからです。つまり、<u>契約書に27条と28条の権利についても著作権の譲渡対象に含まれることを明記しておかないと、2つの権利は譲渡対象から除外する合意であったと判断されてしまう可能性を残すことになります</u>(なお、『「特掲され」たというためには、譲渡の対象にこれらの権利が含まれる旨が契約書等に明記されることが必要であり、契約書に、単に「すべての著作権を譲渡する」というような包括的な記載をするだけでは足りず、譲渡対象権利として、著作権法27条や28条の権利を具体的に挙げることにより、当該権利が譲渡の対象となっていることを明記する必要がある』として、映画の翻案権譲渡を否定した裁判例として、東京地方裁判所平成18年12月27日判決(判時2034号101頁)があります。他方で、契約書に特掲がない場合でも翻案利用が想定されていた等の事情を考慮して翻案権及び二次的著作物利用権の譲渡を認めた例(大阪高決平成23年3月31日判時2167号81頁)もあります。)。これにより、契約実務では著作権帰属条項があるほとんどの契約書に「著作権法27条及び28条の権利を含む」旨の記載があります(おかしなことに著作権譲渡の合意を記載する内容ではないことが明らかな契約書にこうした記載があることも珍しくありません。)。

なお、受託者にコンテンツの著作権を留保する契約の場合、納品されたコンテンツを委託者が利用できる範囲を定める条項が必要になるので注意が必要です[11]。

4 納品・検収方法

成果物の納品日、納品方法、納品場所についての記載は忘れないようにしておきたいところです。特に、契約書に納品する媒体の形式まで特定しておく必要があるかは事前に確認しておくべきです。コンテンツは無体物なので、納品方法について特定しておかないと、委託者が使用できない方

---

[11] 利用許諾の範囲の記載については、92頁(本章「ライセンス契約(1)コンテンツライセンス契約」)参照。

法で納品されてしまうことが起こり得ます（例えば，コンテンツが複製される媒体の規格・形式が委託者の使用する規格・形式と違っていた場合）。

　他方で，コンテンツの制作を委託する場合，完成した成果物について委託者が意図した内容を具体的に記載しておくことは難しい場合が多いといえます。それもあってか，成果物となるコンテンツの詳細について制作委託契約書で記載することは通常行わず，当事者間でコンテンツを特定できる程度の記載で足りると考えることが多いと思われます。ただ，少なくとも検収方法についてはしっかりとした定めを置いておきたいところです。納品された成果物の検収は誰が何日以内に行うのか，やり直しを求めた場合のフロー，最終的に不合格になった場合どうなるのかなど，検収プロセスについて具体的に記載することが望ましいです。制作業務の全てを委託する場合であっても，委託者（のプロデューサー）が制作完成前の段階でチェックできる条項を入れることも検討してよいでしょう。

❹ 販売代理契約

> **Point！**
> ① 代理店となるか販売店となるかの区別を確認する。
> ② 独占の有無を確認する。
> ③ 販売価格の確認をする。
> ④ 競業避止義務の有無の確認をする。

サンプル書式→広告代理店基本契約書，独占的販売店契約書

1 代理店と販売店

(1) 代理店と販売店の共通点

　自己の商品やサービスの販売活動を，他者の手を借りて行う際に締結されるのが，代理店契約又は販売店契約です[12]。この契約形態は，アパレル企業が各国に**代理店（エージェント）**や**販売店（ディストリビュー**

ター）をおいたり，放送事業者が広告枠の販売を広告代理店に委託したりする際に用いられています。代理店も販売店も，市場での販売拡大を目的として，商品やサービスの広告宣伝活動や販売を行う機能は共通しています。しかし，両者間には以下のような大きな違いがあります。

(2) **代理店契約の法律関係**

　代理店は，その名のとおり本人の代理人です。代理人は，顧客との契約の当事者とはなりません。代理店は，本人の商品やサービスを広く紹介し，販売拡大を行いますが，これらの活動から生じる全ての損益や危険負担は，契約の当事者である本人に帰属します。在庫リスクも，代理店ではなく本人が負います。商品やサービスは，本人から直接，顧客に提供され，その代金は顧客から本人に直接支払われます。代理店は，これら一連の業務の対価として本人から**手数料（コミッション）**を受け取ります。

(3) **販売店契約の法律関係**

　一方，販売店は，顧客との契約の契約当事者となり，販売店の損益や危険負担で商品やサービスを販売します。販売店は，本人（便宜上「本人」と呼びますが，販売店契約では代理関係が発生するわけではありません。）との間の販売店契約に基づいて，本人から商品やサービスを仕入れ，自ら在庫リスクなどを負って，これを顧客に再販します。

(4) **日本の取引慣行**

　以上が，典型的な代理店契約と販売店契約の構造です。欧米の企業との取引では，この二つはロジカルに区別されています。しかし，日本国内の取引では，この区別が曖昧な契約になっている例をしばしば見かけます。すなわち，日本では利益よりも売上が重視されてきた現実があり，そのため，代理店が，コミッションではなく顧客が支払った代金を自らの売上として計上させるよう要求してくることがあります。他方で，代理店は，商品やサービスの流通経路に契約の当事者として介在してしまうことにより発生する在庫リスク，危険負担，顧客に対する責任などを

12　代理店契約については，82頁（第2章物流・小売「代理店契約」）も参照。

回避するため，リスクや責任の分担については代理店契約のように本人が負うこととされます。本来，顧客が支払うリテール代金を売上計上したいのであれば，代理店自ら販売者責任を負わなければならないはずなのに，なぜか販売者責任を負わないまま顧客から代金を自己の債権として回収し，売上計上するという取引慣行がまかり通っていることがあります。販売代理店契約に関するアドバイスをする場合には，このような実務慣行を念頭に置きつつ，このねじれ構造が原因となって，税務，会計面で問題が生じないよう気をつけなければなりません。

2 独占

> **条項例（独占）**
>
> 　甲は，乙を，本商品の日本国における唯一の販売代理店に任命する。甲は，本契約の有効期間中，第三者を本商品の販売代理店に任命してはならず，第三者をして本商品の日本国内への輸入又は日本国内での販売を行わせてはならない。

　販売代理店契約では，独占か非独占かが重要なポイントになります。商品やサービスの供給者にとって，独占的な販売権を販売代理店に付与するということは，販路をその販売代理店に全面的に依存することを意味し，自らの事業活動に制約を課すことになるのですから，独占権の付与の条件については慎重に検討しなければなりません。

　まず，独占には，単に第三者を販売代理店にしてはならないだけで供給者自身の販売は可能である場合と，商品やサービスの供給者自身も販売できない場合とがあります。そこで，独占条件が定められる場合にはいずれの意味で独占と言っているのか明確にしなければなりません。

　次に，独占については，商品やサービスの範囲，販売地域（テリトリー），独占期間といった条件を一つ一つ丁寧に確認することが重要です。供給者側でアドバイスするのであれば，一定数量の販売を維持できなくなったら独占権を消滅させる条件とする等，販売代理店の独占権をある程度コントロールできるような工夫も必要な場合があります。

3 販売価格

購入者への販売価格（**上代（じょうだい）**と呼んだりします。）は供給者の売上を決定するものであり，販売代理店契約において最も重要なポイントの一つです。

(1) 販売価格の合意

継続的な取引関係を前提とする販売代理店契約は，多くの場合，当事者間のすべての取引に共通して適用される条件を定めた基本契約と，個別の取引により変動する条件を定めた個別契約（発注書・請書などで代替されたり，エビデンスとなる文書が作成されなかったりすることもあります。）から構成されます。販売価格は，市況によって変動するものなので，個別契約において定められるのが通常です。しかし，個別契約で販売価格を決定しようとする際に，供給者と販売代理店との思惑が合致せず，販売価格がなかなか決定されない事態が生じることがあります。このような事態を避けるためには，基本契約において，販売価格の決定に関し基本的なルールを定めておくことが有用です。

(2) 販売店契約の場合の上代

販売代理店契約が，代理店契約ではなく，販売店契約の方式を取る場合，供給者と販売代理店が合意するのは，販売代理店への卸価格（**下代（げだい）**と呼んだりします。）になります。そして，販売代理店は，自らのリスクで自由に販売価格（上代）を設定することができるのが本来の姿です。しかし，現実には，供給者は，販売価格（上代）をコントロールして，自己の商品やサービスのブランド価値を維持しようとすることがあります。ここで，もし，供給者が販売価格（上代）を決定してこれに拘束力をもたせると，**再販売価格の拘束**として（書籍等の商品を除き）独占禁止法に定める不公正な取引方法に該当し，違法となってしまいます。そこで，販売代理店による販売価格（上代）については，供給者の提示価格を参考にしてもらうという程度の意味に留めておく必要があります[13]。

4 競業避止義務

条項例（競合商品の取扱禁止）

> 乙は，本契約の有効期間中，本商品と競合する商品（以下「競合品」という。）の販売代理店となってはならず，かつ，競合品を日本国内に輸入又は日本国内で販売してはならない。

販売代理店契約では，供給者の売上は販売代理店の営業努力に大きく依存するため，販売代理店が競合する商品やサービスを取り扱うことを禁止して，自己の商品やサービスの販売にリソースを集中させようとする場合があります。しかし，他方で，競争品の取扱いの制限が不公正な取引方法に該当し，独占禁止法違反となる場合があるので注意が必要です[14]。

5 業務提携契約

Point !

① 目的条項を確認する。
② 役割・責任分担の確認をする。
③ 収益分配の確認をする。
④ 支配権の変更規定の有無を確認する。

サンプル書式→業務提携契約書

13　公正取引委員会「流通・取引慣行に関する独占禁止法上の指針」（http://www.jftc.go.jp/dk/guideline/unyoukijun/ryutsutorihiki.html）第2部第一「再販価格維持行為」参照。
　　独占禁止法との関係，非価格制限行為については31頁（第1章メーカー「OEM契約」）も参照。

14　公正取引委員会「流通・取引慣行に関する独占禁止法上の指針」第2部第二の2　流通業者の競争品の取扱いに関する制限

第3章 エンターテインメント

1 目的

> **条項例（目的）**
>
> 本契約は，甲及び乙の〇〇事業に関する業務提携（以下「本業務提携」という。）の条件を定めるものであり，甲乙双方の発展繁栄を主たる目的とする。

(1) **目的条項の意義**

事業提携契約[15]は，各当事者がそれぞれの強みやリソース（資源）を持ち寄って，相乗効果を効かせたビジネスを行うための契約です。契約内容は提携する事業内容に応じて様々なので，冒頭に目的条項をおいて，両当事者が相互に協力し合うことでどのような事業を成し遂げたいと考えているのかを明確にし，事業提携のフレームワークを相互に確認します。

(2) **目的条項の考慮要素**

事業提携契約は，両当事者にとって重要な意味を持つ特別な契約であることが多く，そのため，両当事者の提携にかける意気込みや面子といったものが絡み合って，冒頭の目的条項から交渉が紛糾することがあります。権利義務や法律関係といった法的側面からは，あまりこだわっても意味がないところであっても，そういった両当事者の思惑を上手に盛り込んでいけると，契約交渉がスムーズに進むことがあります。例えば，実態は請負のような関係であっても，対等なビジネスパートナーという印象を抱くようなワーディングを工夫するといった具合です。

2 役割・責任分担

> **条項例（甲の業務）**
>
> 甲は，自らの責任により，以下の業務を遂行する。かかる業務の遂

---

[15] メーカーの業務提携契約については，42頁（第1章メーカー「共同研究開発契約」）参照。

> 行に要する費用は、本契約に別段の定めのない限り、甲の負担とする。
> (1) ○○
> (2) （略）

(1) 役割・責任の分担

　事業提携は、各当事者がそれぞれの強みやリソース（資源）を持ち寄って、その相乗効果で一つの事業を発展させようとする取り組みです。そこで、各当事者が、どのようなリソースを提供し、どのような業務を行うのか、できるだけ具体的に書面化し、合意しておくことが重要です。

　事業やサービスの企画、開発、運営、営業活動、広告宣伝活動などを、いずれの当事者が、どのようなタイミングで、どれくらいのコストを投入して、どうやって実行していくのかという点を条文に落とし込んで書面化することで、両当事者の役割や責任が明確になり、後日の紛争を防止する効果もあります。

(2) ライセンス

　なお、事業提携に際して、自己が保有する知的財産を相手方にライセンスする場合も多くあります。そのような場合には、業務提携契約の中、多くは本文の中にライセンス条項を設けて詳細を定めることとなります。

3 収益分配

> **条項例（収益分配）**
>
> 1　甲と乙とは、本提携から生じる売上から○○の費用を差し引いた残額（以下「本収益」という。）を、以下の割合で分配する。
> 　　　甲：乙＝60：40
> 2　乙は、毎月の本収益を、翌月○日までに、甲に報告するものとし、かかる本収益のうち甲に分配されるべき金額を、同月末日までに、甲の指定する銀行口座に振込送金することにより支払う。

(1) 収益分配

　提携事業から生じる収益を分配するための条項です。収益分配の割合

は，提携事業に対する当事者の寄与度を反映したものとなります。なお，一方当事者の寄与度が大きかったり，交渉力が強かったりする場合に，**アドバンス（前払金）**が設定されることもあります。

(2) **費用**

提携事業の遂行に必要な特定の費用について，両当事者が平等に分担することとする場合も多く，そのような場合には，売上からまずその費用を控除し，残額を収益分配の対象とします。売上から差し引く費用の項目をあらかじめ具体的に合意しておくことが大切です。

(3) **分配方法・監査**

提携事業から生じる売上は，当事者の一方が回収している場合が多いので，他方当事者に，どのようなタイミングで，どのような方法で，収益を分配するのかといった規定も設けることになります。また，他方当事者は，自己に対する分配が適正になされているか確認することができるよう，帳簿の閲覧や事業所への立入検査を要求する権利を確保することもあります。

4 支配権の変更

> **条項例（解除）**
>
> 各当事者は，相手方が次の各号のいずれかに該当する場合，相手方に対し，何らの催告を要せず，直ちに本契約を解除することができる。
> （略）
> (1) 合併，株式交換，株式移転，会社分割，株式取得，事業譲渡，その他の組織又は資本構成の変更により実質的な支配権が変更されたとき

(1) **チェンジ・オブ・コントロール条項の必要性**

多くの場合，当事者は，自己の技術やノウハウといった重要なリソースを相手方に開示，提供しています。そのような場合に，相手方が自己の競争者に買収されたりすると，こういった技術やノウハウを競争力の源泉とする当事者にとって，契約の継続が重大な危機を招いてしまうこ

とがあります。そこで、相手方の支配権が変更された場合には、契約を解除できる権利を留保する条項が設けられることがあります（**チェンジ・オブ・コントロール条項**）。

(2) チェンジ・オブ・コントロール条項の弊害

もっとも、チェンジ・オブ・コントロール条項は、自分が会社の売却等によりイグジット（投下資本を回収して投資を手仕舞いすること）を図る場合には障害になり得ます。すなわち、この事業提携契約が事業にとって重要な契約である場合、買収者は、買収後に契約が解除されて事業価値が下がってしまうことを危惧しますので、その分、買収価格が低くなってしまうおそれがあります。

チェンジ・オブ・コントロール条項の要否は、将来の事業環境を見越して慎重に判断する必要があります。

6 OEM契約

Point!
① 下請法を意識する必要がある。
② 製品の品質の確保と安定供給に注意する。
③ 製品に付される商標の態様・表示方法、知的財産権の管理に注意する。

サンプル書式→製造委託契約書

1 OEM契約

OEM（Original Equipment Manufacturer）契約とは、製造業者が納入先の依頼により、納入先の商標を付した製品を製造し、供給する契約です[16]。そのためOEM契約とは、納入先である企業が自社ブランドの製品の開

---

16 商標のライセンスについては31頁（第1章メーカー「OEM契約」）参照。

第3章　エンターテインメント

発・製造を製造業者に委託し，製造業者がそれを受託して，納入先のブランドの製品を開発・製造するような契約を想定しています。開発・製造者と販売者が異なり，販売者が自社のブランド品としてその製品を販売します。OEMにおいて，委託者としては，一定の技術を有する製造業者にその製造及び供給を依頼することによって，新たな技術開発や設備投資を要することなく，自社製品を市場に投入できるというメリットがあります。また，強力なブランドを持ち販売力の優れた事業者にとっては，製造業者にOEM発注した製品をブランドの強さを生かして販売していくことができます。製造業者としては，製品販売のリスクに係るコストがなく注文を一定期間期待でき，また，委託者からの技術情報等の開示がある場合は，自社の技術水準の向上につながります。例えば，発注を受けた製造業者は，商品でデザイン等を変更することで，受注商品の他に自社ブランドの商品を製造することにより，量産効果によりコストダウンと売上高の増大を図ることも可能です。他方，製造業者はOEMによる受注だけでは当該市場に自社ブランドを普及させることができず，また，製造が常に納入先次第であるというデメリットがあります。

2　下請法（下請代金支払等遅延防止法）

　OEM契約に関係し，大事な法律として，**下請法**があります[17]。委託者と受託者との間に親事業者と下請事業者の関係がある場合における製造委託（下請法2条1項）については，下請法が適用され，親事業者がその優越的な地位を利用して，下請事業者に不利な行為を行うことが規制されます。

　下請法においては，親事業者には，①注文書の交付義務（3条），②書類作成・保存義務（5条），③下請代金の支払期日決定義務（2条の2），④遅延利息支払義務（4条の2）が課されています[18]。

　また，親事業者は，受領拒否，下請代金の減額・支払遅延，不当返品，買いたたき，報復措置，物の購入・役務の利用の強制，有償支給原材料等

17　対象となる資本金については，31頁（第1章メーカー「OEM契約」）も参照。
18　法定記載事項については，31頁（第1章メーカー「OEM契約」）を参照。

の対価の早期決済等の行為を行うことが禁止されています（4条）。

3 OEM契約のポイント

(1) **目的**

対象となる製品の製造の委託とこれに対する受託を合意していることを明確にします。

(2) **仕様・製造の指示**

> **条項例（仕様，製造の指示）**
>
> 1　受託者は，別途委託者が受託者に提供する仕様書に記載された仕様，規格等（以下「本仕様」という。）の指示に従い，本製品を製造する。
> 2　本製品の本仕様に問題が発見された場合，委託者及び受託者は協議の上，本仕様を変更することができるものとする。

受託製造する製品の内容を仕様書や委託者の指示により特定することが重要です。製造する対象となる製品に関して，当事者間に認識の相違があると，開発・設計・製造・納入の様々な段階で問題となります。

したがって，仕様書や図面等により，製造対象となる製品の規格，品質，性能，形状，サイズ等を詳細に定め，明確にしておかなければなりません。

(3) **原料・資材**

OEM製品を製造するのに必要な原料及び資材を委託者が提供する場合と受託者であるメーカーが自ら調達する場合とがあります。

委託者が原料・資材を提供する場合は，製品の製造に必要な原料・資材のうち，何を提供するのか，提供時期（発注時期・納入時期）はいつかなどを明確に定めることが必要です。また，必要に応じて，提供した原料・資材の品質や安全性，使用方法等に関する情報も併せてメーカーに提供します。それら提供された原料・資材を原因として製造過程や最終製品に問題が生じた場合は，その責任の所在についても規定します。

提供される資材によっては，金型やサンプルなどのように委託者から

第3章　エンターテインメント

一時的に貸与され，使用目的を達成した後は，返還を要する場合もあります。

他方，メーカー自体が原料・資材を調達する場合は，その品質等について，委託者が指定すべき必要がある場合は，これらの情報を委託者がメーカーに提供します。また，メーカーが原料・資材を選定する場合の品質や安全性などの基準も定めます。

(4)　技術指導

委託者が製品製造に関して技術指導を行う場合は，その内容，方法について定めるとともに，対象となる技術に関するノウハウ等の知的財産権の使用目的や帰属について定めます。また，技術指導の結果，製品に不具合が生じた場合など，技術指導に関する責任の所在について検討することも重要です[19]。

(5)　商標（ブランド）

製品に付される委託者の商標（ブランド）の態様や表示方法は，委託者にとっては極めて重要です。したがって，委託者が指定するこれら商標の態様・表示方法を具体的に明確に定めることが必要です。

また，同一ないし類似の商標が使用されることを防止するための商標管理も規定します。

(6)　発注，個別契約

個々の製造委託については，発注書の提出又は個別契約の締結により行います。発注書・個別契約には，製品名，数量，納入期日，代金，納入場所，引渡し，支払等に関する事項を明記します。発注書のように委託者が一方的に提出する形式の場合は，受託者側の諾否の時期・期限について定めることが必要です。受託者がその裁量で自由に受注を拒絶できると委託者の製品販売に支障を来しますから，拒絶事由を限定することも重要です。各発注については，製造コストに照らして，発注する最低限の数量を定めることもあります。また，数量と納入時期によっては製造ラインが対応できないことがあるため，委託者があらかじめ発注の

19　委託者の技術情報の秘密保持については51頁（第1章メーカー「秘密保持義務」）参照。

計画や予測を示すなど，当事者間の調整が必要となることもあります。

(7) 納入

納入時期については，期限前の納入が認められるか，納期に遅延した場合の措置や損害賠償をどうするかなどを定めます。

(8) 検品

製造された製品が仕様や規格，品質等において，委託内容に適合するものであるか否かを検査，確認します。合否の判断について，あらかじめ基準や方法を定め，判断が恣意的にならないようにすることが重要です。

検品の時期・場所は，出荷前の受託者の事業所の場合と納入時の委託者の納入場所の場合とがあります。

検品の結果に対する通知がない場合に，一定期間経過後には合格したものとみなす規定は，受託者にとって重要です。検査が不合格であった場合については，受託者の対応措置を定めます。

また，委託者としては，合格した場合であっても，受託者の品質保証や瑕疵担保に関する責任が免除されることにはならないことを確認する旨規定します。

(9) 所有権，危険負担

所有権の移転，危険負担の移転の時期について，具体的に定めます。

(10) 製造代金

支払時期について，請求書発行日や製品引渡日を基準として，その一定期間後に定めます。下請法による支払遅延の禁止については，納入日から60日以内です。

(11) 品質保証・担保責任

> **条項例（品質保証）**
>
> 1　受託者は，委託者に納入する本製品が委託者の指示する仕様に合致し，定められた品質，効能を具備することを保証する。
> 2　受託者が委託者に納入した本製品に隠れたる瑕疵が発見されたときは，受託者は，無償で，瑕疵ある本製品の修埋，代替品の納入，

> その他委託者の求める措置を講ずるものとし，また，委託者が損害を被ったときは，その損害を賠償するものとする。ただし，本製品の納入後［　　］日を経過したときは，この限りでない。

　委託者にとって，製品の品質保証と瑕疵担保責任は極めて重要です。そこで，保証や担保責任の内容，期間，方法について定めます。

　下請法では，隠れた瑕疵があった製品について，6か月以内の返品に限り認められます。下請事業者の給付を使用した親事業者の製品について一般消費者に対して6か月を超える保証期間を定めている場合，それに応じて最長1年までの返品が認められます。

　製品の品質は，その保管・保存の状態によって左右されることがありますから，製品の品質を維持するために一定の条件の下での保管・保存が必要となる場合には，その旨を明らかにし，例えば，その条件が満たされていない状態においては，品質を保証しないなどの限定を加えることが受託者にとっては重要です。

(12) **製造物責任**

　製造物責任に対する責任追及については，まずブランドを付して製品を販売している委託者に来るのが通常です。そこで，製品の欠陥に起因して製造物責任が生じた場合の製造業者の協力や委託者からの求償について定めます。損害賠償の金額が高額になることもあり得ますから，保険加入について規定することもあります。

(13) **知的財産権**

　委託者から受託者に提供される技術やノウハウに係る知的財産権，他方，製品の製造に使用される受託者自体の知的財産権のそれぞれについて，それらの帰属を明確に定めます。第三者から知的財産権侵害等の主張がなされた場合の責任や対応についても定めます。

(14) **改良技術等**

条項例（改良技術等）

1　本契約の履行の過程において，委託者及び受託者が共同して本製

> 品に関する改良技術を開発した場合には，これらの改良技術は，委託者及び受託者の共有に帰するものとし，いずれの当事者も，事前に相手方の承諾を得た上で，本製品及びその他の製品の製造のためにこれらの改良技術を自ら使用し，又は第三者をして使用させることができる。当該改良技術に関する知的財産権の取得に関しては，出願又は登録等の是非，権利帰属及び費用負担等について，甲乙協議の上，決定する。

製造の過程で改良技術等が開発された場合には，それらに係る知的財産権の帰属や将来の使用の諾否について定めます。この場合，共同で開発した場合や単独で開発した場合などによって，異なる取扱いが考えられます。

⒂ **製品回収のリスク**

法令又はその基準に基づき，製品の欠陥や不具合を理由として製品を市場から回収しなければならない場合には，委託者・受託者の緊密な協力による対応が必要です。そこで，両者の協力関係や対応方法等について定めることが考えられます。

⒃ **再委託**

委託者は，受託者の製造技術等を見込んで委託しており，また，委託者が提供する技術等の拡散を防ぐためにも，再委託を禁止することが重要となり得ます。これに対して，受託者としては，製造に関する効率性や調整の観点から，再委託を必要とすることがあり得ますので，これらを考慮して再委託の取扱いについて定めます。

⒄ **その他**

商標の目的外使用制限，生産中止の事前通知義務，買取（発注）保証，独占禁止法上の問題については，31頁（第1章メーカー「OEM契約」）をご参照ください。

第3章　エンターテインメント

7 製作委員会契約

Point !

① 製作委員会の法的性質を理解する。
② 金融商品取引法の適用を受けないための要件を確認する。
③ 出資額の割合と損益分配を確認する。
④ 配給・二次利用と窓口担当者を確認する。

サンプル書式→製作委員会契約書

1 製作委員会

(1) 製作委員会とは

　製作委員会は，映画の製作，上映，ビデオ化，放送権販売，商品化等（二次利用）を目的として，複数の者により組成された共同事業体です。これは，法律上の概念ではなく，実務上用いられる概念です。

　具体的には，ある映画を製作し，利用するという共同の事業目的の下，複数の事業者が金銭を出資し，それを映画製作や宣伝広告等の費用に充て，製作された映画について，出資割合に応じて著作権等の権利を共有し，映画の上映や二次利用から得た収益を出資割合に応じて分配するためのスキームです。製作委員会の参加者は，通常，なんらかの形で映画の製作・利用に関与する事業者であり，例えば，映画会社，制作会社，放送局，出版社，ビデオ制作会社，芸能プロダクション，広告代理店などです。

　製作委員会は，日本の映画製作の資金調達において最も一般的に用いられる方法です。製作委員会においては，映画の利用に関連する事業者が共同で出資を行うことにより，製作費を分担し，製作費負担のリスクの低減を図るとともに，各参加事業者が独自に二次利用を行い，又は第三者に利用を許諾することにより，各事業者が収益を上げるところに特徴があります。

(2) **製作委員会の法的性質**

製作委員会がどのような法的性質を有するかについては、それぞれの契約により様々ですが、一般には、民法上の組合や商法上の匿名組合の性質を有するものが多いようです。

(3) **金融商品取引法による規制**

製作委員会が民法上の組合である場合、金融商品取引法の下では、組合員が得る利益の分配は、原則として、集団投資スキームの持分として有価証券とみなされ、金融商品取引法が適用されます（金商法2条2項5号）。ただし、平成23年7月29日に改正された「金融商品取引法第2条に規定する定義に関する内閣府令」により、出資者の全てが出資対象事業の一部に従事し、配当を受ける権利等を有しているコンテンツの製作委員会に関する出資持分については、金融商品取引法上の有価証券に該当しないことが明確になりました（同内閣府令7条1項3号）。したがって、<u>製作委員会の参加事業者の全てが対象事業の一部に従事し、配当を受ける権利等を有している場合は、金融商品取引業者としての規制の対象になりませんが</u>、他方、映画の利用業務に関わらない参加者が製作委員会に出資する場合は、金融商品取引法による規制の対象となり、第二種金融商品取引業の登録が必要となります。

2 幹事事業者

> **条項例（幹事）**
>
> 本映画会社を本製作委員会の幹事事業者とし、本映画会社は、本映画の製作、宣伝広告、出資金・収益配分・会計の管理、本製作委員会メンバー間の連絡・調整、本製作委員会の会議の設定、その他本映画の製作及び利用に必要な事項に関する業務を行うものとする。

幹事事業者は、映画の製作・利用において中心となる会社で、製作委員会の各参加者間の意見・利害の調整、製作や収支の管理、分配業務、対外的な折衝、契約締結業務など、映画製作のプロジェクト全体に関する管理・運営を担当します。幹事事業者については、通常、その業務の対価と

して，製作委員会の収益の中から一定の手数料の支払いを定めます。

3 出資金額

各メンバーの出資金額を定めますが，各メンバーの出資金額は，総製作費，参加するメンバーの数，メンバーの関与の度合いなどによって決定されます。この場合，出資割合が大きいメンバーが必ずしも幹事事業者となって主導的立場をとるとは限りません。また，出資割合は，法的には必ずしも著作権の持分割合と比例するとは限りません。

4 出資金の使途

出資金の使途については，詳細に定めることは現実的には難しいので，制作費とプリント費用・宣伝費（いわゆる **P&A費**）についての定めに留めることが通常です。制作費には，企画開発，プロデューサー・監督・脚本家・出演者等の報酬，スタッフの人件費，機材，美術，スタジオ使用，音楽の権利処理，ロケに要する費用，フィルム，現像，編集など，映画の制作に必要な様々な費用が含まれます。P&A費は，主として各劇場に配布するフィルムのプリント費用及び宣伝広告費から構成されます。多額の費用を要することが多いにもかかわらず，詳細に定めにくいのですが，収益を確保するためにも，少なくとも上限等は明確にしておくべきでしょう。

5 出資金の支払い

製作委員会において，出資金支払いの時期及び方法を定めます。制作を請け負う制作会社にとっては制作費用を早い段階で一括して受け取ることが望ましいですが，他方，出資者にとっては，資金管理や未完成のリスクの点からは支払時期を数段階に分けることが考えられます。そこで，支払時期については，制作に係るスケジュールやキャッシュフロー，完成の予想などを考慮して決定されます。制作費が当初の予算を超えることはしばしばみられるところで，そのような場合に備えて，追加出資の規定を設けることがあります。追加出資を定める場合は，追加出資額の出資割合及び出資額の上限等を定めます。

6 著作権

> **条項例（著作権等の共有）**
>
> 　本映画に係る著作権その他の権利は，[　　]条で定められた出資比率に応じて，甲は[　　]パーセント，乙は[　　]パーセント，丙は[　　]パーセント，丁は[　　]パーセント，戊は[　　]パーセントの割合で，本委員会メンバー間で共有されるものとする。

　製作委員会方式においては，完成した映画の著作権は，各メンバーの共有となるのが通常です。共有著作権は，その共有者全員の合意がなければ行使することができませんから（著作権法65条2項），映画において，上映の許諾や各種二次利用の許諾は，原則としてメンバー全員の同意がなければできないということになります。ただし，これでは著作権の円滑な利用には不便であるため，著作権法では，共有著作権を代表して行使する者を定めることができるとされています（同法65条4項，64条3項）。

　そこで，製作委員会では，**二次利用**に関する窓口権という形で，代表して行使する者を定めることになります。

　共有持分は，契約上特に定めない場合は，各共有者が等しい持分であると推定されますから（民法250条），著作権の共有割合が定めていない場合には，メンバー全員の持分割合が均等になるおそれがあります。また，著作権の共有持分割合が低いとしても，共有著作権の行使を拒絶することは可能となります。

7 国内配給

　国内配給については，製作委員会のメンバーに配給網を有する事業者がいる場合はそのメンバーが国内配給を担当しますが，そのようなメンバーがいない場合は，メンバーのうち配給についての窓口担当となった者が製作委員会を代表して配給網を有する事業者と配給を委託する旨の契約を締結することになります。また，国内配給と宣伝広告は一体ですから，P&A費の負担と費用回収について明確にしておくことが重要です。P&A

第3章　エンターテインメント

費は，配給会社が立て替え，収入から最初に回収することを定めることがありますが，P&A費は多額に上ることが多く，配給会社がどれだけ最初に回収できるか，どの収入から回収できるか（劇場収入だけか，二次利用収入を含むかなど）を明確にしておくことは，製作委員会全体の収益を確保する上で重要です。

8　二次利用

　二次利用の方法としては，ビデオ，テレビ放送，インターネット配信，出版，レコード，商品化などがあり得ます。製作委員会においては，各利用方法に応じて，窓口権の割り当て，窓口担当者の手数料，手数料の分配方法について定めることが必要です。製作委員会のメンバーがこれら二次利用にかかわっている場合には，例えば，ビデオメーカーはビデオ，放送局はテレビ放送，レコード会社はレコードといった具合に，それぞれの窓口担当者となります。窓口手数料の分配は，収入を一旦製作委員会に帰属させたうえで，窓口手数料をそれぞれの窓口担当者に分配する場合と，窓口担当者が最初にそれぞれの窓口手数料・費用を差し引いた後，他の製作委員会のメンバーに分配する場合があります。

(1)　ビデオ

　ビデオによる収入は，販売によるものとレンタルによるものに大きく分けられます。販売については，製作委員会がビデオの発売元にライセンスしてロイヤルティを得る場合と製作委員会自体が発売元として小売店等に卸して販売代金を得る場合があり得ます。レンタルについても，レンタルビデオ店からロイヤルティを得る場合とレンタルビデオ店に対する販売収入を得る場合とがあり得ます（100頁（本章「ライセンス契約(3)CD・DVD契約」）参照）。

(2)　テレビ放送

　テレビ放送の種類により，地上波，BS放送，CS放送，ケーブルなどに分かれ，これら種類に応じた窓口手数料や費用が定められます。

(3)　商品化

　製作委員会のメンバーが商品化ビジネスにかかわっている場合は，そ

のメンバーが商品化についての窓口担当者となりますが、そのようなメンバーがいない場合は、通常、製作委員会が商品化事業者に対してライセンスしてロイヤルティを得ることになります。

9 損益の分配

　損益の負担割合は、契約において特に定めない限り、各出資者の出資額の割合に応じることになります（民法674条1項）。他方、出資額の割合とは異なる損益分配を定めることはできますから、例えば、出資額以上の特段の貢献をしている者について、出資割合以上の割合で収益を分配することも可能です。収益又は損失のいずれかの分配割合のみを定めた場合は、その分配割合は収益及び損失の双方に共通の割合であると推定されます（民法674条2項）。収益と損失の分配割合を異なるものにすることは可能ですが、通常は、収益の分配割合が高く、損失の負担割合が低いことを合意することは難しいでしょう。損失の負担割合における損失は、製作委員会が負う一切の債務であり、例えば、撮影中の事故や著作権侵害、その他不法行為に基づく損害賠償責任などが含まれます。株式会社の株主の責任は有限責任ですが、民法上の組合の組合員の責任は、無限責任ですから、この点が、製作委員会を組成し、それに参加する者にとってはリスクとなります。損益分配に関するトラブルを防止するためには、損益算定の基礎となる収益や損失の算定方法や分配の優先順位を具体的に明確に定めることが重要です。

10 成功報酬

> **条項例（成功報酬）**
>
> 　［　］条（収益の分配）の配分原資から［　　］条（幹事の管理手数料）に定める管理手数料を控除した残額の合計額が出資金額合計額を超えた場合、それ以降の配分原資から管理手数料を控除した残額の［　　］パーセントを制作に関する成功報酬として［　　　　］に配分するものとする。

第3章　エンターテインメント

制作会社，プロデューサー，監督等で映画制作への貢献度が高い者に対して，成功報酬の付与を定めることがあります。成功報酬の原資は，基本的にはリクープ（出資額回収）後の製作委員会の収益で，このうち，誰にどのようなパーセントを配分するのかを定めます。

11 会計監査

製作委員会の会計に関して，通常，製作委員会のメンバーが幹事事業者に対して，帳簿の閲覧や調査等を請求する権利を定めます。

⑧ 出演契約（CM）

Point!

① 競業禁止の範囲について確認する。
② 広告物の事前チェックができるか注意する。
③ 権利帰属・対価の記載を詳細に行う。

サンプル書式→広告出演契約書

1 CM出演契約書のポイント

CM出演を行うことを想定した契約書です。例えばドラマでの演技などの実演を伴う場合には，俳優に「実演家の権利」が発生します（著作権法90条の2以下）。契約書では実演家の権利の取扱いを定めることになります（実演を伴わない出演の場合には，役務提供契約になると考えられます。）。

2 競業避止・秘密保持

条項例（競合商品への出演禁止）

所属事務所は，本契約期間中，本商品と同種又は類似の商品を対象とした広告主以外の広告宣伝，広告主の同業種の第三者の広告宣伝に

> 出演させ，あるいは出演者の氏名，肖像，音声等を使用させてはならない。

　CM出演契約には，スポンサーと事前に協議することなくCM対象商品と類似した商品の宣伝広告や販売促進行為を行わない旨の規定が挿入される場合が多いでしょう。CM出演契約の対価には，このような同業者への広告に出演しないという不作為への対価も含まれることになります。

　なお，広告制作後の広告掲載と秘密保持に関して，広告掲載を予定していた雑誌発行者が，雑誌掲載前に，第三者（当該広告が商標権侵害の疑いがあるとの申入れを行った会社）に対して広告を開示したため争われた裁判例があります。判決では，雑誌発行者は，雑誌発行前に広告内容を他に洩らすべきではないという職業上の義務を負っているものの，違法の疑いのある広告を掲載するべきではないという雑誌発行者の義務を尽くすために行われたものというべきであり，このような調査義務は，広く一般消費者の保護につながる点において，広告内容の守秘義務に優先するとしました（東京地判平成7年10月16日判タ915号154頁）。

3 プロモーションへの協力義務と広告の確認

> 条項例（協力義務）
> 　広告商品のホームページへの掲載等，出演者は甲が商品の広報宣伝のために行う活動に協力する。

　写真の撮影やホームページの更新等，広報宣伝や販売促進のために行う活動に協力することを要請する条項が設けられていることがあります。一方で実際の広告物について出演者側が確認することができるかは明確ではないことも多いです。現場では「実際上は相談しながら進めますので，契約書はこのままでお願いします」といわれることもありますが，権利保証を行っていると内容の確認すらしていない広告にまで保証することにもなりかねませんので注意が必要です。

4 権利帰属・対価

　スタジオ撮影だけではなくロケが行われるケースでは，その交通費・宿泊費，同行スタッフの費用が出演料に含まれるかなどを定めておく必要がある場合もあるでしょう。さらに，今後はCMを含めてアーカイブ化の動きが加速してくると思われます。出演者の多いCMに関しては全ての権利者の捕捉が将来的に困難となるケースも散見されるため，そのような利用を行いたい場合には，契約時において，会社年史等の記録物やCM特集等への提供などの手当てをしておくことが考えられます[20]。

❾ 出演契約（映画・テレビ番組）

> **Point !**
> ① 利用許諾範囲に当事者間の齟齬が生じない形での記載を行う。
> ② 対価の支払いがどの利用行為に対してなされるのか明確にする。
> ③ 所属事務所との二者間契約については保証条項を入れる。

サンプル書式→番組出演契約書

1 映画，テレビ番組の出演契約書のポイント

　映画会社やテレビ局等が，コンテンツへの出演を依頼する際に出演者と締結する出演契約書を想定しています。映画，テレビ番組への出演契約は，出演映像が収録された作品がどの範囲で利用されることを許諾するか，対価がどのように算定されるかを中心に作成されます。CMの出演契約にはスポンサーの意向がダイレクトに反映されることになるため競合禁止についての定めが重要になってきますが（134頁（本章「出演契約（CM）」）参

20　金井重彦＝龍村全『エンターテインメント法』417頁（学陽書房，2011年）〔西谷則昭〕。

照），映画やテレビ番組は，出演料（ギャラ）がどこまでの利用範囲の許諾分を含んでいるのかが重要になります。映画とテレビ番組への出演は通常「実演」にあたりますが，この「実演」の権利について著作権法では映画とテレビ番組の出演で異なる取扱いがなされることを想定した規定が置かれています。そのため，実務上も出演契約書において，「実演」に関する許諾範囲について異なる取扱いがなされているのが通常です。以下，映画とテレビ番組の違いにも留意しつつ，ポイントを確認します（なお，サンプル書式は，テレビ番組の出演解約書を想定しています。）。

2 利用許諾範囲

条項例（制作委託）

　　乙は，甲に対し，乙の実演が収録された本件作品を，甲又は甲の委託する第三者が下記のとおり利用することを許諾する。
（1）　劇場における上映及びこれに付随する複製・配給
（2）　（以下，略）

　出演者が作品の利用についてどこまで許諾するのか，その範囲を契約書で明確にしていくことが重要です。著作権法上，映画については，出演者が当初の劇場上映以降の全ての利用について権利を主張すること（追加報酬の請求など）ができなくなることを想定した規定が置かれています（91条2項参照）。これは，映画出演により「録音・録画の許諾」をしたことにより，以後，実演家は著作隣接権を行使できなくなるというものです（ワン・チャンス主義といいます。）。他方，テレビ番組の場合，出演者は，出演番組の放送以外の利用については追加の許諾対価を請求することができるということを想定した規定となっています。これは，テレビ番組への出演にあたって，出演者は放送局に対して，（録音・録画の許諾ではなく）「放送の許諾」をしたものとして解釈される（63条4項参照）ことによるものです。出演契約書作成時においては，以上を前提にして，許諾する利用範囲がどこまでなのかを明確にする作業を行うことになります。具体的には，許諾する利用態様（放送・配信・ビデオグラム・上映・商品化など。

放送でも有線放送，衛星放送も含むのか。），利用期間・回数，利用地域等について当事者（実務担当者）間の理解に齟齬が出ない形での記載を心掛ける必要があります。どこまで細かく記載するかは悩ましいところではありますが，例えば，テレビ番組の場合には，著作権法の支分権単位の記載（例：公衆送信）では不十分であり，具体的な出口媒体単位の記載（例：地上波放送，BS放送，CS放送）が必要でしょう（『本件契約にいう「放送権」に「有線放送権」あるいは「衛星放送権」が含まれている，というためには，それを認めるに足るだけの相当に積極的な根拠が必要であり，趣旨が明確でない場合には，限定的に解釈するのが相当である』とした裁判例として，東京高判平成15年8月7日裁判所ウェブサイトがあります。）。

3 対価の支払

　上記の利用許諾範囲に応じて，出演者に支払われる金額がどの利用許諾に対する対価なのか，その対応が明確になるように記載する必要があります。当初の出演料に全ての利用の対価が含まれている場合（実務上，「買い取り」とか「オールライツ」と呼ぶことが多いです。）には，それが分かるように記載します。二次利用の場合に，別途売上（利益）に応じた一定の計算式に基づく報酬（印税と呼ぶことが多いです。）が支払われる場合には，報酬算出根拠が明確になるよう工夫して計算式を記載します（102頁参照）。なお，テレビ番組の場合，両者が所属する団体間での協定（合意）が結ばれている場合には，その協定（合意）に基づいた支払いがなされるのが通常です。

4 保証条項

　出演を委託する制作側（映画会社，放送局，制作会社など）としては，出演者側に遵守してほしい事項についても出演契約書に記載しておく必要があります。ただ，出演者が芸能人の場合，芸能事務所と専属実演家契約を締結したうえでその事務所に所属していることが多いです。そのため，出演契約書は芸能事務所と制作側の二者間で締結されることになることが通常です。この場合，制作側としては，出演者が当該事務所に所属しており，

当該事務所が出演者を出演させる権限を有していることを当該事務所から保証してもらう条項を入れておく必要があります。そのうえで，出演にあたって出演者に遵守してもらいたい事項（芸能事務所が遵守させることを保証する）も併せて列記していくことになります。

第4章

通信・情報処理

第1　通信・情報処理分野の特徴とは
第2　契約類型
　1　ソフトウェア開発委託契約
　2　ソフトウェアライセンス契約
　3　メンテナンス契約
　4　ウェブサービス利用規約
　5　プライバシーポリシー

第1 通信・情報処理分野の特徴とは

> **Point！**
> ① 情報処理については技術的問題が多い。
> ② ウェブ系については対消費者との関係及び個人情報に注意する。

1 通信・情報処理の対象となる分野

　通信・情報処理分野では，主に，コンピュータに関するソフトウェア等の契約，及び，インターネット等を用いた通信を介したサービスに関する契約が主なものになると思われます。

2 情報処理分野について

　情報処理分野では，ソフトウェア開発に関わる契約が重要でしょう。ソフトウェア開発は，その技術的専門性などから，技術用語が多い点に特徴があり，また，開発側（ベンダー）と，委託者側（ユーザー）との間の知識の格差が広いことも特徴です。その意味では，ベンダーは，まず，ユーザーのニーズを上手に吸い上げ，その内容がきちんと具体化されているかに注意すべきことになります。また，ソフトウェア開発のプロセスによって，注意すべき点も異なってきますので，実際の開発予定に合わせ，契約書を作成する必要が出てきます。

　また，ソフトウェアは，著作物としての保護を受けます。したがって，ソフトウェアの利用に際しては，通常ライセンス契約が締結されています。開発委託契約で開発されたソフトウェアの著作権は，必ずしもユーザーに属するわけではありませんので，このような場合は併せてライセンス契約も締結されることになります。

　また，ソフトウェアは，ある意味，不具合が存在することが不可避です。

そのような場合に備え、ソフトウェアでは、保守管理契約を共に締結することが通常行われています。

本項では、上記観点から、ソフトウェア開発委託契約、保守管理契約、ライセンス契約について取り上げています。

3 通信分野について

通信・情報処理分野でもう1点重要となる契約は、インターネット上のサービスに関するものでしょう。今や、インターネット上であらゆる種類の商品・サービスが提供されています。したがって、ウェブサービスに関する規約は、その商品・サービスの性質により、内容が変わってくることになります。

とはいえ、オンラインでのサービスとして注意すべき共通点もありますので、本項では、そのような共通して注意すべき条項について検討していきたいと思います。

第2 契約類型

1 ソフトウェア開発委託契約

① ソフトウェアの規模や，納期や開発総額の確定状況を考慮して，どの単位で契約を締結するのかを検討する。
② それぞれの契約について，作業内容や，ベンダーとユーザーの役割分担等を考慮して，適切な契約形態（請負契約，準委任契約のいずれか）を選択する。
③ 裁判実務では，不具合・バグがあれば報酬支払を拒絶できるというものではなく，一定の工程が完了していればソフトウェアは完成しており，報酬支払義務が生じるとされている。
④ 納入検査の合格条件を明確化するとともに，納入後に不具合が発覚した場合を想定し，ベンダーが無償で修補すべき不具合の範囲（瑕疵の定義）や，修補の条件を明確にする。

サンプル書式→システム開発業務委託契約書

1 ソフトウェア開発委託契約書のポイント

「ソフトウェア開発委託契約」とは，発注者が開発者に対して，ソフトウェアの開発を委託する条件を定めた契約です。既に完成しているソフトウェアを使用，配布するためのソフトウェア・ライセンス契約とは異なり，その本質的要素は「ソフトウェア」を作成するために，エンジニア（開発者）が役務を提供し，発注者がその対価としての報酬を支払うところにあります。本項では，ソフトウェア開発委託契約（以下「開発委託契約」といいます。）に焦点を当てて，①契約の作成単位，②契約の法的性質，③納入・検査，④瑕疵担保責任の4つのポイントを説明します。なお，本項の

第2　契約類型
1　ソフトウェア開発委託契約

本文中では，業界での一般的な呼び方を踏襲して開発者を「**ベンダー**」，発注者を「**ユーザー**」と呼ぶこととします。

2　契約の作成単位

ソフトウェア開発業務は，次のような工程を経て実施されることが一般的です（これは，ウォーターフォール型モデルと呼ばれています。）。

工程が分かれているからといって，必ずしも工程ごとに別々の契約を締結する必要はありません。しかし，①上流工程（要件定義）を実施しないと，開発の全体ボリュームが判明せず，全体の開発金額や納期が見積もれないこと，②工程によってベンダーとユーザーの役割分担，作業内容が異なることなどの理由に，一定のまとまりある工程ごとに別々の契約を締結する方法がよく採られています。こうすることにより，ベンダーは，前工程の内容を踏まえて次工程の再見積りが可能になり，開発途中で生ずる仕様変更への影響を小さくすることができ，また，ユーザーも工程ごとに異なるベンダーへの発注が可能になります[1]。こうして工程ごとに分割して

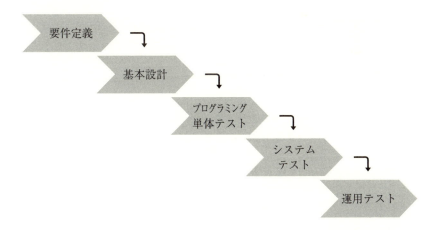

1　経済産業省「情報システム・モデル取引・契約書」＜第一版＞（平成19年4月）
　http://www.meti.go.jp/policy/it_policy/keiyaku/model_keiyakusyo.pdf では多段階契約方式を採用しています（以下このモデル契約を「**経産省モデル契約**」といいます。）。また，多段階契約方式・一括請負方式を比較したものとして，松島淳也＝伊藤雅浩『システム開発紛争ハンドブック』43頁（レクシスネクシス，2015年）参照。

契約が締結される方式を**多段階契約方式**と呼び，全体をまとめて一本の契約を締結する方式を**一括請負方式**と呼ぶことがあります。

多段階契約方式では，複数の契約（一つ一つの契約を「**個別契約**」といいます。）が締結されることが想定されることから，それらの個別契約に共通して適用される条件を定めた「**基本契約**」を締結することが一般的です。

契約交渉に当たっては，契約条項の内容を精査することはもちろんですが，当該取引の性質，ソフトウェアの規模や内容に照らして，契約の締結単位（多段階契約方式を採用するのか，採用する場合にはどの程度細分化するのか）を決める必要があります。決めるための考慮要素としては，①ソフトウェアの内容や性質，②ソフトウェアの規模，③工程の途中でベンダーが変わる可能性などが考えられます。

①については，例えば，はじめから開発対象となるソフトウェアの仕様がほぼ固まっていたりするなど，見積りのブレが生じにくいものであれば，あえて多数の契約に分割する必要はないでしょう。他方で，企業の業務システムのように，仕様が複雑で，仕様の確定作業をするまでは全体の見積りがしにくいようなものについては，要件定義，基本設計などの上流工程に対応する個別契約を締結することに合理性があります。②については，規模があまり大きくない場合（目安として作業完了まで3，4か月以下，費用も数千万円に達しないもの），契約を多数に分割することによる交渉コストが大きくなってしまうので，契約を分割するメリットがあまり得られないでしょう。③に関しては，相見積りの可能性というベンダーにプレッシャーを与えて，開発費用全体を抑えたいというユーザーのメリットが生じる部分だといえます。また，ベンダーからは資金繰りの観点から，契約

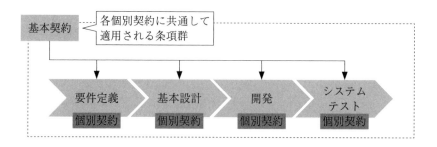

を分割して，工程ごとに支払ってもらいたいという要望が挙がることがあります。しかし，一つの契約でもマイルストーンを設定して分割払いするなどの方法がありますので，ベンダーへの支払方法が契約の作成単位との関係において本質的な要素にはならないものと考えます。

3 契約の法的性質

　前述のとおり，開発委託契約は，エンジニアが役務を提供し，発注者がその対価としての報酬を支払うことを約する契約ですから，その法的性質では，ソフトウェアの完成・納入に着目すれば請負契約であり，プロのエンジニアによるサービスの提供というプロセスに着目すれば準委任契約だとするのが一般的な考え方です（いずれにも当てはまらない非典型契約だとする考え方もあります[2]。）。この考え方は，民法が規定する典型契約のいずれかに分類することを試みるものですが，紛争が生じた際に，典型契約のいずれかに分類することが不可欠だというわけではありません。しかし，委託の趣旨，業務の内容に照らして，適切な契約形式を選択することが重要です。

　下表は，請負契約と準委任契約を比較したものですが，これらの違いを認識した上で，必要な個所を契約書にて修正していくことになります。

	請負契約	準委任契約
委託の主題	仕事の完成（632条）	事務の処理（656条，643条）
ベンダーの義務	仕事を完成させる義務	善良なる管理者の注意をもって事務処理を行う義務（善管注意義務）
ベンダーの主な責任	仕事の完成が遅れたことによる債務不履行責任 完成した仕事に瑕疵があることによる瑕疵担保責任	善良なる管理者の注意を払わないことによる債務不履行責任
再委託	特に定めなし	原則としてできない（104条）
報酬支払時期	目的物の引渡しと同時（633条）	委任事務を履行した後（648条）

2　芦野訓和「ソフトウェア開発委託契約」166頁以下参照（椿寿夫＝伊藤進編『別冊NBL142号非典型契約の総合的検討』）。

第4章 通信・情報処理

解除	債務不履行解除，瑕疵担保責任に基づく解除（契約の目的を達成しえない瑕疵に限る）	債務不履行解除
任意解除（解約）	完成前は，ユーザーはいつでも解除できる（ただし，損害賠償義務あり。641条）	両当事者はいつでも解除できる（ただし相手方に不利な時期に解除すると損害賠償義務あり。651条）
解除の遡及効	あり	なし（652条，620条）

　前述の多段階契約方式を採用した場合には，それぞれの個別契約について契約の性質（請負か準委任か）を決める必要があります。前掲注1の経産省モデル契約では，システム化計画，要件定義，運用テスト，運用・保守工程を準委任契約とし，プログラミング，単体テストを請負契約とし，基本設計，システムテストは準委任契約，請負契約のいずれもありうるという考え方を示しています。

　単一の契約で行う場合において，ユーザーは，一定の仕様を具備するソフトウェアの納入を希望することから，請負契約によることが多いと考えられますので，以下では，特段の注釈がない限り，請負契約によることを前提に説明します[3]。

4 納入・検査

> **条項例（納入）**
>
> 1　ベンダーはユーザーに対し，契約要綱に定める納入期日までに，納入物を検収依頼書（兼納品書）とともに納入する。
> 2　ベンダーは，納入物の納入に際し，ユーザーに対して必要な協力を要請できるものとし，ユーザーはベンダーから協力を要請された

---

[3] プログラム開発の初期段階で，ユーザーのニーズを聴取し，それらのニーズが適切にプログラム開発に反映されるようにするためにコンサルティング契約を締結する場合があります。コンサルティング契約は，通常，準委任契約と解釈されています。コンサルティング契約に関する注意点については，本書106頁（第3章エンターテインメント「コンサルティング契約」）を参照してください。

場合には適時に，これに応じるものとする。

> **条項例（検収）**
>
> 1　ユーザーは，納入物を受領後，納入を受けた日から契約要綱に定める検査期間内に，検査仕様書に基づいて検査し，個別契約に定める仕様に合致するか否かを点検する。
> 2　ユーザーは，納入物が前項の検査に適合する場合，検査合格書に記名押印の上，ベンダーに交付する。また，ユーザーは，前項の検査に合格しないと判断する場合，ベンダーに対し，検査に合格しない理由を記載した書面を交付し，修正又は追完（以下「修補」という。）を求めることができる。
> 3　ベンダーは，前項の不合格理由が認められるときは，両当事者で協議した期間内に無償にて修補し，ユーザーに対し，納入するものとする。ユーザーは，必要な範囲内で，第1項の検査を再度実施する。
> 4　再納入後の手続については，第1項以下に従う。
> 5　第1項の検査期間内にユーザーが異議を述べないときは検査に合格したものとみなす。
> 6　本条所定の検査が合格したことをもって，納入物の検収完了とし，納入物の引渡しが完了したこととする。

(1) 報酬請求権の発生条件

請負契約では，報酬は仕事の目的物の引渡しと同時に支払うこととされています（民法633条）。多くの開発委託契約では，これを修正あるいは明確化し，引渡しがどの時点で完了するのかを定めています。実務では「検収」という用語が使われていますが，検収完了をもって，引渡完了だと定める例が多いでしょう。また，不誠実なユーザーによる検査の不履行によって条件成就が妨害されることを避けるために第5項のように，一定の期間内に合否の通知をしない場合には合格したものとみなす，という「みなし合格」の条項を定めることが一般的です。

(2) 検査基準

検査の合格が検収の完了条件ですから，検査の内容，合格基準が重要となります。例えば，「ユーザーが求める仕様を満たしている場合」に合格するなどと，一方当事者の裁量によって決まるかのような誤解を与えやすい規定は避けるべきです。上記の条項例（第○条（検収）第1項）は，経産省モデル契約と同様に，「検査仕様書に基づいて検査」を行うこととされています。この検査仕様書には，ソフトウェアの動作試験（テスト）を行うための環境，手順，テスト項目等が記載されることが想定されていますが，契約締結時には存在していないことが一般的です。検査仕様書を誰が，いつ作成するのか，それをどうやって確定させるのかといったプロセスも契約で定めておくとさらに明確になるでしょう。

(3) 仕事の未完成と瑕疵の関係

ソフトウェア開発を巡る紛争の典型例は，ユーザーがベンダーの提供したソフトウェアの品質が悪いと主張して，報酬を支払わず，仕事の完成や，報酬請求権の有無が争われるケースです。ユーザーが指摘する「不具合」「バグ」に関する主張を法的に分析すると，「仕事の完成」を否定しているのか，「瑕疵担保責任」を問うているのか，いずれかによって法的な構成が変わり得ます[4]。この点については，「請負人が仕事を完成させたか否かについては，<u>仕事が当初の請負契約で予定していた最後の工程まで終えているか否かを基準として判断すべき</u>であり，注文者は，請負人が仕事の最後の工程まで終え目的物を引き渡したときには，単に，<u>仕事の目的物に瑕疵があるというだけの理由で請負代金の支払を拒むことはできない</u>」とする裁判例（東京地判平成14年4月22日判タ1127号161頁）があり，そのほかにも多くの裁判例で同様の基準が示されています。したがって，不具合があるという主張のみをもって，仕事の完成を否定することは困難だといわざるを得ません。

---

4 平成27年3月31日に国会に提出された民法の一部を改正する法律案では，現行法における瑕疵担保責任を「契約不適合」に再整理されており，「瑕疵」という用語は使われなくなっています。これにより，仕事の完成の前か後かを区別する意義がなくなるといわれています。次頁の「5 瑕疵担保責任」についてもこの点を留意する必要があります。

同様に，検査仕様書に沿った検査を実施してバグが検出された場合であっても，それらがすべて修補されるまで検査は合格しないというわけではないと考えられます。

5 瑕疵担保責任

条項例（瑕疵担保責任）

1　検収完了後，瑕疵（仕様書との不一致のほか，バグ，その他当然有すべき品質を欠いていることをいう。以下同じ。）が発見された場合，ユーザーはベンダーに対して，書面によって当該瑕疵の修補を求めることができる。ベンダーは，検収完了後［6］か月以内にユーザーによる書面を受領したときは，当該瑕疵を修補（代替方法の提案及び実現も含む。）するものとする。

2　前項にかかわらず，瑕疵が軽微であって，ユーザーの業務に実質的影響を及ぼすものでなく，かつ納入物の修補に過分の費用又は期間を要するとユーザーが認めるときは，ベンダーは，前項所定の修補責任を負わない。

3　ベンダーの責めに帰すべき事由により合理的な期間内で第1項の瑕疵が修補できない場合，当該瑕疵に起因してユーザーが被った損害について，ベンダーは賠償の責めを負う。

(1) 瑕疵担保責任の意義

民法634条は，請負人の瑕疵担保責任を定めています。瑕疵担保責任における「瑕疵」とは，目的物に通常その物が備えていなければならない性質が欠けていることをいうとされていますが，ソフトウェアにおける通常の性質が明らかではなく，特に，仕様書上明記されていない非機能要件[5]については問題になることが少なくありません。裁判例には，ソフトウェアにはバグが一定割合で混入することは承知してかからなけ

5　ソフトウェアが具備する機能をまとめた仕様（データの構造，種類，処理手順，画面表示等）を機能要件と呼ぶのに対し，機能面以外の仕様（レスポンス時間などの性能，セキュリティ，信頼性等）を非機能要件と呼びます。

ればならない，という社会通念を述べた上で，「コンピューターシステムの構築後検収を終え，本稼働体制となった後に，プログラムにいわゆるバグがあることが発見された場合においても，プログラム納入者が不具合発生の指摘を受けた後，遅滞なく補修を終え，又はユーザーとの協議の上相当と認める代替措置を講じたときは，右バグの存在をもってプログラムの欠陥（瑕疵）と評価することはできない」とした例（東京地判平成9年2月18日判タ964号172頁）があり，その後も同種の判断をした裁判例があります。

　上記の条項例では，「仕様書との不一致のほか，バグ，その他当然有すべき品質を欠いていること」を瑕疵であると定めています。このほか「ベンダーの責に帰すべき事由による瑕疵」のみを対象とするように，主観的要件を加重する例があります。本来の瑕疵担保責任は，無過失責任とされているところ，ソフトウェアの場合には，第三者製品との相性によって予期せぬ不具合が生じる場合があることから，このように限定する例も見られます。

(2) **瑕疵担保責任の存続期間**

　民法上は，瑕疵担保責任の存続期間は，引渡しから1年とされています（民法637条1項）[6]。この期間は契約によって変更することができますが，ソフトウェアの内容やユーザーの利用状況，メンテナンス契約の締結やその内容に応じて，引渡し後，どれくらいの期間で瑕疵が発見され得るか（バグが潰し切れるか）という観点で検討すべきです。ソフトウェアによっては，1年に1度しか使用しない重要な機能が含まれていることがあります。そのような場合には，瑕疵の検出が遅くなる場合があり，一通りの機能が使用される期間を勘案して決定すべきでしょう。

6　平成27年3月31日に国会に提出された民法の一部を改正する法律案の637条1項では，請負人の契約不適合の責任期間の起算点が「不適合を知った時」となっています。現行法が「引渡しから1年」となっていることと比較して，請負人の責任が存続する期間が長くなったといえます。

2 ソフトウェアライセンス契約

Point!

① ソフトウェアの使用と利用は著作権法上区別されることを意識して契約内容を検討する。
② ソフトウェアライセンス契約の成立の有無が問題となるケースに注意する。
③ 許諾の範囲を，ソフトウェアやその使用機器・使用目的により特定して明確にする。
④ ソフトウェアの使用目的を考慮して，契約期間や対価の定め方，複製・改変が制限される範囲を検討する。
⑤ 保証や損害賠償についてのライセンサー側の責任制限規定を意識する。
⑥ オープンソースソフトウェアのライセンスの性質について理解しておく。

サンプル書式→ソフトウェアライセンス契約書

1 ソフトウェアライセンス契約のポイント

プログラムその他のソフトウェアをライセンスする場合を想定した契約書です。

ソフトウェアに生じ得る知的財産権として，著作権のほか，特許権，商標権等がありますが，ソフトウェアについて主として著作権がライセンス対象とされることが多いです。そのため，本項でもソフトウェアの著作物としての**利用許諾・使用許諾**に焦点を当てて，ポイントを確認します。

著作権法では，著作物（ここではソフトウェア）の，「使用」と「利用」とを区別しています。ソフトウェア（プログラムの複製物）を「使用」するとは，例えば文書作成ソフトウェアを文書作成に用いることをいい，著作権法上は使用の権利についての規定はなく，著作物の使用は原則的に自

由であるものとされています。

　一方，ソフトウェアを「利用」するとは，ソフトウェアの著作物を利用することをいい，ソフトウェアを複製（コピー）したり，翻案（カスタマイズ）したり，公衆送信（サーバーへのアップロードなど）したりするような，著作権法21条から28条に列挙された行為をいいます。あるソフトウェアが著作物であれば，著作権法で規定された例外にあたらない限りは，原則として著作権者の許諾がなければ利用をすることはできません。

　ソフトウェアライセンス契約では，主に使用の許諾について定め，利用の点については，限定的な利用のみを許諾していることが多いです。

　ソフトウェアの利用許諾及び使用許諾のことを総称してソフトウェアライセンスといい，利用許諾及び使用許諾にあたっての利用方法及び条件を定めた契約をソフトウェアライセンス契約といいます[7]。

2 ソフトウェアライセンス契約の成立

　ソフトウェアライセンス契約では，契約の成立の有無がよく問題となります。これは，契約の締結行為が，ライセンサー[8]とライセンシー[9]との双方が契約書に署名押印をするといった形では行われないことも多いためです。

　契約の成立が問題となりやすい場合としては，シュリンクラップ契約の場合，クリックラップ（クリックオン）契約の場合などが挙げられます。シュリンクラップ契約とは，パッケージソフトウェアを販売店から購入するときに，媒体の封（フィルムラップやシール等）を開封することをもってソフトウェアライセンス契約が成立するものと定めているような場合をいいます[10]。クリックラップ（クリックオン）契約とは，Webサーバにアップロードされたソフトウェアをダウンロードする際や，ソフトウェアをイ

7　ライセンス契約一般については，本書23頁（第1章メーカー「特許実施契約」），本書92頁（第3章エンターテインメント「ライセンス契約」）なども参照してください。
8　ライセンスを許諾する側を意味する用語です。
9　ライセンスを受ける側を意味する用語です。
10　契約の成否の判断基準について，経済産業省「電子商取引及び情報財取引等に関する準則」（平成26年8月。以下「準則」といいます。）iii．2以下参照（http://www.meti.go.jp/press/2014/08/20140808003/20140808003-3.pdf）

ンストールする際に，画面にソフトウェアのライセンス条件が表示されてこれに対しての同意を求めるボタンへのクリックをしてから，はじめてソフトウェアをダウンロード・インストールできるとしているような場合をいいます[11]。

その他，SaaS・ASP[12] といったウェブサービスの場合も，同様の問題が生じますが，いずれの場合も，契約の内容を理解した上で契約に同意したといえるか，という点がポイントです[13]。

3 ソフトウェアを使用・利用できる範囲

(1) ソフトウェアの特定

> **条項例（定義）**
>
> 本ソフトウェアとは，甲が著作権を有するソフトウェア「〇〇〇バージョン2.0」及びそのマイナーバージョンアップ版（バージョン2.x）並びに「〇〇〇バージョン2.0マニュアル」をいう。

ソフトウェアライセンス契約においては，ソフトウェアを使用・利用できる範囲を定める必要があります。まずライセンスの対象となるソフトウェアを特定し，明確にする必要があります。例えば，同じソフトウェア名であっても，バージョンが異なれば提供される機能は異なりますし，対象となるソフトウェアが，複数の製品から構成される場合もあります。

また，更新プログラムなどについてもライセンスの対象となるのかを明確にしておくとよいでしょう[14]。

(2) 提供する物の特定

ソフトウェアを提供する際のマニュアル等の付帯資料の提供の有無，

---

11 契約の成否の判断基準について，本章前掲脚注10 「準則」 iii. 3参照
12 SaaS（Software as a Service），ASP（Application Service Provider）は，いずれもソフトウェアの機能をネットワーク経由で利用者にサービスとして提供する仕組みを言います。
13 「同意」の問題に関しては，「ウェブサービス利用規約」の2項（170頁）も参照してください。
14 バージョンアップがメンテナンス契約によって提供される場合もあります。164頁（本章「メンテナンス契約」）もご参照ください。

ソフトウェアのソースコードの提供の有無等，ソフトウェアをライセンスするに当たって提供する物を特定して明確にしておくとよいでしょう。

(3) **ソフトウェアの使用機器・使用目的の制限**

> **条項例 （使用機器・使用目的）**
>
> 乙は，乙の所有するコンピュータ1台（以下「使用コンピュータ」という。）において，乙の社内でのみ本ソフトウェアを使用することができる。乙は，複数のコンピュータからネットワークを介して使用コンピュータへとアクセスさせて本ソフトウェアを使用できるようにしてはならない。

ソフトウェアの使用許諾は，指定されたハードウェアのみでの使用に限られる場合も多く，パッケージソフトウェアの場合には，ソフトウェアの複製1部につき1台のハードウェアにおいてのみ使用できる，とか，1台のハードウェアにのみインストールできる，とされていることも一般的です。なお，一つのライセンス契約で複数台のハードウェアでの使用を許諾する契約は，**ボリュームライセンス**と呼ばれています。

また，ソフトウェアの使用目的について，従業員の業務遂行の目的に限定したり，ソフトウェアの使用者をハードウェアの所有者に限り，第三者による使用を制限したりする場合があります。ハードウェアへとネットワーク経由でアクセスすることによる複数人でのソフトウェアの共用を禁止する場合もあります。

4 契約期間

一定期間を契約期間として定める契約がある一方で，ライセンス料を契約当初に一括払いするような場合などには，特に契約期間を定めずに，ライセンシーの契約違反による解除がされるまでは有効と定めている契約も多いです。

5 対価

契約においては，ソフトウェアの利用許諾・使用許諾の対価としてのラ

イセンス料を規定する必要があります。ライセンス料の規定の仕方は，ライセンシーにおけるソフトウェアの使用目的との関係で様々あります。例えば，ライセンシーがユーザーとしてパッケージソフトウェアを使用する場合などには，契約当初における一括払いとして規定することがあります。一方，契約期間中，ライセンサーがユーザーのソフトウェア使用のサポートを行うような場合については，契約期間中の月額料金の支払いとして規定することがあり，その他，ソフトウェアを利用した期間や稼働時間に応じて料金を支払う**サブスクリプション方式**の場合もあります。

> 条項例（対価）
>
> 　乙は，本件許諾の対価として，甲に対して金〇〇万円を本契約締結後30日以内に甲指定の口座へ銀行振込により支払う。

　また，ライセンシーが製造販売する製品にソフトウェアを組み込むような場合には，「本ソフトウェアを組み込んだ製品の生産台数×〇円」といったランニングロイヤリティとしてライセンス料を規定する場合があります。

> 条項例（対価）
>
> 　乙は，本件許諾の対価として，本ソフトウェアを組み込んだ製品の生産台数1台当たり金〇〇円を支払う。

　なお，ソフトウェアのライセンス料の規定の仕方は様々ですが，規定の仕方が独占禁止法上の不公正な取引方法とみなされないようにする必要があります[15]。

15　例えば，ライセンス対象のソフトウェアを複製した製品だけでなく，他のソフトウェアを複製した製品も含めた出荷実績をライセンス料の算定根拠として用いる場合などです。
　　公正取引委員会「ソフトウェアライセンス契約等に関する独占禁止法上の考え方—ソフトウェアと独占禁止法に関する研究会中間報告書—」（平成14年3月20日）(http://www.meti.go.jp/policy/economy/keiei_innovation/shijyoukyousou/pdf/020320.pdf)，公正取引委員会「知的財産の利用に関する独占禁止法上の指針」（平成19年9月28日，平成22年1月1日改正）(http://www.jftc.go.jp/dk/guideline/unyoukijun/chitekizaisan.html) が参考となります。

第4章　通信・情報処理

6 複製・改変

(1) 複製・改変の制限

> **条項例（複製・改変）**
>
> 1　乙は，本ソフトウェアを使用コンピュータ１台にのみインストールすることができる。
> 2　乙は，本ソフトウェアのバックアップを作成する目的に限り，本ソフトウェアの複製物を１部作成することができる。
> 3　乙は，前２項に規定の場合を除き，甲の事前の承諾なく本ソフトウェアを複製してはならない。
> 4　乙は，甲の事前の承諾なく本ソフトウェアを修正・改変してはならない。

　ソフトウェアライセンス契約では，ソフトウェアの複製について，**バックアップ**のために限って１部のみ複製物を作成できるとするなど，複製の目的や数を制限していることが一般的です。また，ソフトウェアをハードウェアへとインストールする行為についても，著作権法上の複製に該当しますが，インストールできる台数を，前述のとおり制限することも一般的です。

　一方，**著作権法47条の３第１項**では，プログラムが記録されたメディアといったプログラムの著作物の複製物の所有者に，自ら利用するために必要と認められる限度での複製と翻案を認めています。そのため，この規定で認められている自己使用のための複製については，バックアップできる部数やインストールできる台数について特に制限が設けられていません。そのため，契約による自己使用のための複製について制限する定めが有効かという問題が発生します。

　この点については，著作権法47条の３第１項の規定を任意規定とする説と，強行規定とする説などがあり[16]，不合理な複製の禁止の仕方に

16　その他，「半強行法規」と解する説として，小倉秀夫＝金井重彦編著『著作権法コンメンタール』〔森亮二＝小倉秀夫〕811頁（レクシスネクシス，2013年）参照。

は注意すべきでしょう。

　ソフトウェアの改変（カスタマイズ）は，著作権法上の「翻案」にあたりますが，契約上，単純に禁止していることが多いものの，自己使用のためにハードウェアに合わせたソフトウェアの改変などについては，著作権法47条の3第1項の規定の問題が発生します。

　なお，著作権法47条の3は，プログラムの著作権の複製物の所有者に適用される規定なので，ソフトウェアのレンタルやリースの場合には適用がありません。

(2) **改変を許諾する場合**

> 条項例（改変）
>
> 1　乙は，別紙記載のユーザーに改変後の本ソフトウェアを使用させる目的に限り，本ソフトウェアを改変し，改変後の本ソフトウェアを複製することができる。
> 2　改変後の本ソフトウェアについても，本ソフトウェアに準じて本契約の各条項が適用される。

　ライセンシーがソフトウェアの改変を行うことを許可する場合には，改変後のソフトウェアの権利及び改変後のソフトウェアについての利用可能な範囲を定めておく必要があります。

7　保証

> 条項例（保証）
>
> 甲は，本ソフトウェアを現状有姿の状態で乙に提供するものとし，本契約に定めるものを除き，本ソフトウェアに関するあらゆる明示・黙示での保証を否認する。

　ソフトウェアライセンス契約書では，「ライセンサーは，本ソフトウェアは**現状有姿**の状態でライセンシーに提供する」ものとして，ソフトウェアについてのあらゆる明示・黙示での保証をしないものとしたり，保証条項で定める以外の保証をしないものとしたりして，ソフトウェアの品質や，

ソフトウェアが第三者の権利侵害をしないことについての保証の全部又は一部を否認して，ライセンサーの責任を負う範囲を制限する契約が多いです。

もっとも，ライセンサーの故意や重過失により損害が発生した場合や人身損害が発生した場合については，たとえ保証を否認していても，ベンダーが責任を負うと考えられていますので，この点には注意が必要でしょう。

8 損害賠償

> **条項例（免責）**
>
> 甲の故意又は重過失により損害が生じた場合を除き，甲は，債務不履行，不法行為その他いかなる責任理論に基づくものであっても，本ソフトウェアの使用により乙及び第三者に生じた損害を賠償する責任を負わない。

上述の保証条項とともに，債務不履行や不法行為その他いかなる責任理論に基づくものであっても，ライセンサーが損害賠償責任を負わないとしたり，損害賠償における賠償額に限度額を設けたりするなど，損害賠償についてのライセンサーの責任を制限する規定をおく契約が多いです。また，ソフトウェアに瑕疵や不具合があった場合には，修補のみで対応することとして，損害賠償請求はできないものと定めることもあります。

保証条項と同じく，ライセンサーの故意や重過失により損害が発生した場合や人身損害が発生した場合については，ベンダーは契約で定めた責任制限に関わらず，損害賠償義務を負うと考えられているため，この点には注意が必要でしょう。

9 その他

(1) オープンソースソフトウェア

ソフトウェアの開発において，全てを自社で開発することはコストも時間もかかりますが，必要な機能の一部につき，ソースコードが開示さ

れているソフトウェア（OSS）を利用することによって，コストと時間が省略できるため，最近では，ソフトウェア開発において，OSSが利用されている場合が珍しくありません。このような場合，OSSを利用した者は，OSSのライセンスに従う必要があるため，特殊なライセンスの一例として，本項でOSSについて言及しておくこととします。

OSSとは，概略，ソースコードが開示されており，ソフトウェアの使用が自由であるとともに，誰でも自由にソフトウェアの改変ができ，自らが取得したプログラムの複製物について，再頒布の条件に従えば自由に再頒布（複製物の譲渡や，ウェブサーバへのアップロードなど，他人に複製を可能とする行為）をすることが可能であることをライセンスで定めたソフトウェアをいいます[17]。

OSS[18]のライセンスとひとくちにいっても，様々なライセンスが存在し，その特徴は一概にはいえませんが，OSS以外のソフトウェアのライセンスと比較すると，**ソースコード**[19]が入手可能で，ソフトウェアの使用が自由であり，ソフトウェアの複製や翻案といった利用も自由であるといった点に大きな特徴があるものといえます。ライセンサーの責任を制限する条項が規定されている点も共通する特徴です。

OSSのライセンスとして，代表的なものの1つに**GPL**（GNU General Public License，最新バージョンは3）がありますが，GPLなどのライセンスにおいては，いわゆる**コピーレフト条項**が設けられています。いわゆるコピーレフト条項では，「配布条項が変更されない限り，プログラムのコード，もしくはそれから派生したプログラムに対して，使用，改変，及び再配布をする権利をすべての人に与える」[20]ものとしており，その結果，コピーレフト条項が設けられたライセンスが適用されるOSSをカスタマイズしたソフトウェアを開発し，これを再頒布する場

17　Open Source Definition（オープンソースの定義）について，http://opensource.org/osd 参照。
18　フリーソフトウェア，オープンソースソフトウェアなどを，FOSSと呼ぶことがあります。
19　人間が可読可能なプログラムの元となる文字列を意味します。ソースコードがあると，その改変，翻案等が容易になります。このままではコンピュータ上での実行はできず，機械が読み取れるオブジェクトコードに変換して利用されます。

合には，当該ソフトウェアのカスタマイズ部分のソースコードを開示する義務を負うこととなります。

なお，GPL においてソースコードの開示が要求されているのは，一般に，GPL を利用の OSS を使ったソフトウェアを配布・販売している場合であって[21]，これらのソフトウェアを自社の社内利用のためだけに使っている場合には，元のプログラムを改変し，カスタマイズした場合であっても，ソースコードの開示は要求されていません。

また，OSS を他のソフトウェアと組み合わせて利用する場合，それぞれのソフトウェアのライセンスで定めた条項が両立しない場合があるので，注意が必要です。例えば，OSS のライセンス間においても，コピーレフト条項の有無，特許条項の有無，準拠法の条項の有無などによって両立しない場合があり，そうした場合にはその OSS 同士を組み合わせて配布することができないことになります。また，OSS のライセンスで定められた再頒布の条件と，他の契約で定められた義務とが両立しないこともありますので，OSS を利用する場合には，そのライセンスの条項を正確に理解し，利用が可能かどうかを分析しておくことが重要です。

> **条項例（他のソフトウェアとの組合せ）**
>
> 　乙は，本ソフトウェアと組み合わせた場合に本ソフトウェアのソースコードを第三者へと開示する義務を負うこととなるライセンスが適用されるソフトウェアと本ソフトウェアとを組み合わせたソフトウェアを開発して当該ソフトウェアを第三者へと配布しようとしたり，第三者から入手可能な状態にしようとしたりする場合には，甲の事前の承諾を得なければならない。

　GPL では，元々が独立した別のプログラムであっても，組合せ方に

20　GNU オペレーティング・システム　http://www.gnu.org/copyleft/
　　なお，同ページにおいて，コピーレフトとは，「プログラム（もしくはその他の著作物）を自由とし，加えてそのプログラムの改変ないし拡張されたバージョンもすべて自由であることを要求するための，一般的な手法の一つ」として説明されています。
21　この場合，ソースコードの開示先は，ソフトウェアの配布先・販売先です。

よっては、全体に GPL が適用されると解釈される可能性もあるため、契約において、ライセンス対象となるソフトウェアと OSS とを組み合わせて配布するような場合には、ライセンサーの事前の承諾を得ることを求める条項を設けるような例も見られます。

(2) **ソースコード及び関連資料の引渡し**

法律上ソースコードを引き渡す義務はありません。そのため、ソースコードの引渡義務については、契約上で定める必要があります。ソースコードについては、OSS 以外の場合には、ライセンサーの営業秘密にあたるものとしてライセンシーに開示されないことが多くみられますが[22]、ライセンサーが事実上又は法的に倒産したり、天変地異によりライセンサーが罹災したりするなどしてライセンサーによるソフトウェアの保守が困難となる場合には、ソフトウェアの不具合への対応やシステム改修によるソフトウェアのバージョンアップ対応などができず、ライセンシーによるソフトウェアの使用の継続が困難となる問題が生じます。

こうした場合に備えて、契約により、ライセンサーによるソフトウェアの保守が困難になるような一定の事態が生じた場合にもライセンシーがソフトウェアの使用を継続できるようにソースコードのコピーや保守に必要な資料一式等をエージェントに預託するソフトウェア・エスクロウの利用を定める場合があります[23]。

(3) **技術移転制限**

各国の輸出入管理規制において、輸出できない技術、輸入できない技術が定められており、ソフトウェアも技術の輸出入の対象として、この規制を受けることが往々にしてあります。そのため、契約上、ライセンシーによるソフトウェアの輸出入を禁止する条項を設けている場合があります。なお、外国人に対してソフトウェアのソースコードを開示する

---

[22] このような観点から、ライセンシーがプログラムを解析し、その構造を理解することを防ぐため、ライセンス契約中に、リバースエンジニアリングの禁止などの条項を設けることも一般的に行われています。具体例は、サンプル書式【ソフトウェアライセンス契約】第8条を参照してください。

[23] 詳細は、一般社団法人ソフトウェア情報センター　http://www.softic.or.jp/escrow/ 参照。

こともこの輸出とみなされるような場合もあり、この場合には輸出許可が必要となりますので、注意が必要です。

メンテナンス契約

> **Point！**
> ① 保守を行う対象、保守対応時間、具体的保守業務の内容を明確にする。
> ② 他社システムとの連携がある場合、障害の切り分けや一次対応、また責任分解点を定めておくことが求められる。
> ③ メンテナンス契約の更新を行う場合に保守料金の増額が求められる場合があるが、保守会社を他社へ変えることが困難な場合もある。
> ④ 免責条項が過度に保守業者に有利となっていないか、保守対象システム等の運用状況や性質に応じた検討が必要である。

サンプル書式→保守委託基本契約書

1 メンテナンス契約の利用場面

(1) メンテナンス契約の締結

　ベンダー等からシステムやアプリケーションを導入するうえで、瑕疵（バグ）が全く存しないということは考えにくく、また開発委託の成果物に対する検収でも、隠れたバグ全てを検出することは事実上不可能です。このようなバグは、瑕疵担保責任の対象となりますが、いつまでたっても発見され続けることがあるため、ベンダーとしても、長期間納入したシステム等の技術者を確保し続けることが難しいことから、システム等の導入時の契約において瑕疵担保責任の期間や範囲が限定されることがあります。そのためこのような場合は、納入後に発見されたバグを修補してもらうために、有償のメンテナンス契約を締結することにな

ります。

　メンテナンス契約の主な目的はバグの修補ですが，契約によっては，メンテナンス契約期間中にリリースされる機能追加（**バージョンアップ**）が無償で受けられたり，システム運用の支援のためのヘルプデスクが利用できたりすることもあります。

(2) **メンテナンス契約の相手方**

　メンテナンス契約は，対象システムのバグ修正が主目的なため，システムの開発会社（又はその関連会社）が担うことが多いです。もっとも，保守対象システムの中に市販製品などが含まれる場合は，システムの保守を行う前提として，当該市販品については市販品のベンダー等が提供する有償サポートを別途契約するよう保守業者から求められることも多々あります。

2 メンテナンス契約におけるポイント

　メンテナンス契約において最も重要な点は，<u>どのような保守を依頼するのか明確にする</u>ことです。

(1) **保守内容**

　保守業務内容の詳細は，メンテナンス契約書の本文に盛り込むのではなく，保守業務仕様書等を別途作成することも多いでしょう[24]。保守業務仕様書では，主に次のような事項を規定することが考えられます。

- 保守対象
- 保守業務実施体制，保守対応時間
- システムダウンからの復旧目標時間の設定
- 具体的保守業務内容（バグ修理，セキュリティ対応，一次切り分けの実施，運用支援等）

ア　**保守対象**

　メンテナンス契約の内容を決めるには，まず<u>保守業務の対象がどの</u>

24　メンテナンス契約や保守業務仕様書の例などについては，経済産業省「情報システム・モデル取引・契約書」〈第一版〉（平成19年4月）が参考となります。（http://www.meti.go.jp/policy/it_policy/softseibi/index.html#p02_01）

範囲であるか（保守対象範囲）を明確にする必要があります。またシステムは，市販 OS，ハードウェアを用いて稼働するのみならず，他社製アプリケーションと連携することも多いでしょう。その場合，特定のアプリケーションだけを保守の対象とするか，ハードウェア[25]も含め全体として保守を実施してもらうのか検討する必要があります。

他のシステムと連携・接続するシステムの場合，システム間の連携で生じる障害が，どちらのシステムの責任なのか明確にするため，両システムの間に「**責任分解点**」を定めておくことも重要でしょう。

ほかに，保守対象となるシステムのバージョンを限定し，また，動作環境を限定しておくこともあります。

イ　保守業務実施体制・保守対応時間

システムの不具合が発生した場合，ビジネスへの影響度はどの程度となるか検討し，それに応じた保守業務実施体制（①保守対応時間を平日日中帯のみとするか，土日も含めた 24 時間体制とするか，②駆けつけ対応（**オンサイト**）とするか，遠隔による対応（**オフサイト**）とするか等。）を定めることとなるでしょう。

さらに，障害の程度（運用停止，基本的処理フローに影響する重大なバグ，一般的なバグ，軽微なバグ等。）に応じて，障害回復までの目標時間を設けることで，障害回復の緊急度・重要度を保守業者に理解させ，それに見合った体制の構築を求めることも考えられます。

ウ　具体的保守業務内容

具体的な保守業務内容としては，バグの修正のほか，セキュリティ対策の実施，運用支援，発生障害の原因の一次切り分けの実施のほか，種々のものが考えられます。

バグには，システム等への影響が軽微だが修正に多大なコストがかかるものもあります。このようなバグの修補に稼働をかけることは合理的ではないという考えから，メンテナンス契約ではこういったバグ

25　保守においてハードウェアの交換等が定められている場合があります。このようなハードウェアの交換に関しては，本書 12 頁（第 1 章メーカー「動産売買契約」）もご参照ください。

は修補対象外であると規定されることも多いです。

　セキュリティ対策については，実際に生じたセキュリティ障害への対策のほか，保守会社に常日頃からセキュリティに関する情報を収集するよう求め，適切かつ適時のセキュリティ・パッチの提供や，今後生じ得るセキュリティ問題への対策の提案を実施してもらうことも考えられます。

　保守対象システムが，他社のシステムと連携している場合，当該連携から生じた不具合に対する一次対応（原因探究）を，いずれのシステム保守業者に行わせるか，その処理フロー等を考え，それに応じた保守委託業務内容となるよう仕様書に規定しておくのがよいでしょう。なお，両システムのいずれにも瑕疵が存しないが，システム間連携において障害が特異的に生じることがあります。このような事象の解決には，瑕疵の修補ではなく，仕様の変更が必要となることもあります。このような変更に対しては，新たに開発委託契約を起こして変更を委託しなければならないかもしれませんが，メンテナンス契約において個別の保守業務を随時委託できるよう定めておくことで，メンテナンス契約の個別契約で対処できる場合もあるでしょう[26]。

　他にも，連携する他社システムの機能追加や変更等にともない，接続試験等を実施する場合があることから，この対応等も保守業務の一環として盛り込んでおくことが考えられます。

(2) **保守料金**

　保守料金の支払については，①毎月一定の業務を行うことを前提に定額の保守とする，②作業発生ごとに，時間ベース又は作業ベースで保守料金を随時支払うようにする（基本契約としてのメンテナンス契約を締結し，各作業は個別契約で対応する。），③上記①②の双方を組み合わせるという形態が考えられます。ここで①の定額保守の場合，どこまでが保守の範囲か後日争いが生じないよう，意識合わせを十分行い仕様書にその内容を記載して明確化することが重要となってくるでしょう。

26　仕様変更が修理なのか新規機能開発なのかによって損金（保守料金）として計上できるかどうか税金上の問題が生じ得る点は注意が必要です。

(3) 保守期間満了と更新

　保守期間（数年間等）満了後，保守業務を継続してもらうためメンテナンス契約を更新することがありますが，このとき保守料金の増額が提案される場合があります[27]。これはシステムの納入から年月を経たため，保守サポート人員や資材の確保のためのコスト増加などが理由として挙げられます[28]。

　ここで，保守料金が高騰したことから，保守業者の変更が検討されることがあります。しかし，もしアプリケーション等の開発委託の際に，当該アプリケーション等のソースコードの開示を受けていなければ，そもそも他社に保守を行わせられないという問題があります[29]。このような事態は忌々しきことではありますが，もし保守会社がこのような状況を奇貨として保守料金を不当に増額した場合は，これが優越的地位の濫用と解される可能性はあると考えられます[30]。

　なお保守期間の終了にあわせ，他社システムへ乗り換える場合もあるでしょう。この場合，移行作業に保守業者の一定の協力（データの吸い出し等）が必要な場合があります。そのため，他社システムへ移行する際に必要な業務をメンテナンス契約の個別契約により委託できるようしておくことも考えられます。

(4) 秘密情報・個人情報の扱い

　保守業者が，保守作業の過程で会社の秘密情報に接することがあるため，秘密保持義務を課しておくことは当然のことです。

　さらにシステムによっては，個人情報を取り扱うものもあります。このような場合，会社としては保守業者に対し個人情報の適切な管理を求める旨の条項を入れるとともに，保守業者の管理体制について，その内

27　メンテナンス契約に自動更新条項が付されている場合であっても，事前通知により更新をやめることができる場合が一般的なため，保守料金の増額については本文と同様な問題が生じ得るでしょう。
28　他に，保守料金の増額を梃子にして，新システムへ移行させようとしてくることも考えられます。
29　ソースコードの開示については，153頁（本章「ソフトウェアライセンス契約」）を参照してください。
30　財団法人ソフトウェア情報センター「ソフトウェアの適正取引に関する調査研究報告書」（平成21年6月）14〜16頁。

容を説明してもらうことも重要でしょう[31]。

(5) 免責条項について

保守業務においては，保守作業前にデータのバックアップを求められるのみならず，保守作業において生じた問題は免責されるとする条項が含まれることがあります。そのため万が一に備え，保守作業前にデータのバックアップをすることが必要ですが，このような免責条項が，自社システムの運用状況や性質を踏まえたときに，過度の免責となっていないか確認する必要があるでしょう[32]。

4 ウェブサービス利用規約

Point!

① 利用契約の成立・変更が有効となるよう工夫する。
② IDとパスワードの管理を利用者の責任とする。
③ サービス提供者の責任を制限する。
④ 禁止事項・ペナルティを具体的に定める。
⑤ UGCの利用

サンプル書式→ウェブ規約

1 ウェブサービス利用規約のポイント

ウェブサービスとは，インターネットを介して提供するサービスのことであり，その類型は，ネット通販，ソーシャルネットワークサービス

---

31 個人情報保護法では，個人データの取扱いの一部を委託した場合，委託先の安全管理について適切な監督を行わなければならないと規定しています（個人情報保護法第22条）。保守業務の委託は，個人データの取扱いを委託するものではありませんが，近年の個人情報流出事件の発生やその後の社会の反応を鑑み，保守業者の個人データ管理に対して，同条と同等な監督が要求されることも多くなるでしょう。
　個人情報保護法に関しては，186頁（本章「プライバシーポリシー」）もご参照ください。
32 責任制限条項については，174頁（本章「ウェブサービス利用規約」）も参照してください。

(SNS),オンラインゲーム,クラウドサービスまで極めて多岐にわたります。したがって,ウェブサービス利用規約においては,提供するサービスの特性に応じた規約を作成する必要があることはいうまでもありません。とはいえ,各ウェブサービスにほぼ共通する事象も存在します。例えば,以下のようなものです。

①　契約締結からサービス利用に至る全てがオンラインで完結することが望ましいこと
②　サービス利用料が一般にあまり高額ではないこと
③　同一内容のサービスを多数に対して提供することが予定されていること

　以下では,上記のような共通の事象に基づき,ウェブサービス利用規約において一般に重要と思われるポイントについて,コンテンツ配信サービスをモデルとして検討することとします。

2 契約締結からサービス利用に至る全てがオンラインで完結することが望ましいこと

(1) 利用契約の成立(規約への同意取得)

　上記1で見たとおり,ウェブサービスは,オンライン上でサービスを提供するものですから,サービス利用契約の締結もオンラインで行われ,契約書の取り交わしなどは行われないのが通常です。したがって,どのような場合に契約が成立したのか明確にしておく必要があります。

　利用契約については,通常,事業者が用意した定型的な規約(利用規約)が準備され,これに対し,利用者が同意するという形で締結されています。このような同意を取得する(又は取得したと擬制する。)方法として,以下のような方式があります。

①　クリックオン方式

　これは,利用者に対し,利用規約を確認する機会を与えた後,「同意する」などと表示されたボタンをクリックさせることで利用規約に同意する意思を表示させる方式です。

②　ブラウズラップ方式

サービスのトップページのフッターなどに，利用者が見ようと思えば，いつでも見られるように，利用規約へのリンクを掲載しておき，特段，利用者による積極的行為は要求しない方式です。この形式の場合は，通常，提供されているサービスを利用することによって同意したとみなされる旨の条項が規約内に記載されています。

利用規約は，サービス提供の前提となるものですから，利用者からの「同意していない」などという主張が認められるようだと，その前提が崩れてしまいます。「電子商取引及び情報財取引等に関する準則」（平成27年4月・経済産業省）ⅰ 27頁には「例えば取引の申込み画面（例えば，購入ボタンが表示される画面）にわかりやすくサイト利用規約へのリンクを設置するなど，当該取引がサイト利用規約に従い行われることを明瞭に告知しかつサイト利用規約を容易にアクセスできるように開示している場合には，必ずしもサイト利用規約への同意クリックを要求する仕組みまでなくても，購入ボタンのクリック等により取引の申込みが行われることをもって，サイト利用規約の条件に従って取引を行う意思を認めることができる」旨の記載があり，上記②の方式も有効と考えているようです。しかし，法的手続を経て最終的に有効と判断される可能性が高いとしても，利用者から「同意していない」というクレームを受けた際に，明確に同意した根拠を示すことができないとクレーム対応の場面で苦慮することになります。そこで，可能な限り上記①の方式を採用して，利用者からのクレームに対し，<u>利用者自身が同意するという能動的なアクションを行ったことを指摘できるようにしておく</u>ことをお勧めします。

条項例 （契約の成立）

　本規約は，お客様が〇〇サービス（以下「本サービス」といいます。）を利用する際に適用される条件を定めたものです。お客様は，本規約に定める条件にしたがって，本サービスを利用しなければなりません。本規約の内容に同意できない場合は，本サービスを利用しないでください。本サービスを利用した場合，お客様は本契約に同意したものとみなされます。

なお，サービスの利用者として事業用利用でない個人（消費者）を予定している場合には，電子消費者契約法が適用されます。**電子消費者契約法**は，契約の申込み又は承諾の意思表示の際に確認を求める措置が講じられていない場合，消費者から錯誤の主張がなされたときに，消費者に重過失があったとの抗弁を行うことができない旨を定めています。そこで，利用者に課金させるような場面では，購入ボタンが押された後に，購入内容を再度示して最終確認させるといった確認措置を講じておく必要性が高いといえます。

(2) **未成年者取消し**

ウェブ契約は，非対面ですから，利用者が成年かどうかは簡単には確認できません。したがって，利用者が未成年者となる場合にはいくつかの注意点がありますので，この点は，後述することとします。

(3) **IDとパスワードの管理**

ウェブサービスでは，利用者の本人確認もオンライン上で完結させるのが一般的です。利用者登録に実名登録を要求しない場合も多く，身分証明書等の本人確認書類を徴求して身元確認を行なっているサービスはさらに稀です。多くのサービスでは，事業者が付与するか，利用者自らが登録したID（メールアドレスや任意のユーザーネーム）とパスワードを入力することで利用者が同一人であるか否かの確認（本人確認）がされています。このような仕様の場合，無権限の第三者が利用者のIDとパスワードを悪用しても（アカウントの乗っ取り），事業者が乗っ取りの事実を確認して，本来の利用者にアカウントを返還する確実な方法はありません。

そこで，<u>ウェブサービスの利用規約では，IDとパスワードの管理責任が利用者にあること，及び，利用者のIDとパスワードが利用された場合，事業者は，その利用行為を利用者本人の行為とみなす旨の条項を入れておくのが一般的です</u>。

> **条項例（IDとパスワードの管理）**
>
> 1　お客様は，本サービスのID及びパスワードを適切に管理し，これを共用，貸与，譲渡等してはなりません。
> 2　お客様のID及びパスワードを用いて行われた行為は，お客様本人の行為とみなされ，お客様はかかる行為の結果について責任を負うものとします。

　ただし，このIDとパスワードを用いられた行為を全て利用者本人の行為とみなす旨の条項が常に有効と認定されるとは限りません。特に，IDとパスワードが不正に利用されたことにつき，利用者に責任があるとは言い難い場合，例えば，事業者側からの情報流出によりIDとパスワードが漏洩した結果，これらのID，パスワードが不正利用された場合などは，このようなみなし条項の有効性が否定される可能性があると考えた方がよいでしょう。

　したがって，事業者は，このようなみなし条項だけに頼るのではなく，適切なセキュリティ対策を講じておくことが必要です。

3 規約変更条項

　ウェブサービスは，その技術の変化などの理由により，サービス内容を変更しなければならない必要性があり，それに伴い，利用規約の内容も変更しなければならない場面がでてきます。利用規約の内容も契約であるところ，契約は一方の当事者が内容を変更したいと考えても相手方との合意がなければ変更できないのが原則です。

　しかし，不特定多数の利用者に画一的な条件でサービスを提供する必要があるウェブサービスにおいて，利用規約の変更の際に，各利用者から個別に同意をとらなければならないという結論では，現実的にはサービスの提供ができません。

　そこで，ウェブサービスの利用規約では，利用規約の中に条件変更の規定を設けて，どのような場合に，どのような方法で条件変更が行われるかについて利用者と合意しておくという方法が採られます。

このような規定の有効性については疑義もあるところですが，前出の「電子商取引及び情報財取引等に関する準則」(平成27年4月・経済産業省)i30頁には「利用者による明示的な変更への同意がなくとも，事業者が利用規約の変更について利用者に十分に告知した上で，変更の告知後も利用者が異議なくサイトの利用を継続していた場合は，黙示的にサイト利用規約の変更への同意があったと認定すべき場合があると考えられる」との記載が見られ，変更内容について利用者に周知すること，変更内容が合理的に予測可能であること，などの配慮をすれば，利用者による黙示の同意があったと認められることを示唆しています。

条項例（本規約の変更）

当社は，当社の合理的な裁量により，本規約を変更できるものとします。当社が本規約を変更した場合には，かかる変更及び変更内容を本サービスのトップページに掲示するものとします。当該掲示に別段の記載がない限り，変更後の規約は，かかる変更が掲示されたときから〇週間後に有効となるものとします。お客様は，かかる変更に同意できない場合は，本サービスの利用を停止し，アカウントを抹消するものとします。変更後の規約が有効となった後，本サービスを利用した場合，又は変更の告知後〇週間以内にアカウントの抹消手続をとらなかった場合，お客様は，本規約の変更に同意したものとみなされます。

4 責任制限

ウェブサービスの場合，サービスの利用料は一般には高額ではない一方で，不特定多数の利用者に画一的な内容でサービスを提供することが想定されています。つまり，サービスの構造として，客単価は低く，多数に提供することで収益をあげることを予定しているといえます。

サービス提供の対価が低いことを考えると，高額な損害賠償責任を負う可能性はできるだけ排除しておかなければなりません。また，ウェブサービスは，通信インフラ，システム提供事業者など，多数の事業者が介在す

るため、サービスの提供者であってもサービスに関する責任を全面的に負うことは難しい面があります。

　このような観点から、ウェブサービスの利用規約では、事業者が負担し得る責任額の上限を設定する旨の条項を設けておくことが一般的です。

　なお、ウェブサービスの場合、利用者が消費者であることも多く、その場合には消費者契約法が適用されます。**消費者契約法**では、事業者の債務不履行により生じた損害の全てを免責する条項や、事業者に故意又は重過失ある場合の損害賠償責任の一部を免除する条項が無効とされていますので（消費者契約法8条）、消費者向け契約において、責任制限条項を設ける場合は、この点に注意して、条項を作成する必要があるでしょう。

> **条項例（責任の制限）**
>
> 1　当社は、本サービスの提供に関し、お客様に対して、逸失利益、その他の特別の事情による損害の賠償責任を負いません。これは、当社がかかる特別の事情の発生の可能性を通知され、又は知るべきであった場合であったか否かに関わりません。
> 2　何らかの責任を負担する場合であっても、当社がお客様に対して負担する責任の総額は、それが当社の故意又は重過失による場合を除き、本サービスの利用に関し、お客様が当社に過去〇月間に支払った対価の総額を上限とします。これは、当該責任の原因が債務不履行、不法行為、その他の原因のいずれの場合でも同様です。

5　UGC

(1)　権利関係

　利用者がウェブサービスにコンテンツを供給する形態の **UGC**（User Generated Contents）サービスでは、利用者が投稿したコンテンツ（投稿コンテンツ）を事業者が自由に利用できたら、事業者にとってはありがたいでしょう。そのような背景から、投稿コンテンツの著作権その他の権利をすべて事業者に譲渡したこととみなす規定が置かれていたこともありました。しかし、昨今では、みなし譲渡規定のような事業者側に

都合のよい規定は利用者から強く批判される傾向があり，サービスの評判を決定的に損なってしまうことがあります。

そこで，投稿コンテンツの著作権その他の権利は利用者に従前どおり留保されることを認めたうえで，<u>事業者としてサービスを運営するのに必要となる範囲に限定して，利用者から無償のライセンスを取得するという法律構成にすることが多くなっています</u>[33]。

(2) 非保証

UGC サービスでは，コンテンツが利用者によって作成されるため，事業者がコンテンツの内容の正確性等を保証することはできません。そこで，事業者はコンテンツの内容について一切の保証しない旨を明示しておく必要があります。

条項例（投稿コンテンツ）

1．お客様は，ご自身が投稿したコンテンツ（以下「投稿コンテンツ」といいます。）に対して有する権利を従前どおり保持し，当社がかかる権利を取得することはありません。ただし，お客様は，当社に対し，投稿コンテンツを本サービスやその広告宣伝活動に利用する権利（当社が必要かつ適正とみなす範囲で省略等の変更を加える権利を含みます。また，かかる利用権を当社と提携する第三者に再許諾する権利を含みます。）を，無償で，無期限に，地域の限定なく許諾したこととなります。なお，お客様は投稿コンテンツの著作者人格権を当社又は当社の指定する第三者に対して行使しないものとします。

2．当社は，投稿コンテンツについて，その完全性，真実性，正確性，もしくは信頼性を是認，支持，表明もしくは保証するものではありません。また，本サービスを介して表示されるいかなる意見についても，それらを是認するものではありません。

---

33 コンテンツに関するライセンス契約については，本書92頁（第3章エンターテインメント「コンテンツライセンス契約」）を参照してください。

(3) 禁止事項，ペナルティ

　ウェブサービスを運営していると利用者によって引き起こされる様々なトラブルや迷惑行為に巻き込まれることになります。そのような場合，事業者は，利用者に対してペナルティを与えて再発を防止することとなります。実際にトラブルや迷惑行為が発生したときに，具体的にどの条項に違反しているのかを利用者に提示できると効果が高いので，想定されるトラブルや迷惑行為を漏れなく規定するよう努めることとなります。

　もっとも，全てのトラブルや迷惑行為を網羅的に規定することは不可能なので，最後にバスケット条項を入れておくのが一般的です。

条項例（禁止事項）

1　お客様は，本サービスの利用に際して，以下に記載する行為を行ってはなりません。
　(1)　法令，裁判所の判決，決定もしくは命令，又は法令上拘束力のある行政措置に違反する行為。
　(2)　公の秩序又は善良の風俗を害するおそれのある行為。
　(3)　［略］…その他，当社が不適当と判断した行為。
2　当社は，お客様が前項に違反したと判断した場合，事前にお客様に通知することなく，以下のいずれか又は全ての制裁措置をとることができます。
　(1)　お客様が投稿したコンテンツの削除
　(2)　お客様のアカウントの一時停止
　(3)　お客様の強制退会処分
　(4)　その他，当社が必要かつ適切と判断する措置

6 プライバシー

　ウェブサービスを提供する上で，利用者の個人情報やプライバシー情報を取得し，これをサービスや事業に利用することがあります。こういった情報の取扱いについては，利用規約とは別に，プライバシーポリシーを作成し，その中で定めるのが一般的です。**プライバシーポリシー**については，

186頁をご参照ください。利用規約の中では，プライバシーポリシーへのリンクを設置して，プライバシーポリシーに誘導する手法が取られます。

> **条項例（プライバシー）**
>
> 当社は，お客様の個人情報及びプライバシー情報を，当社のプライバシーポリシーにしたがって適切に取り扱います。

7 準拠法・管轄

ウェブサービスの利用者の居住地は様々であり，また，近年のグローバル化により日本国外に利用者がいるウェブサービスも珍しくありません。そこで，利用者の居住地を基準に準拠法や管轄が決まってしまうと，事業者は訴訟対応に苦慮することとなってしまいます。そこで，日本の事業者としては，日本法を準拠法とし，自らの事業所が置かれている地域を管轄する地方裁判所を専属的合意管轄裁判所としておくことが，一応の指針となります。

もっとも，紛争解決手段としての準拠法・裁判管轄を利用規約に規定しても，訴訟法上はこの有効性が否定される可能性があることには留意する必要があります。

> **条項例（準拠法・管轄）**
>
> 本規約の準拠法は日本法とします。本サービスに関連してお客様と当社との間に生じた紛争については，東京地方裁判所を第一審の専属的合意管轄裁判所とします。

8 その他の注意点

利用規約の問題とは別に，インターネット上で製品・サービスを提供する際には，いくつか注意が必要な点があります。本項では，これらの注意すべき点について検討します。

(1) 特定商取引法の表示

> **Point!**
> 特定商取引法で表示が義務づけられている事項は全て表示事項に盛り込む必要がある。

サンプル書式→特定商取引法に基づく表示

　ウェブサービスで商品，サービスの提供がされている場合は，通信販売として，原則として，特定商取引法の適用を受けることになります。特定商取引法の適用を受ける場合の利用規約では，同法が義務づけている表示事項を表示する必要があります。

　消費者の関心という観点から整理してみると，表示する事項は，以下のとおりとなります。

(I)　「いくらで買えるか」
　① 　販売価格（役務の対価）（法11条1号）
　② 　送料（法11条1号）
　　　金額で表示することが必要です（規則9条1号）。
　③ 　①②以外に購入者等が負担する金銭の内容と額（規則8条4号）

(II)　「どう支払うか」
　④ 　代金（対価）の支払時期（法11条2号）
　⑤ 　代金（対価）の支払方法（法11条2号）

(III)　「いつ手に入るか」
　① 　商品の引渡時期，権利の移転時期，役務の提供時期（法11条3号）
　　　期間又は期限で表示することが必要です（規則9条2号）。

(IV)　「買うことに条件があるか」
　① 　申込みの有効期限があるときは，その期限（規則8条3号）
　② 　いわゆるソフトウェアに係る取引の場合には，そのソフトウェアの動作環境（規則8条6号）
　③ 　特別な販売条件・役務提供条件（例：商品の販売数量の制限など）

があるときは、その内容（規則8条7号）
(V) 「問題があったら、返品・交換・返金してくれるか」
　① 商品に隠れた瑕疵がある場合に、販売業者の責任についての定めがあるときは、その内容（規則8条5号）
　② 返品特約に関する事項（特約ない場合にはその旨）
　　・申込みの撤回又は売買契約の解除に関する事項（法11条4号）
　　・法15条の2第1項ただし書に規定する特約がある場合には、その内容（法11条4号）
　　　　a 「申込みの撤回等」の可否
　　　　b 「申込みの撤回等」が可能となる条件
　　　　c 「申込みの撤回等」が可能である期間
　　　　d 返還に要する費用の負担に係る事項

なお、これらについての表示を省略（法11条ただし書）はできません（規則10条2項）。

これらの特定商取引法で求められる表示については、サンプル書式を参照してください。

(2) **資金決済法上の情報提供**

インターネット上のサービスでは、オンラインで使える電子マネーなどを対価として支払うことができる場合があります。この場合、資金決済法についても検討しなければなりません。

Point !

① 資金決済法の適用除外前払式支払手段を利用する場合は表示事項は注意する必要がある。
② ①以外で表示が義務づけられている情報も存在する。

サンプル書式→資金決済法の適用除外前払式支払手段

ア 資金決済法の適用除外前払式支払手段

購入して使うポイント（サーバー型**電子マネー**）を発行している場合、それは前払式支払手段となり資金決済法の適用を受け、表示や利

用者に対する情報提供をはじめとした様々な義務を課せられます。

オンラインゲーム内などで使われる**ゲーム内通貨**も，前払式支払手段と解される点には注意が必要です。ただし，使用期限を6月内に区切っているポイントの場合には，資金決済法の適用が除外され（資金決済法4条2号，同法施行令4条2項），これらの義務は適用になりませんが，期限内のポイント利用や購入による使用期限の延長を認めると，この除外対象とはならず，原則どおり，前払式支払手段として資金決済法の適用を受けることになります。

ポイント等において，資金決済法の適用を受けない扱いとしての運用を予定している場合には，規約において「使用期限を6月内に限定していること」及び「期限内にポイントの一部を使用しても使用期限の延長がないこと」を，利用者に対して明示しておく必要があります。

ポイントを廃止する際にも，利用者に対する払戻義務はありませんが，払戻に関する紛議を予防するため，払戻を実施しないこと又は実施する際のルールなどを盛り込んでおく必要があります。

これらの条項案の例についてはサンプル書式を参照してください。

イ　資金決済法の適用を受ける前払式支払手段

(ｱ)　資金決済法の適用を受けるポイントを発行する場合，下記の事項を利用者に対して情報提供しなければなりません（13条2項，前払式支払手段に関する内閣府令21条2項）。

① 氏名，商号又は名称
② 前払式支払手段の支払可能金額等
③ 使用期間又は期限
④ 苦情又は相談に応ずる営業所又は事務所の所在地及び連絡先
⑤ 前払式支払手段を使用することができる施設又は場所の範囲
⑥ 前払式支払手段の利用上の必要な注意
⑦ 未使用残高又は当該未使用残高を知ることができる方法
⑧ 前払式支払手段の利用に係る約款若しくは説明書又はこれらに類する書面が存する場合には，その存する旨

これらの情報提供をせず，又は虚偽の情報を提供した場合には刑

事罰の対象となります（同法144条2号）。
　(イ)　情報提供の方法として，ウェブサイトに表示する方法が認められており（同法13条2項，同内閣府令22条1項2号），利用規約の一部にまとめて記載する方法があります。

　　これらの表示の例をサンプル書式にまとめていますので，参照してください。

9　利用者が未成年である場合の注意

　利用者が**未成年**である可能性が予想される場合は，以下の点に留意する必要があります。

①　前提として未成年者による利用そのものを制限するのか否かを決定しておくこと

②　未成年者か否かの確認（年齢確認），確認の方法（これは，利用を許す場合も許さない場合も必要になります。）

②　利用を許す場合における法定代理人の同意の有無の確認，確認の方法

③　具体的な利用場面における，取消権の制限事由（詐術，処分を許された財産など）の存否の確認方法

④　未成年取消がなされた場合，取消後の原状回復の範囲・方法

(1)　**法定代理人の同意があるとみなす規定**

　未成年者が契約の相手方となる場合，その法定代理人の同意や追認を得ていなければ，未成年者との間の契約は取り消し得べきものとなります（民法5条2項）。

　法定代理人の同意の存在に関する証明責任は，同意の不存在を主張する側にありますので，事業者が法定代理人の同意の存在を証明できない場合，取消権を制限する事由がない限り，取消の効果に服するほかありません。

　未成年者取消権は，年齢のみを理由とするので，未成年者の保護には有効ですが，非対面取引では，テレビ電話での応答のような方法を除けば，相手方の外見や態度などを確認できないため，事業者にとって不安定な立場に置かれることになります。

そこで、利用申込がなされて利用契約が成立したら、あるいは、契約に基づいて利用した以上は「法定代理人の同意があるとみなす」とする規定を設けることが考えられます。

しかし、未成年者自身がサービス等を利用したことにより法定代理人の同意を擬制する法令上の規定はありません[34]。このような規定は未成年者取消権を剥奪するものですから無効とされる可能性が高く、事業者としてはこの規定を設けることで未成年取消を避けられるとは思わない方がよいでしょう。

(2) 法定代理人の同意の確認方法

利用者が未成年である場合は、法定代理人が同意したことを示すものを利用希望者から提出させ、事業者が同意があったことを確認することが必要です。この確認の方法には特段の制限はありませんので、未成年者本人及び法定代理人の本人確認書類及び同意を示す書類を郵送するか、スキャンして電子化したものの送付を受ける等の方法が考えられます[35]。なお、利用契約の締結に対する同意は、個々の利用に対する同意を全て含むものではありません。利用規約を前提として会員登録がされた場合であっても、そのウェブサイトで行われた個別の取引（例えば、アイテムの購入など）については、そのそれぞれについて、同意の有無が個別に判断されることが原則となります。個別の取引に関し、法定代理人の包括的同意を擬制する方法がありますが、法定代理人の同意の擬制という考え方に問題があることは既に述べたとおりですし、また、法定代理人が受けた説明や法定代理人の想定によって、「包括」の意味が異なってきますので、法定代理人の包括的同意を擬制する方法によって、全ての紛議を予防できるわけではないということは留意しておく必要があります。

---

34 法定代理人に対し1か月以上の期間を定めて追認するか否か確答すべき旨の催告をしたが期間内に確答がない場合には追認したとみなす規定はあります（民法20条2項）が、そもそも未成年であるとわからなかった場合には法定代理人に対する催告も存在せず追認は擬制されません。

35 民法20条4項は未成年者を除外しているので、未成年者に対して期間を定めて法定代理人の追認を得るよう催告して確答がない場合でも、同意は擬制されません。

(3) 法定代理人が「処分を許した財産」

　対象の行為による取引が，法定代理人が「処分を許した財産」（お小遣いが典型）の範囲内である場合は，未成年取消の対象外とされます（民法5条3項）が，包括的な同意の一形態です。

　未成年者が利用者となることが予想される製品・サービスを提供する場合は，商品・役務の価格，未成年者が利用可能な上限額の設定など継続的な工夫を施すなどにより[36]，未成年者による具体的な取引が「処分を許した財産」の範囲に収まると，事業者にも法定代理人にも，客観的に予測・判断できるような工夫をしておく方法があります。

(4) 未成年者の年齢確認

　ア　ウェブサービスは，対面ではないので，サービスの目的物や内容が，法令上未成年者の利用が禁じられるものや，商品や役務の性格上未成年の利用を避けるべき商品・サービスを提供する場合（酒類，煙草，映像送信型性風俗営業等，出会い系サイト），未成年でないことの確認，つまり，年齢確認が必要です。

　　また，一定のサイト管理者は，インターネット上の青少年有害情報を青少年が閲覧する機会を最小限にするための措置を講じることが求められますから[37]，この見地からも年齢確認が要求される場合があります。

　イ　未成年者が**詐術**を用いて成年であると信じさせるために詐術を用いた時には取消権が制限されます（民法21条）。

　　未成年者の場合，年齢を偽ることや，法定代理人の同意がないのにも関わらずあると偽ることが想定されます。

　　とはいえ，事業者による年齢確認が行われていない場合は，そもそも，利用者に年齢や同意の有無の告知をする機会がなく，単なる黙秘

---

[36] 例えば，未成年による利用限度額をあらかじめ設定しておく，又は，保護者が自らの判断で変更できるようにする，などをシステム上組み込んでおくことなどが考えられます。

[37] 青少年インターネット環境整備法21条。なお，同法は，青少年のインターネット利用に関し，フィルタリング等を利用することにより，青少年が青少年有害情報を閲覧する機会を最小限とすることなどを規定するものです。

にすら当たらない[38]のですから，事業者としては詐術を主張することはできないことになります。また，事業者が年齢確認を行っていた場合であっても，それが形式的なものにとどまるならば，未成年者が自らを成人であるかを示すかの如き行為を行ったとしても[39]，行為者の言動が確認できない非対面取引において積極的な術策とはいえないでしょうし，事業者の年齢に関する誤信を誘起又は強めた場合に当たるということも難しいのではないかと考えられます[40]。

　ウ　対象とするサービスに関し，未成年者による利用が法令上禁止されている場合，又は不適切な場合，事業者が「未成年者が契約の相手方となることを認めない」とする規定を設け，未成年者の利用を排除することがあります。

　この場合，未成年者の利用は明示的に禁止していますので，このような禁止を理解しているにも関わらず，未成年者があえてそれを利用した場合に「年齢を偽った詐術」として取消権が制限されるといえそうです。とはいえ，「未成年者の利用禁止」の明示，年齢確認画面（虚偽の書込の効果を明示）などが不十分な場合には，「年齢を偽った」とは言い難いでしょうし，未成年者が，禁止及びその違反の効果を理解していなければ，「詐術」として取消権が制限されること自体が不適切です。したがって，対象とする年齢層に応じてまた，デバイスごとに「画面での訴え方」に工夫を設けておく必要があると思われます。

(5)　**取消後の原状回復**

　未成年者取消権が行使された場合，遡及的に無効になり，相互に既に受け取った給付を返還する義務を負います。

　未成年者は自分が未成年者であることを知っているのですが，返還義務は**現存利益**に限定されます（民法121条ただし書）。この規定は民法

38　準禁治産者に関する最判昭和44年2月13日民集23巻2号291頁。
39　例えば，「未成年者ではない」という問いに「はい」とクリックさえすれば，そのまま取引が可能となっているなどの場合が考えられます。
40　例えば，規約上，年齢や法定代理人の同意確認の方法として，郵送又はスキャンして電子化したものの送付を受ける等を定め，実際に提出されたものが真実と異なる場合には，問題なく「詐術」に当たると解釈されると思われます。

703条・704条に対する特則ですが、未成年者保護の観点から設けられている規定ですので、その範囲を拡大するなど（利用規約によって未成年者の義務を拡張し全部返還の義務を負わせる等）、未成年者取消の実質を失わせることになりかねない内容を定めることはできません[41]。

逆に、取消により事業者が金員等の返還義務を負う場合も、返還義務を全て免除する規定は、未成年者取消の実質を失わせるため、消費者契約法10条に照らしても効力を有しないといえます[42]。

5 プライバシーポリシー

> **Point!**
> - プライバシーポリシーが多義的概念であることに注意する。
> - 法令で開示が要求される事項は必ず含める必要がある。
> - スマートフォンなど個人情報端末への対応にも注意する。

サンプル書式→プライバシーポリシー

1 プライバシーポリシーとは何か

企業のウェブページには、「**プライバシーポリシー**」や「**個人情報保護方針**」が掲載されていることが一般的です。プライバシーポリシーとは、法律上の概念ではなく、「個人情報保護方針」などと称されることもあります。一般的には、その事業者の個人情報への取組姿勢を示したものか、また、個人情報保護法で公表[43]が要求されている事項などを表示したものを意味します[44]。

---

41 ただし、未成年者の利得を認めるものではなく、実際にはオンラインゲームの未使用利用権は使えなくなり、ダウンロード音楽や動画は視聴できなくなります。
42 利用に応じた対価分を減じるということはありえますが、それを超えて全部免除するということは消費者契約法10条の点からも問題があるでしょう。
43 本項では「本人が容易に知り得る状態に置」く場合も、「公表」と表現することにします。

第2　契約類型
5　プライバシーポリシー

　個人情報に対する関心の高まりから，個人情報への取組の姿勢を示すことは重要なことといえますが，方針としての宣言は，通常，「当社では個人情報を適切に取り扱います」などの一般的な記載に留まっていることが多いようです。
　なお，記載の具体例についてはサンプル書式を参照してください。

2 法令で開示が要求される事項

　個人情報に関しては，一定事項の公表が求められています。なお，個人情報保護法は，改正法が平成27年9月9日に公布され，原則として公布の日から2年以内に施行するとされているので，本項では，必要な部分で脚注その他により改正案に言及していくことにします。

(1)　利用目的

　個人情報保護法は，事業者が個人情報[45]を取得した場合[46]，あらかじめ個人情報の利用目的を公表している場合を除き，その利用目的を本人に通知するか，公表しなければならないと定めています（同法18条1項）[47]。プライバシーポリシーに，**個人情報の利用目的**が記載されていれば，あらかじめ公表している，といえることになります。利用目的は一般的包括的な記載ではなく，どのような利用のされ方か分かるよう，できるだけ具体的に，かつ，漏れのないよう記載する必要があります。これは次の保有個人データの利用目的の公表が求められている部分と重なりますので，どのようなデータをどう利用するかを明記する形になります。

---

[44]　事業者によっては，自らがどのように個人情報を取り扱っているかという方針に関する宣言を「個人情報保護方針」とし，その余の個人情報保護法に基づき開示が要求されている事項と分けて記載している場合などもあります。
[45]　改正案では，音声，動作などで個人が識別可能な情報や，指紋その他の身体的特徴を変換した符号や，ID番号等が含まれるものも「個人情報」と解されることになっています（改正案2条1項，2項）。
[46]　改正案では，人種，信条，社会的身分，病歴，犯歴等のセンシティブな情報を「要配慮個人情報」としてあらかじめ本人の同意を得ず，取得してはならないことになっています（改正案2条3項，17条2項）。
[47]　あらかじめ利用目的を公表していた場合でも，本人との契約に伴い，契約書その他の書面（電磁的方法も入ります）で個人情報を取得する場合は，あらかじめ利用目的を本人に明示する必要があります（同条2項）。

(2) 保有個人データに関する事項の公表等

事業者は，その保有個人データに関し，一定の事項を本人の知り得る状態に置くことが必要とされています。本人の求めに応じて遅滞なく回答することでも足りるのですが，プライバシーポリシー中に記載する形で公表していることが一般的です。公表が要求されるのは以下の事項です（個人情報保護法24条1項）。

① 個人情報取扱事業者の氏名又は名称
② 全ての保有個人データの利用目的（上記で述べたとおりです。）
③ 本人からの利用目的の通知，開示，訂正，利用停止等の求めに応じる手続[48]
④ 保有個人データの取扱に関する苦情の申出先（同法施行令5条1号）
⑤ 認定個人情報団体がある場合その名称及び苦情解決の申出先（同条2号）

(3) 第三者提供・共同利用

上記(1)(2)以外に，特定の運用をする場合には，公表が要求される事項があります。

例えば，名簿業者のように，当初から，第三者への提供を個人情報の利用目的とする場合です。本来，個人情報を第三者に提供する場合，事前に本人の同意が必要ですが，その例外として，①第三者提供が利用目的であること，②提供される個人データの項目，③第三者への提供方法，④オプトアウトにより提供が停止される旨を公表している場合は，本人の同意がなくても，第三者提供が認められています（同法23条2項）[49]。

また，共同利用の場合も，第三者提供の例外とされてます（同条4項

---

[48] 合理的な手数料を要求することができますが（30条），その旨の開示が必要です。真面目な問合せ等にきちんと応じるようにするためには，適切な手数料を定め，公表しておくことが有効でしょう。

[49] 改正法では，要配慮個人情報が第三者提供の対象から除外されています。更に，公表必要事項として，オプトアウトの方法が追加されると共に（改正法23条2項），これらの事項の公表だけではなく，個人情報保護委員会規則により，同委員会への届け出，及び同規則で定める事項に関する記録を作成することが必要とされます。これは，名簿の不正取得により個人情報の流出事故を受けたもので，トレーサビリティを確保するためのものです（改正法25条）。

3号)。これは、本人の同意がなくても、特定の者との間で個人データを共同して利用することを認めるもので、①共同利用の旨、②共同利用の個人データの項目、③共同利用する者の範囲、④利用する者の利用目的、⑤個人データの管理の責任者の氏名又は名称の公表が必要とされます。グループ会社などで個人情報を共有する場合などは、この規定によることになります（この場合、単に「〇〇会社グループ」とするのでは足りず、共同利用者範囲は特定されている必要があります。）。

(4) 改正法で公表が要求される事項

改正法では、個人情報を個人が識別できないよう匿名加工し、それが復元できないようにした匿名加工情報に関する規定が置かれています（改正法2条9項等）。これは、個人に関する情報であっても、個人の識別性がない情報に加工とすることでビッグデータの利活用を促進しようとするものです。この場合、匿名加工情報を取り扱う事業者は、個人情報保護委員会規則により、①匿名加工情報に含まれる個人に関する情報の項目及び②第三者に提供する場合は提供の方法の公表が義務づけられ、かつ、③安全管理措置、苦情処理等の措置の公表に努めなければならないものとされています（改正法36条)[50]。

3 スマートフォンなどの個人情報端末への対応

上記は、一般的なプライバシーポリシーに関する記載ですが、スマートフォンの急速な普及、同端末は携帯することからこれに関する情報はパーソナル性が高いこと、及び、**スマートフォンアプリ**による個人に関する情報の発信などの点から、スマートフォン等の個人情報端末については、特に注意が必要ということがあり、スマートフォンに関するプライバシーへの配慮の指針が「スマートフォンプライバシーイニシアティブ」として公表され、これに引き続く形で、平成25年9月付で総務省より、アプリの第三者検証の在り方を検討した「**スマートフォンプライバシーイニシア**

---

50 匿名加工せず、そのまま保存する場合はこれらの義務が要求されないことから、これらの義務が要求されるのは不均衡である旨の批判があるところであり、個人情報保護委員会規則の内容をよく注意する必要があるでしょう。

ティブⅡ」を含めた「スマートフォン安心安全強化戦略」が公表されています[51]。

したがって，スマートフォンのアプリなどを通じて，個人に関する情報を収集する場合には，これらの内容についても配慮する必要があります。同イニシアティブでは，スマートフォンを通じて取得される個人情報に関しては，以下が基本原則であるとされています。

① 透明性の確保[52]
② 利用者関与の機会の確保[53]
③ 適正な手段による取得の確保
④ 適切な安全管理の確保
⑤ 苦情・相談への対応体制の確保
⑥ **プライバシー・バイ・デザイン**[54]

上記原則を受け，スマートフォンのアプリ提供者等，スマートフォンを通じて，個人に関する情報を収集する場合のプライバシーポリシーについては，特に以下のような内容を記載することが必要とされ，特にスマートフォンのコンパクトな画面上で容易に確認できるよう分かりやすい概要版を掲示するよう進められています。

① 情報を取得するアプリケーション提供者の氏名又は名称
② 取得される情報の項目
③ 取得方法（利用者の入力か，アプリによる自動取得かなど）
④ 利用目的の特定・明示
⑤ 通知・公表又は同意取得の方法，利用者関与の方法[55]

---

51 第三者検証の実証実験に関する結果が平成27年4月「スマートフォンプライバシーアウトルックⅡ」として公表されています。
52 対象情報の取得・保存，利用，利用者関与の手段等について，利用者に分かりやすく明示するもので，利用者が自ら判断するための大前提となります。
53 取得する情報，利用目的等一定の内容について，利用者に対し，通知・公表，同意取得を行い，かつ，利用者自身の判断により，取得停止，利用停止等が求められるよう，自らがこれらの情報に関与する機会を確保することを意味します。
54 アプリケーションやサービスの開発時，端末の開発等時の段階から，あらかじめ，利用者の個人情報やプライバシーが尊重され保護されるような設計を行うことを求めるものです。情報は一旦流出してしまうと，その回復が困難であることに鑑みれば，設計段階から，プライバシー等の保護を意識しておくことは，今後ますます重要となってくると言えるでしょう。

⑥　外部送信・第三者提供・情報モジュールの有無
⑦　問い合わせ窓口
⑧　プライバシーポリシーの変更を行う場合の手続

　上記の内容は，主に，上記基本原則のうちの，透明性確保を実現するためのものであり，特に，スマートフォンのアプリの場合，そもそも，いつ，誰が，どのように，個人に関する情報を取得しているかが極めて分かりにくいことからすれば，いずれも，明示が必要な事項といえます。とはいえ，このような内容が複雑化しすぎて，これらを明示されても利用者として，どのように判断したらよいか不明な場合もあるほか，情報モジュールなど，他の事業者が既に作成したプログラムをアプリの一部に使う場合は，アプリ開発者自身が，これらのモジュールの動作を把握し切れていない場合もあり，これらを補完し，利用者の判断を助けるものとして，第三者がこれを検証するための仕組みである第三者検証が検討されている状況です。事業者としては，これらの第三者検証の仕組みを利用することも，状況によって考慮してもよいと思われます。

55　プライバシーポリシーの掲示場所・方法，同意取得の対象・タイミング等についての記載です。

ures
第5章

医療・ヘルスケア

第1　医療・ヘルスケア分野の
　　　特徴とは
第2　契約類型
　1　診療
　　(1)　診療契約時のポイント
　　(2)　各種同意書作成のポイント
　　(3)　診療契約の
　　　　運用上の留意事項
　　(4)　自由診療契約(美容整形等)

　　(5)　バイオテクノロジー・
　　　　再生医療
　2　治験契約
　3　介護保険サービス契約
　4　医療機関のM&A
　　(1)　医療機関のM&Aの
　　　　形態・スキーム
　　(2)　医療機関の事業承継及び
　　　　M&Aの実務

第1 医療・ヘルスケア分野の特徴とは

> **Point!**
>
> ① 医療・ヘルスケアの事業分野は，少子高齢化社会に対応するため，活発な議論と制度改革が行われている分野である。
> ② 人の生命及び健康を対象とする事業分野であり，各種の法規制が厳しく敷かれている。
> ③ IT化の影響を受け，現在，医療・ヘルスケアの事業分野での起業や，大企業による新規参入も激しく，今最も注目されている分野である。

1 医療・ヘルスケア事業の対象分野

　医療ヘルスケアの事業分野は，**少子高齢化社会**に対応するため，①医療機関の機能の分化，②医療機関の地域連携，③在宅医療の拡充，④診療報酬包括化，⑤高齢者医療制度の改善と国民健康保険の広域化，⑥介護保険制度の見直し（予防重視，施設給付の見直し，地域包括支援センターの創設，医療と介護の連携，事業者規制の見直し，保険料の見直し，要介護認定の見直し），⑦医療法人制度改革，⑧混合診療禁止の緩和，⑨公告規制の緩和，⑨医療事故・医事紛争防止のための制度導入の義務化など，活発な議論と**制度改革**が行われている分野です。

　医療・ヘルスケアの事業分野に問題意識を持っている起業家は多く，糖尿病の早期発見のための手軽なセルフ健康チェックビジネス，検査試料の郵送による手軽な遺伝子検査ビジネス，Webサービスやアプリを通じた遠隔での医療・ヘルスケアサービスや情報の提供等々，常に新しいビジネスが生まれている分野であり，昨今のIT化の波も手伝い，医療・ヘルスケアの事業分野での**起業**や，大企業による**新規参入**も激しく，今最も注目されている事業分野といえます。

また，人の生命及び健康を対象とする事業分野であり，**各種の法規制**が厳しく敷かれている点にも特徴があります。

本章では，広大なこの医療・ヘルスケアの事業分野のうち，第2の1において診療を，2において治験契約を，3において介護保険サービス契約を，4において医療機関の事業承継・M&Aを取り扱っています。

2 契約上の注意点と特徴

前述した法規制の存在，契約当事者間における情報の格差，人の生命と健康を扱うという事業の性質から生じる契約上の配慮など，契約類型に応じて，各種契約書において留意すべき事項が存在します。各節にて詳述しておりますので，該当箇所をご参照ください。

第2 契約類型

1 診療—(1) 診療契約時のポイント

> **Point!**
> ① 診療契約における医療者と患者の権利及び義務を確認し，診療契約の特殊性を理解する。
> ② 入院申込書は，診療契約の相手方が複数となるようにしておく。
> ③ 入院申込書は，患者が従うべき義務を明らかにしておき，またその内容について患者が同意したことを明らかにしておく。

サンプル書式→入院申込書（入院誓約書），入院時の確認事項チェック表（参考）

1 診療契約

(1) 診療契約とは

　診療契約は，患者（本人又は代理人・親族）が医療者（医療機関又は医師）に対して診察・治療を申込み，医療者が申込みに応じることで成立する契約です。通説・裁判例は，診療契約を**準委任契約**（民法656条）としています。

　しかし，診療契約は，典型的な準委任契約とは異なり，人の生命・身体の利益に直結することから，例えば，医師法19条（応招義務[1]）により医療者側からの診療拒否が制限されていること，判例上，遺族に対しても説明義務が課されていること，保険診療の報酬請求額が定められていること（健康保険法70条，76条）等，医療者に制約や義務が課されており，それらが診療契約上の義務としても構成され得る**特殊な契約類型**

1　診療に従事する医師が，診察治療の求めがあった場合に，正当な事由がなければ，これを拒んではならないとする義務のこと。

であるといえます[2]。

　診療契約は，申込の段階では事後の診療内容について明確ではなく，医師の診察と患者の自己決定を通して徐々に診療内容が形成されていく点に特徴があり，診療契約当初の段階で具体的な診療内容を決めることができません。たとえば，体調不良を訴えて病院に行った場合，入院の上手術になることもありますし，単に風邪と診断され薬を処方されて終わることもあります。

　したがって，今後の見通しが立っていない段階でその都度，事前に診療契約書を作成しておくことは，実務上あまり考えられません。

　もっとも，これまで医療者と患者との信頼に基づいてきた診療を法的側面から「契約」として捉え直した上で，医療者と患者の権利・義務を明確にしつつ見直す作業は，医療者と患者との相互理解を図るために有意義だと思われます[3]。以下，医療者と患者の診療契約上の主な権利義務について述べます。

(2) 診療契約に基づく権利義務

　ア　医療者の権利義務

　　　診療契約に基づく医療者の権利には，患者に対する診療報酬請求権があります。他方，義務には，診療義務や説明義務があるとされています。なお，これとは別に医療者に課せられる「公法上の」義務には，診療義務（応招義務）（医師法19条1項），各種証明書交付義務（医師法19条2項），守秘義務（刑法134条1項，個人情報保護法16条），説明努力義務（医療法1条の4第2項），安全管理義務（同法20条）等，複数の法律に基づく義務があります。しかし，これらの義務についても，診療契約（準委任契約）上の義務（報告義務（民法645条），善管注意義務（同法644条））や診療契約上の付随義務として，すなわち診療規約に基づく義務として捉え直すことは可能と思われます。

　　　なお，最近の医療法の改正[4]では，医療事故が発生した場合，病院

---

[2] 診療契約の類型，権利義務及び当事者関係については，様々な考え方があり，現在も統一的見解をみないところですが，本稿では，通説的な立場にたち，典型的な場面を想定して実務上必要とされる診療契約のポイントを説明していきます。

[3] 例えば愛知県弁護士会では，医療契約書の作成を提案しています。

等の管理者に対して医療事故調査・支援センターへの報告及び**医療事故調査**を行うこと等が義務づけられました（医療法6条の10・6条の11）。

イ 患者の権利義務

患者の権利には，自己決定により診療を受けることができる権利があります。他方，義務には，報酬支払義務が挙げられます。

また，医療者は患者の協力なくして適切な医療の提供ができないため，患者には診療協力義務があるとする説もあります[5]。

2 入院申込書

(1) 診療契約の内容と書面

診療契約は，法令や裁判上の制約がある部分以外については，公序良俗違反や慣習上不合理な内容でない限り[6]，契約自由の原則により医療者と患者でその内容を自由に決定できます。

例えば，医療者の診療方針や診療報酬の支払期限等については，院内規則や病院案内パンフレット等による明示により，両者の合意があるものとして診療契約の内容になると考えられます。

つまり，医療者は，患者が遵守すべき義務をあらかじめ院内規則等で明示しておけば，患者が遵守すべき義務を定めることも一定程度可能と考えられます。以下では，診療契約を示す書面の代表として**入院申込書**（入院誓約書ともいいます。）に関するポイントを述べます。

(2) 入院申込書作成のポイント

ア 契約の相手方の明確化・複数化

入院申込書を作成するに当たり，まず重要なことは，医療者の権利である診療報酬を確実に請求するために診療契約の相手方（契約者，

---

4 「地域における医療及び介護の総合的な確保を推進するための関係法律の整備等に関する法律」（平成26年法律第83号）による医療法の一部改正。平成27年10月1日施行。
5 菅野耕毅『医事法の研究(2)医療契約法の理論』（信山社，増補新版，2001年）126頁，前田和彦『医事法講義』（信山社，新編第2版，2014年）223頁
6 例えば，一方的な医療事故の免責等は認められないと考えられます。大阪地判昭和37年9月14日判時314号12頁参照。

連帯保証人）を明確にしておくことです。

　仮に入院申込書において，未成年者や認知症の高齢者等，判断能力に疑義がある入院者のみを診療契約の申込者（相手方）としていた場合，診療契約自体が意思無能力者の行為として無効とされる可能性があります。そうした場合，医療者は，診療報酬を請求するに当たり相手方や法律構成（代理構成や事務管理等）を再度検討しなくてはなりません。

　そこで，<u>入院申込書に入院者及び親族等の記載欄（名前，住所，勤務先，連絡先等）を設け，あらかじめ両者を契約の相手方となるように明記しておく方法</u>が考えられます。このようにしておけば，たとえ入院者が意思無能力者で，最終的に裁判になったとしても，相手方や法律構成が明確となり，診療報酬の請求を行いやすくなります。具体的には，下記のような文言を入院申込書に記載しておくことが考えられます。

入院申込書文言例

　入院者，親族等及び連帯保証人は，共同で入院者の入院費を支払う義務を負う。

　イ　患者の義務の明示

　　医療者は，患者が従うべき義務（例えば，病院内での禁煙や暴力行為の禁止，退院への協力等）を明示して，患者に義務を守らせることも必要です。そこで，入院申込書において

入院申込書文言例

1　入院者，親族等，連帯保証人は院内規則記載の患者側が従うべき義務をよく読み，医療者から説明を受けたことをここに確認し，その内容に同意する。
2　入院者，親族等，連帯保証人は，医師が，入院者の転退院が必要と判断した場合にはそれに従う。

　といった内容を入院申込書に記載しておくことが考えられます。

現在の医療制度においては，医療費削減のため長期入院患者を減らす方向の施策がとられており，医療者には，入院患者の状態に合致した適切な医療施設への転院と不要な入院の削減が求められています。しかし，入院患者の親族の都合等で入院患者を転退院できない事態が生じることもあり，実際に患者側が協力しない場合の対応は困難になりがちです。そこで，その予防策として，事前に医療者が退院までも視野に入れた説明を行った上で，入院申込書において退院にかかる同意を求めておくことが重要と考えられます。

なお，医療者には，入院計画書の作成が義務付けられています（医療法6条の4第1項4号）。入院計画書に患者の署名をさせておくことも，患者に退院を促す際の重要な資料となります。

ウ　患者に対する説明

医療者は，入院申込書を作成するだけでなく，記載された事柄の意味内容をしっかりと患者に説明し，十分な理解を得ることが必要です。

また，患者に説明したことを担保するために，入院説明マニュアルを整備し，チェックボックス付の入院説明事項書を作成するなどして，説明方法や内容，説明担当者等も後からわかるようにしておくべきです。

1 診療—(2)　各種同意書作成のポイント

Point !

- 同意書の作成に当たっては，行政や医師会の指針を参考に判例上認められる水準をクリアーにした内容にする。
- 医療者は，同意書の作成のみならず，当該患者が真に理解できるように説明をする姿勢が重要である。

サンプル書式→手術（検査）説明同意文書，麻酔同意文書，輸血拒否と免責に関する証明書

1 各種同意書（手術・検査・麻酔・輸血）の必要性

医師の診察により患者に対する治療方針が定まっていく過程で，患者の身体に侵襲を伴う医療行為（手術・検査・麻酔・輸血等）が必要になることがあります。医療者は，患者の身体に大きな影響を及ぼす医療行為を行う場合，患者の身体に対する侵襲を正当化するため，また，説明と同意によって患者の自己決定権を尊重するため（いわゆる**インフォームド・コンセント**），その都度同意書を取っておく必要があります。

手術・検査同意書は，近年重要視されている患者の自己決定権を担保するものであると共に，後に争いになった場合に医療者にとっては説明義務を果たしたことを裁判上証明するための証拠として特に重要となります。

2 手術・検査同意書

(1) 同意書の記載事項

医療者は，患者の手術・検査を行うにあたり，診療契約上，患者の有効な同意を得るための説明義務を負っています。

この点について，患者に対して説明が必要とされる内容については，行政の指針**「診療情報の提供等に関する指針の策定について」**（平成15年9月12日医政発第0912001号）や医師会の診療情報提供指針が参考になります。

また，最高裁[7]は，「医師は，患者の疾患の治療のために手術を実施するに当たっては，診療契約に基づき，特段の事情のない限り，患者に対し，当該疾患の診断（病名と病状），実施予定の手術の内容，手術に付随する危険性，他に選択可能な治療方法があれば，その内容と利害得失，予後などについて説明すべき義務があると解される」と判示しています。

したがって，患者の手術・検査にあたり，裁判にも耐えうる説明義務を果たしたことを示すためには，最高裁が示した説明義務に対応する形式での同意書作成が肝要です。

---

[7] 最判平成13年11月27日民集55巻6号1154頁。

具体的には，以下のような項目設定が考えられます。

> **同意書項目例**
> ① 診断病名（病名及び病状）
> ② 手術（検査）の目的，必要性及び内容
> ③ 手術（検査）によるリスク・副作用
> ④ 代替的方法がある場合の当該方法及び利害得失
> ⑤ 予後（手術・検査を行った場合及び行わなかった場合）

(2) 説明義務の履行について

　もっとも，医療者が説明義務を果たしたといえるためには，上記項目記載の同意書を作成しておけばそれで十分というわけではありません。実際に患者に対して行った説明の程度も問題となります。

　この点，説明の程度については，医師として合理的な説明をすれば足りるとする説（合理的医師説），合理的な患者を基準として患者が理解できる説明であれば足りるとする説（合理的患者説），具体的な患者を基準として当該患者が理解できる説明を求める説（具体的患者説），そして最近では，具体的患者を基準におきつつ，医師の予見可能な範囲での説明をすれば良いとする説（二重基準説）等がみられます。

　以上のような学説があるところですが，医療者の患者に対する説明の実際においては，医療者は，患者との間に情報格差があることを理解して，患者の自己決定権への情報提供という目的に沿って，患者が真に理解して同意したといえるか否かの観点から説明をする姿勢が重要です。

　したがって，患者に対して説明する際には，手術・検査における患者の身体への侵襲の程度，手術の緊急性（予防的医療か否か），患者の精神状態，理解力及び希望等も勘案した上で，説明の時期や方法，説明の回数についても配慮することが求められます。

(3) 親族等の署名欄・立会人の記載

　手術・検査において患者の真の同意が明確になっていれば，親族等の同意は原則として不要です。親族等がどのような立場であれ，患者の意思決定が最も重要になります。

しかし，患者が未成年者や高齢者等で判断能力に疑義がある場合に備えて，患者の署名欄以外に患者の親族等に対する署名欄を設けておくことは必要だといえます。なぜなら本人への末期がんの告知が不相当な場合に診療契約に付随する義務として，患者親族に対する説明義務を認めた判例があることに留意しなければならないからです[8]。

また，リスクが高い手術を行う場合には，慎重を期すために医師一人に同意書作成を任せるのではなく，看護師等を説明の場に同席させ，立会人として署名させることも検討すべきでしょう。

(4) 図を用いた定型的説明文書の作成

患者が口頭や文書での説明を理解しにくいと思われる場合には，図等を利用して視覚的に説明することも重要になります。また，日頃よく行われる手術の場合には，各診療科において事前に過不足がない定型的説明文書を準備しておき，同意書内に「別添の説明文書に従って説明した」旨を記載しておくことも有効で一般的と思われます。

もっとも，患者には個人差があることから，日頃よく行われる手術であったとしても，患者ごとにリスクは変化します。個別に説明義務を果たしたといい得るためには，定型的な説明文書を作成するだけではなく，特記事項記載欄を設けて都度記載することや，当該患者に対して具体的に説明した内容をカルテに記載する等の配慮が必要でしょう。特に，当該患者にリスクが高まる個別の要因や疾患がみられる場合，その旨を説明して，記録に残しておくことは，事後の紛争防止のために極めて重要になります。

3 麻酔・輸血同意書

手術・検査を行う際に麻酔や輸血と言った医療行為を伴うことがあります。麻酔や輸血も身体へのリスクがあることから，原則として事前の説明と同意書の作成が必要です。これらは，特定の診療科のみで使用するものではなく，複数の診療科に共通すると考えられますので，共通の説明文書

8　最判平成14年9月24日判タ1106号87頁

をあらかじめ用意しておく方が良いと考えられます。説明すべき内容やポイントは，手術・検査同意書と同じになります。

なお，輸血の同意書作成にあたっては，厚生労働省医薬食品局血液対策課が出している「輸血療法の実施に関する指針[9]」で，患者に対して必要な説明項目として，輸血療法の必要性や輸血に伴うリスク等，8項目が挙げられていることから，これに従った説明及び同意書を作成すべきです。

4 医療行為拒否の場合の免責同意書

生命・身体にリスクを抱えている患者が，当該リスクに対する医療行為を拒否した場合，医師は，まず患者が医療行為を受けないことにより被る不利益について，十分に説明する必要があります。それでも患者の医療行為を拒否する意思が変わらない場合，医療者としては，「一切の責任を負わない」とする免責同意書を取っておく必要があります。この場合の免責同意書は，有効と考えられます。

代表的な問題として，信仰上の理由から輸血を拒否する患者の問題があります。判例[10]は，自己決定権の尊重と医師の職業倫理との兼ね合いについて，自己決定権を尊重すべきとの価値判断を示しています。

もっとも，判例は，医療者に対して，輸血しないまま患者に対する手術をすべき義務までも認めているわけではありません。医療者とすれば，輸血拒否の患者に対して手術を行わない場合，患者に対して転医を勧める必要があるでしょう。

以下では，診療契約の運用上留意すべき診療義務，説明義務，転医義務及び情報管理について説明します。

9 　厚生労働省医薬食品局「輸血療法の実施に関する指針」（平成17年9月，平成24年3月一部改正）（http://www.mhlw.go.jp/new-info/kobetu/iyaku/kenketsugo/5tekisei3a.html）。また，同「血液製剤の使用指針（改訂版）」（平成17年9月）（http://www.mhlw.go.jp/new-info/kobetu/iyaku/kenketsugo/5tekisei3b.html）にも留意しておく必要があります。
10　最判平成12年2月29日民集54巻2号582頁。

診療—(3) 診療契約の運用上の留意事項

> **Point!**
> - 医療者には，医療水準を満たした診療を提供する義務がある。
> - 初診を担う診療所・開業医は，患者に対して医療水準を満たした医療を提供するために転医義務の理解が重要である。
> - 個人情報の管理やカルテ開示も診療契約上，契約内容になっていると考え，取扱いには慎重な対応をする必要がある。

1 診療義務

(1) 医療水準を満たした診療提供義務

診療契約上，医療者には，患者に対しての診療義務があります。当該診療義務に付随してまず想起される法律上の問題に，医療事故の責任問題（医療訴訟）があります。患者は，医療者側の善良な管理者としての注意義務違反（医療行為上の過失）により被害を被った場合には，医療者に対して診療契約上の債務不履行（民法415条）又は不法行為（民法709条）に基づき，損害賠償を請求することができます。

そして，最高裁[11]は，医療者の善管注意義務の基準を「**診療当時のいわゆる臨床医学の実践における医療水準**」としていることから，医療者に同義務違反（医療行為上の過失）が存在するか否かは，医療水準によって決定されると考えられています。

したがって，医療者には，診療契約上の診療義務として，「医療水準」を満たした診療を提供する義務があると考えられます。

(2) 医療水準の内容

また，最高裁[12]は，医療水準の内容について，当該医療機関の性格，所在地域の医療環境の特性等の諸般の事情を考慮すべきであり，一律に

---

11 最判昭和57年3月30日判タ468号78頁。
12 最判平成7年6月9日民集49巻6号1499頁。

解すべきではなく、当該医療機関において新規の治療法に対する知見を有することを期待することが相当と認められる場合には、その知見は当該医療機関にとって医療水準というべきであると述べています。

医療者とすれば、時代とともに変遷されていく医学的知見を前提とし、研鑽を積む必要があることに留意すべきでしょう。

2 説明義務

(1) 説明義務の類型

診療契約上認められる医療者の説明義務は、①患者の有効な同意を得るための説明義務、②療養方法等の指示指導としての説明義務（医師法23条）、③顛末報告義務に分けることができます[13]。①は同意書作成のポイントで触れたので、②、③について説明をします。

(2) 療養方法等の指示指導としての説明義務

療養方法等の指示指導としての説明義務とは、患者に対して療養上適切な行動をさせるために必要な説明義務のことをいいます。

例えば、手術を行った患者や救急外来の患者を帰宅させる場合や、通院している患者がいつもと異なる様子であった場合に、生活上の注意点や症状出現時の危険性及び対応を具体的に説明する義務のことです。何か変わったことがあれば医師の診療を受けるようにとの一般的な注意を与えるのみでは足りません[14]。当該義務を果たしたことを証明するためには、カルテへの具体的な療養方法等の記載が重要となります。

(3) 顛末報告義務

診療契約は準委任契約として、診療が終了した場合に患者に対する診療の結果を報告する顛末報告義務（民法645条）を負うと考えることができます。もっとも、患者が亡くなることも予期される診療契約においては、診療契約に付随する義務あるいは信義則上の義務として、遺族に対する顛末報告義務（死因説明義務と死因解明義務）まで含むと考えられ

---

13 その他、「転医勧告としての説明義務」や「遺贈等に対する死因・死亡の経過についての説明」を項目として分類する考え方もあり、分類の仕方は複数考えられます。
14 退院時の療養指導に関する判例として最判平成7年5月30日判時1553号78頁。

ます[15]。また，行政の**診療情報提供指針**[16]では，遺族に対するカルテ開示を求めています。

したがって，医療者とすれば，診療契約上の義務として，遺族に対しても説明義務があると理解して対応していくことが必要です。

3 転医義務

(1) 転医義務とは

医師が当該施設において手技の困難さや設備の問題から患者に対する治療が行えない場合，別の病院に転院・転医させる義務が裁判上認められています。最高裁[17]は，「医療機関が予算上の制約等の事情によりその実施のための技術設備等を有しない場合には，医療機関は，これを有する他の医療機関に転医をさせるなど適切な措置を採るべき義務がある」と述べています。

医療機関の機能が分化されている現在においては，最終的には患者に一定の医療水準を満たした医療を提供するために，<u>患者の初診を担う診療所に対する患者を適切な医療施設へと誘導する義務</u>，つまり「転医義務」が，極めて重要になっています。

(2) 転医義務発生の要件

転医義務が発生する要件は，一つの考え方[18]によれば，①重大なあるいは緊急性の高い疾患が疑われること（具体的な疾患が確定される必要はない。）②その疾患が当該医療機関の医師の専門外である，あるいは，人的態勢・物的設備の関係で医療水準にかなった治療等をすることが困難であること，③搬送可能な転医先が存在し，その承諾が得られたこと，にまとめることができます。

医療者は，これらの要件を踏まえて，転医させるべきかを検討しなけ

---

15 遺族に対する死因説明義務を認めたものとして東京高判平成16年9月30日判時1880号72頁，死因解明義務を認めたものとして東京地判平成16年1月30日判夕1194号243頁。
16 厚生労働省医政局長「診療情報の提供等に関する指針の策定について」（平成15年9月12日医政発第0912001号）。
17 最判平成7年6月9日民集49巻6号1499頁。
18 大島眞一「医療訴訟の現状と将来—最高裁判例の到達点」判夕1401号35頁。

ればなりません。したがって，医療者はこれらの要件が認められるかどうかの判断に当たり，医療水準や他の病院の施設設備や態勢を把握しておく等の情報獲得が必要になります。

4 情報管理

(1) **診療情報の管理**

行政の**診療情報提供指針**では，診療情報とは，診療の過程で，患者の身体状況，病状，治療等について，医療従事者が知り得た情報と定義しています。医療者が有する診療情報は，生存する個人を特定できる情報として個人情報になります[19]。

医療分野における個人情報については，個人情報の性質や利用方法等から，特に適正な取扱いの厳格な実施を確保する必要がある分野の一つであると指摘されており[20]，そのことを踏まえた**個人情報ガイドライン**[21]が提示されています。

したがって，医療者は，診療情報について個人情報ガイドラインに従った慎重な取扱いを行う必要があります。適切な管理ができておらず，情報漏洩等の事態が発生すれば，民事上や行政上の責任が問われることに留意する必要があります。

(2) **カルテ開示について**

個人情報保護法上，医療者が患者からカルテの開示請求を求められた場合，原則として応じなければなりませんが，例外として本人又は第三者の生命，身体，財産その他の権利利益を害するおそれがある場合や医療者側の業務の適正な実施に著しい支障を及ぼすおそれがある場合には，不開示とすることができます[22]。

---

19 個人情報保護法2条1項。
20 「個人情報の保護に関する基本方針」（平成16年4月2日閣議決定）及び国会における附帯決議により指摘されています。
21 厚生労働省「医療・介護関係事業者における個人情報の適切な取扱いのためのガイドライン」（平成16年12月24日，最終改正平成22年9月17日）。(http://www.mhlw.go.jp/topics/bukyoku/seisaku/kojin/dl/170805-11a.pdf)
22 個人情報保護法25条1項。

診療契約上，**カルテ開示義務**が認められるかについては，争いがあり，医療者のカルテ不開示の不誠実さや患者のカルテの必要性等の事情によって，判断が分かれているところですが[23]，診療情報提供指針や個人情報保護法に明記されているカルテの取扱いからすれば，医療者は，カルテ開示についても診療契約上の内容になっていると考え，開示ルールを決めた上で，できる限り開示するように配慮すべきでしょう。

❶ 診療—(4) 自由診療契約（美容整形等）

Point !

- 申込書に，費用（保険診療の適否・料金体系）及び返金・解約ルールについて説明したことを明記しておく。
- 申込書から，患者が十分に検討したことがわかるようしておく。

1 本テーマの対象

近年，医療の進化に伴い，様々な医療行為が新しく現れてきています。本テーマは，いわゆる「疾病」を治すための医療としては想定されていなかった**自由診療**としての美容整形，歯列矯正・インプラント，レーシック（以下「新規医療」といいます。）を対象としています。

新規医療も，医師が患者に対して医学的知識によって施術を行うことから，一般に医療行為に属するものと考えられます。したがって，診療契約上の医療水準を満たした医療の提供義務や説明義務等の留意点は，診療契約と同様に考えることができます。

新規医療は，患者に当該医療行為の説明を行い，患者に申込書（同意書）を記入させるという形式で契約することが多いと思われますので，以

---

23 診療契約上一般的なカルテ開示義務がないとした裁判例として東京高判昭和61年8月28日判時1208号85頁，開示義務を認めた裁判例として大阪地判平成20年2月21日判タ1318号173頁，東京地判平成23年1月27日判タ1367号212頁があります。

下では，当該申込書に記載しておくべきポイントを，各新規医療の内容・特殊性を踏まえた上で説明することにします。

2 美容整形

　美容整形に含まれる一般的な医療行為として，二重瞼の形成，しわ・たるみ取り，脱毛，脂肪吸引等があります。

　この分野については，近年 PIO-NET[24] の「美容医療サービス[25]」に関する相談内容を見れば，販売方法や広告等に問題がある相談と「危害」に関する相談が多く寄せられていることが注目されます[26]。

　したがって，医療者は，まず，それらの相談が多く寄せられていることを認識し，販売方法や広告について，誤解のないような適切な表現を心掛けること，また，「危害」を発生させないように医療技術の向上に努めると共に事前のリスク説明を十分に行うことが必要です。

　さらに，医療者は，説明責任が加重される下記の新規医療の特質を理解しておく必要があります。

〈新規医療の特質〉

---

① 患者自らが希望して行われる医療であること
② いわゆる「疾病」に対する治療を目的とした保険医療ではないこと
③ 医療に緊急性が認められないこと
④ 自由診療として高額な費用がかかること

　特に美容整形では，患者は，なりたい自分を求めて，医療行為を受けることから，患者の主観が医療行為の成功といえるファクターになり得ることに十分注意し，患者に合わせた丁寧な説明が必要となります。

24　全国消費生活情報ネットワーク・システム。
25　「医療」に含まれない美容サービスの相談も含まれています。
26　国民生活センター相談情報部「データでみる「美容医療サービス」に関する消費者トラブル―PIO-NET より―」ウェブ版国民生活3月号参照。2013年度においては販売方法や広告等に問題がある相談が701件，「危害」に関する相談が283件寄せられています。http://www.kokusen.go.jp/wko/pdf/wko-201403_02.pdf

また、患者の期待が大きい反面、医療行為が失敗したときの患者の精神的なショックは大きくなります。したがって、万が一、医療ミスが生じて損害賠償請求される場合には、通常より慰謝料が増額する傾向にあることは留意しておくべきでしょう[27]。

3 歯列矯正・インプラント

　歯列矯正には、ワイヤー矯正や補綴矯正[28]等があります。これらは、基本的に歯並びを良くして噛合せや審美を追求している医療です。また、補綴治療の一つに、歯の代替物としてインプラント[29]を埋め込み、そのインプラントに義歯を付けるというインプラント治療という医療があり、一般的には、損なわれた咀嚼機能や審美等を回復することが目的とされています。

　これらの歯科医療の特質には、新規医療の特質に加えて、使用する材料、材質等によって患者の選択肢が多いことが挙げられるでしょう。したがって、どのような方法が患者の求めに適しているかにつき、複数の方法を比較した説明をすることが重要と考えられます。

4 レーシック

　レーシック（レーザー角膜屈折矯正手術）とは、角膜をレーザーで削り、角膜の厚さを変更することによって視力を矯正する手術のことです。

　レーシックの特質としては、眼鏡やコンタクトが不要となり、日常生活が便利になる反面、手術が失敗した場合に日常生活の支障を及ぼすリスクが高いと思われることが挙げられるでしょう。

　したがって、患者の手術適用の可否や当該患者における具体的リスクの程度については、十分に説明しておくことが必要です[30]。

27　例えば、東京地裁平成15年7月30日判決（判タ1153号224頁）では、豊胸手術の過失によって、袖のない服を着た際に傷痕が見えるようになったことで、慰謝料150万円が認められています。
28　金属管（クラウン）、橋義歯（ブリッジ）等の人工物（補綴物）を装着して矯正する矯正。
29　歯の存在していた部位に埋め込む人工物の総称のこと。

なお，日本眼科医会によると，レーシックには，①夜間に視力が低下する，②術後に角膜が変形・混濁する，③ドライアイになる，④度数の変化により視力が低下する，⑤正確な眼圧測定ができなくなる等のデメリットが生じる可能性があるとされています。

5　申込書（同意書）作成のポイント

今回取り上げた新規医療では，通常の保険医療と異なって，緊急性がないことから，説明する時間的余裕は十分に認められます。また，自由診療であることから一般的にいって高額の費用がかかり，患者の負担も大きいといえます。さらに，一般的には新規性の高い医療行為であるためエビデンスが少なく医療の不確実性も高いと考えられます。

これらの理由からすれば，医療者の患者に対する説明義務は相対的に高度化されるべきです。

また，医療行為自体の説明以外にも費用（保険診療の適用の可否）や返金・解約ルールについて十分な説明を行うこと，施術の効果には個人差があるとの説明を行うこと，施術を受ける場合には十分な熟慮期間を設けること等の配慮も必要です。これらについては，厚生労働省が通知している「美容医療サービス等の自由診療におけるインフォームド・コンセントの取扱い等」（医政局発0927第1号平成25年9月27日）の中でも留意すべきとされています。

以上を踏まえた上で，患者からの新規医療の申込みにあたっては，医療者が上記の説明責任を果たしたことを証明しやすくするために，下記のようなチェックボックスを申込書（同意書）内に作成しておくことが有効です。患者に対して一つ一つ確認しながら，チェックさせることが，医療者のリスク回避の点からは重要と考えられます。

同意書
☐医療行為の内容・方法・期間について説明を受けた。

30　平成25年12月4日消費者庁独立行政法人国民生活センター「レーシック手術を安易に受けることは避け，リスクの説明を十分受けましょう！」参照

□ 医療行為の難易度・副作用・効果・個人差・エビデンスについて説明を受けた。
□ 医療行為に関する費用（保険診療の適否・料金体系）及び返金・解約ルールについての説明を受けた。
□ 医療行為に関する説明の後，十分に考える時間（期間）を与えられた。
□ 自分の希望について医療者に伝えた。
□ その他，医療行為を受けるにあたり疑問や不明な点はない。

よって，本件医療行為に　　□　　同意致します。

　なお，新規医療行為に関しても，通常の医療行為の同意書作成と同じで，患者が理解しやすいように視覚的な図を記載した説明文書を事前に作成しておくことは有効でしょう。また，患者が抱える固有のリスクについて説明したことをカルテや特記事項等で記録化しておくことも，通常の医療行為と同様に重要と考えられます。

1 診療—(5) バイオテクノロジー・再生医療

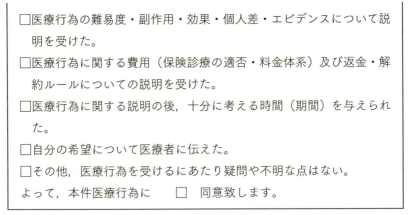

Point!

① 知的財産権の取得，帰属について検討する。
② 再生医療等の安全性の確保等に関する法律など関連法令を確認する。
③ 生命倫理，安全性に対して配慮する。
④ 研究担当者との関係に留意する。
⑤ 研究成果の公表のタイミングに留意する。

サンプル書式→研究開発委託契約書

　iPS細胞（induced Pluripotent Stem Cells 人工多能性幹細胞）をはじめ，近時の再生医療分野での様々な研究開発により，我が国バイオ産業のイノ

ベーション能力に大きな注目が集まっています。

1 研究成果の特許化

(1) **特許性**

特許権の対象となる「**発明**」は，自然法則を利用した技術的思想のうち高度のもの」ですから，自然科学上の因果律に従い，一定程度の確度で結果が得られること（反復可能性）が必要であり，バイオテクノロジーによる成果にあっては，その成果物の育成が一定程度の確度で可能でなければなりません。

(2) **特許の国際的視点を踏まえた取組み**

バイオテクノロジーの分野では，その特許化をめぐって各国，各企業はしのぎを削っており，たとえ特許戦略上重要な基本特許を押さえたとしても，実用化の段階に移るとその他の特許との関係で力関係は変化する可能性があります[31]。

バイオテクノロジーの成果について，日本国内の特許だけで国際的な優位性を確保し，維持することは困難であると考えられますから，各研究拠点間の国内外における連携や国際的な標準化の獲得など，検討し，実現すべき課題は少なくありません。

(3) **バイオテクノロジーにおける安全性・倫理性**

バイオテクノロジーの分野における研究・開発，特に医療に関連する領域では，安全性・倫理性の問題は不可避です。

特許法においては，公序良俗や公衆衛生を害するおそれのある発明については特許を受けられない旨規定されていますが（特許法32条），特許法自体は，発明の安全性・倫理性を担保する体系とはなっていません。したがって，特許発明の医療関連行為等における実用化や応用の場面では，別途安全性や倫理性が検証されることが必要です。

(4) **万能細胞を利用した製品等の特許権の延長**

平成25年の薬事法改正により，新たに制定された「**医薬品，医療機**

---

31 ライセンス契約については23頁（第1章メーカー「特許実施契約」）参照。

器等の品質，有効性及び安全性の確保等に関する法律」（平成26年11月25日施行）において，再生医療関連製品に関する規制が整備され，iPS細胞を利用した細胞シートやヒト細胞に遺伝子導入したいわゆる再生医療用の医薬品などが新たに「**再生医療等製品**」とされています。

　これを受けて，特許庁では，再生医療技術のイノベーションを促進する観点から，「再生医療等製品」の特許権について，存続期間延長制度の対象とし，権利保護期間を通常20年のところ，最長25年間とする旨のとりまとめを行い，これを公表しました。

2 再生医療等の安全性の確保等に関する法律

　再生医療等の安全性の確保等を図るため，再生医療等の提供機関及び細胞培養加工施設についての基準を新たに設けることを目的として，「**再生医療等の安全性の確保等に関する法律**」が制定され，平成26年11月25日より施行されました。

(1) 再生医療等の分類

　　再生医療等について，人の生命及び健康に与える影響の程度に応じ，「第1種再生医療等」，「第2種再生医療等」，「第3種再生医療等」に3分類して，それぞれ必要な手続が定められました。

(2) 再生医療等の提供に係る手続

① 第1種再生医療等は，人に未実施であるなどリスクの高いものです。

　　提供計画について，特定認定再生医療等委員会（特に高度な審査能力と第三者性を有する委員会）の意見を聴いた上で，厚生労働大臣に提出して実施されます。一定期間の実施制限期間を設け，その期間内に，厚生労働大臣が厚生科学審議会の意見を聴いて安全性等について確認し，安全性等の基準に適合していないときは，計画の変更を命令します。

② 第2種再生医療等は，現在実施中であるなど，リスクが中程度のものです。

　　提供計画について，特定認定再生医療等委員会の意見を聴いた上で，厚生労働大臣に提出して実施します。

③ 第3種再生医療等は，リスクが低いものです。

提供計画について，認定再生医療等委員会の意見を聴いた上で，厚生労働大臣に提出して実施します。

なお，第1種再生医療等又は第2種再生医療等を提供する医療機関については，一定の施設・人員要件が課されています。

(3) **適正な提供のための措置等**

インフォームド・コンセント，個人情報保護のための措置等について定められています。

安全性確保等のため必要なときは，改善命令が出され，改善命令違反の場合は再生医療等の提供が制限されます。また，保健衛生上の危害発生の拡大を防止するため必要なときは，再生医療等の提供の一時停止など応急措置が命令されます。

(4) **特定細胞加工物の製造の許可等**

再生医療等に用いられる**細胞加工物**（人又は動物の細胞に培養その他の加工を施したもの）のうち，再生医療等製品であるもの以外のものを**特定細胞加工物**といいますが，その製造を許可制（医療機関等の場合には届出）とし，医療機関が特定細胞加工物の製造を委託する場合には，許可等を受けた者又は届出をした者に委託しなければならないこととされています。

3 研究委託契約のポイント

再生医療等の研究開発において，**共同研究**や**受託研究**が行われることがあります[32]。

ここでは，受託研究と目的とした研究委託契約について，検討することとします。

(1) **研究内容**

共同研究の場合は当事者が協議の上研究内容を定めますが，これに対して，受託研究の場合は委託者が研究内容を特定しますが，内容を具体

---

32 共同研究開発契約一般については42頁（第1章メーカー「共同研究開発契約」）参照。

的に明確にすることが重要です。

(2) 研究の実施における留意事項

> **条項例（研究の実施における責任）**
>
> 1　受託者は，本研究開発を実施するに当たり，関連法令等を遵守し，本契約に係る事務処理を適正に行うものとする。
> 2　受託者は，生命倫理及び安全確保に関し必要となる諸手続を行い，かつ，常に善良なる管理者の注意をもって本研究開発を実施するものとする。

再生医療等の研究開発は，生命倫理や人体に対する安全性が問題になることが少なくありません。したがって，委託者がこれら生命倫理や安全性に対して責任を負うことを定めます。

また，研究担当者によるデータの改ざんや第三者の知的財産権等の侵害が疑われる場合についての対応策を定めておくことも重要です。

(3) 研究成果の帰属

> **条項例（成果の帰属）〈委託者に帰属する場合〉**
>
> 1　本研究開発に関連して生じた成果である発明，考案，特許等を受ける権利，技術開発の情報，その他の知的財産権の一切は，委託者に帰属するものとする。
> 2　受託者は，委託者に帰属する研究成果について，特許等の出願に際して必要となる情報について，本研究開発の範囲で得られた情報を委託者に提供するものとする。

> **条項例（成果の帰属）〈委託者と受託者の共有の場合〉**
>
> 1　本研究開発に関連して生じた成果である発明，考案，特許等を受ける権利，技術開発の情報，その他の知的財産権の一切（以下「本件知的財産権」という。）は，委託者・受託者の共有とし，持分は均等とする。
> 2　本件知的財産権の出願に関しては，委託者・受託者間で別途締結

> する共同出願契約に従うものとし，出願手続及び維持管理に要する費用は，委託者・受託者が均等に負担するものとする。
> 3　受託者は，本件知的財産権の持分について，委託者に限り譲渡又は専用実施権の設定ができるものとし，別途定める譲渡契約又は専用実施権設定契約により，これを行うものとする。
> 4　受託者は，本件知的財産権について，自己実施せず，かつ，委託者又は委託者の指定する者から優先的に実施したい旨の通知があった場合には，当該本件知的財産権を出願等したときから［　　］年間優先的に実施させることを許諾する。

　受託研究の場合，委託者が研究開発を委託し，その費用を負担することを重視すると，研究開発の成果である知的財産権については委託者に帰属させることが考えられます。

　他方，特に受託者が大学や公的研究機関である場合には，それらの受託研究の社会的意義を踏まえて，研究開発の成果である知的財産権について，委託者と受託者の共有又は受託者に帰属するものとした上で，委託者に独占的にライセンスすると定めることもあります。知的財産権を委託者・受託者の共有とする場合は，その譲渡やライセンス，実施料等について定めることが必要です。

(4)　研究担当者との関係

条項例（研究担当者の不正）

> 1　委託者は，受託者又は本研究開発に従事する研究担当者が本研究開発に関して不正等の行為を行った疑いがあると認められる場合には，受託者に対し調査を要請することができ，受託者はその調査結果を書面により委託者に報告するものとする。
> 2　委託者は，前項に定める調査報告の結果，不正等の事実が確認できたときは，本契約に定める措置のほかその他法令等に従い必要な措置を講ずることができるものとする。

条項例（研究担当者との関係）

1　受託者は，研究担当者が本研究開発を実施した結果得られた成果に係る国内外における知的財産権について，研究担当者から受託者に帰属させる旨の契約を本契約の締結後速やかに研究担当者と締結しなければならない。

2　研究担当者の職務発明に対する補償措置については，委託者・受託者協議の上，別途定めるものとする。

条項例（研究担当者の秘密保持）

1　受託者は，本研究開発の成果について，第三者への不正な流出を防止するため，研究担当者との間で，在職中のみならず退職後も対象とする秘密保持契約を締結するなど必要な措置をとるよう努めるものとする。

2　受託者は，研究担当者による不正な第三者への成果の流出があった場合は，遅滞なく委託者に報告するとともに，当該不正行為を行った研究担当者に対し法的処置を講ずるなど適切に対処するものとする。

　受託者は研究担当者の研究開発に関する不正や情報の漏えい等を防止するため，適切な措置を講じることが必要です。

　また，研究開発の成果としての知的財産権の帰属について，あらかじめ研究担当者と取決め，**職務発明**に該当する場合は，補償措置等について検討することが必要です。

(5) 研究開発の成果の公表

　特許要件のうち，**新規性**（特許法29条1項）については，特許出願前に発明者自らが研究会や論文等で発表することにより公知となった場合は，新規性を喪失し，特許を受けることができなくなるおそれがあります。また，発明者が先に行った特許出願が公開されると，後に行った特許出願について，先行する特許出願との関係で新規性を喪失することがあり得ます。

研究者の世界においては，研究会や論文での発表を重視する傾向がありますから，特許取得との関係では，発表のタイミングについては，注意が必要です。

治験契約

> **Point！**
>
> 　治験は医薬品医療機器法その他関連法令により定められたルールに従って行う必要がある特殊な臨床試験である。
> 　かかるルールに違反して試験を行うと医薬品等の承認が得られなくなるリスクがあるため，治験を依頼する医療機関との間では当該ルールを反映させた契約の締結が必要である。

サンプル書式→治験契約書

1 治験とは

(1) 治験とは

　医薬品や医療機器，再生医療等製品[33]（以下まとめて「医薬品等」といいます。）を製造販売するためには，製造販売業の許可のみならず当該医薬品等の承認を国から受ける必要があります。かかる承認申請において必要となる書類の一つに，臨床試験の試験成績があります。この医薬品等の製造販売申請に用いる試験成績を得る目的で行う臨床試験を「治験」といいます（医薬品医療機器法2条17項）。

　治験においては，被験者に承認前の薬を投与したり，承認前の医療機器を使用します。このため，安全性確保の観点から，実施についての詳細な規定が省令にて定められています。これを一般に **GCP**（= Good

---

33　人の細胞に培養等の加工を施したものであって，①身体の構造・機能の再建・修復・形成や，②疾病の治療・予防を目的として使用するもの，又は遺伝子治療を目的として，人の細胞に導入して使用するものをいいます（医薬品医療機器法2条9項）。

Clinical Practice）**省令**といいます[34]。

(2) **本解説の前提—企業主導型治験**

　治験は医師が所属する医療機関のみが行うことができます（GCP省令第6条）。(1)で述べたとおり，治験は医薬品等の製造販売の承認申請のために行う臨床試験です。このため，従来，治験は医薬品や医療機器などの製造販売を行いたい企業が医療機関に実施を依頼することを契機に行われてきました。このようにして行われる治験を「**企業主導型治験**」といいます。本書では，この企業主導型治験を前提に，医薬品メーカーや医療機器メーカーが医療機関に治験を依頼する上で必要となる契約について解説します。

　なお，「企業主導型治験」と対になる概念は，「**医師主導型治験**」というものです。これは，医師自らが治験を企画・実施するというものです。海外では行政当局から製造販売の承認を受けていたりスタンダードになっている医薬品や医療機器でも，日本では承認されていないものがあります。これらは日本の医療に資するため承認を得るべきものですが，採算性などの問題から企業が承認申請しないことがあります。そこで医師が自ら治験を行い自らで承認を得るということがあります。このような治験を「医師主導型治験」と呼び，企業主導型治験と同じく，GCP省令がその実施に当たってのルールを定めています。

(3) **企業主導型治験の基本的な流れ**

　治験はおおよそ次のような流れで行われます。

---

[34] 正確には，医薬品，医療機器，再生医療等製品それぞれについてGCP省令が定められています（医薬品の臨床試験の実施の基準に関する省令，医療機器の臨床試験の実施の基準に関する省令，再生医療等製品の臨床試験の実施の基準に関する省令）。また，医薬品GCP省令，医療機器GCP省令については解説（ガイダンス）も発行されています（医薬品GCP省令について「医薬品の臨床試験の実施の基準に関する省令」のガイダンス），医療機器GCP省令について「医療機器の臨床試験の実施の基準に関する省令」のガイダンス」）。なお，GCP省令は製造販売後臨床試験（医薬品等）に当たってのルールも定めており，治験についてのみ言及した省令ではありません。

第5章 医療・ヘルスケア

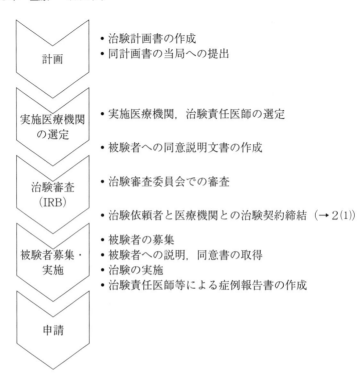

2 治験契約[35]のポイント

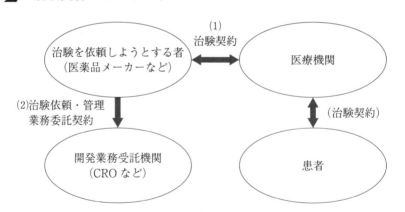

第2　契約類型
2　治験契約

(1) 医療機関との契約

ア　GCP省令にて定められている内容

GCP省令は治験委託者と治験を行う医療機関（以下，実施医療機関といいます）との間で決めるべき事項を定めています[36]（医薬品GCP省令13条）。これらの項目を定めることなく治験を行うと，集めた症例データがGCP省令違反として試験成績として取り扱うことができなくなるリスクがあります。このため，これらの項目を明確に契約書に定めておくべきです。各項目に対応する契約書ひな型（サンプル書式【治験契約書】）の条文番号・位置づけは次のとおりです。また，ポイントとなる事項について簡単に解説を付していますので，併せてご覧ください。

① 契約締結日（契約書の末尾（以下，条数等のみの項目は，サンプル書式に対応します。））
② 治験の依頼をしようとする者の氏名・住所（冒頭，末尾）
③ 治験業務の一部を第三者に委託する場合は，受託者の氏名，住所，当該委託した業務の範囲（第2条）
　　どのような業務の委託ができるのかについて，256頁をご覧ください。
④ 実施医療機関の名称・所在地（前文）
⑤ 契約担当者の氏名・職名（末尾）
⑥ 治験責任医師[37]の氏名（第1条）
⑦ 治験期間（第1条）
⑧ 治験の薬・機器等の管理に関する事項（第7条）
　　治験の対象とする医薬品（治験薬）は治験の目的に限って使う

35　ここで「治験契約」とは，「治験の依頼をしようとする者」と「実施医療機関」との間で締結される契約を指すものとします。通常，委託の形態をとるため「治験委託契約」と呼ばれることもあります。「実施医療機関」が「被験者」との間で治験について締結する契約を指して「治験契約」と呼ぶこともありますので，「治験契約」という言葉が出てきたときには，どちらを指して使われているのか注意してください。
36　前掲脚注34で説明したとおり，GCP省令には医薬品GCP省令，医療機器GCP省令，再生医療等製品GCP省令がありますが，以下は医薬品GCP省令の条文番号のみを引用します。
37　実施医療機関で治験を行う医師をいいます。

ことができる旨定め，他に利用できないようにしておく必要があります。また，GCP省令のガイダンスにより実施医療機関が指名した治験薬の管理者が手順書に従って治験薬を適切に管理する旨定めることも求められているため，かかる記載もしておくべきです。
⑨ 記録の保存に関する事項（第11条）
⑩ GCP省令により治験依頼者及び実施医療機関に従事する者が行う通知に関する事項（第3条第5項）

GCP省令に基づき通知が必要なのは次の事項です。契約書ひな型にはその全てを記載しているわけではありません。
　i　治験依頼者から治験責任医師と実施医療機関の長（通常は病院長）への通知（GCP省令20条2項・3項）
　　・重篤で予測できない副作用
　　・治験薬及び医療用医薬品の有効性，安全性に関する重大な情報
　　・治験に継続して参加するか否かについて，被験者の意思に影響を与える可能性のある情報
　ii　治験依頼者から実施医療機関の長への通知（GCP省令24条2項及び3項）
　　・治験を中止，中断する際，その旨及び理由（第6条第1項(1)）
　　・治験により収集された治験成績に関する資料を治験薬に係る医薬品製造承認申請書に添付しないことを決定した際，その旨及び理由（同項(2)）
　iii　実施医療機関の長から治験依頼者（なろうとする者を含む。）及び治験責任医師（なろうとする者を含む。）（GCP省令32条6項）
　　・治験実施の妥当性への意見
　　・治験が長期（1年を越える。）の場合，治験の継続の妥当性への意見（第5条1項）
　　・重篤な副作用発現の際における治験の継続の妥当性への意見

- その他薬物の有効性・安全性に関する重大な情報への意見
- 被験者の意思に影響を与える可能性が認められたために，治験責任医師がその説明文書を改訂したことに対する意見
- その他治験依頼者が必要と認めたことへの意見

iv 実施医療機関の長から治験依頼者及び治験倫理審査委員会への通知（GCP省令40条3項及び4項）
- 治験を中止，中断の際，その旨及び理由
- 治験終了の際，その旨及び結果の概要

v 治験責任医師から治験依頼者への通知（GCP省令48条2項）
- 重篤な有害事象

⑪ 被験者の秘密の保全に関する事項（第3条第2項）
⑫ 治験の費用に関する事項（第12条）
⑬ 実施医療機関が治験実施計画書を遵守して治験を行うこと（第3条第3項）
⑭ 実施医療機関が治験依頼者の求めに応じて治験関係の記録を閲覧させること（第8条第1項）
⑮ 実施医療機関がGCP省令，治験実施計画書又は当該契約に違反することにより適正な治験に支障を及ぼしたと認める場合には，治験依頼者が治験の契約を解除できること（第14条第1項）
⑯ 被験者の健康被害の補償に関する事項（第13条第4項）

　補償のために治験依頼者が保険等に入っておくことを定めておきます。これに加え，健康被害が発生したときに治験を依頼した企業と実施医療機関との間で意向に齟齬が生じないよう，あらかじめ対応の仕方や費用負担について合意しておくべきです。第13条第3項はこの一例です。

⑰ その他治験が適正かつ円滑に行われることを確保するために必要な事項

　例えば治験課題名や治験内容（第1条）のほか，治験依頼者が提供したデータの記録及び報告の手続に関する事項などがあります。

イ その他の内容

GCP省令第13条には明記されていませんが，GCP省令の内容からして治験契約書に盛り込んでおくほうがよい事項として，例えば次のものがあります。

① 被験者への説明文書・同意文書（サンプル書式【治験契約書】第3条第4項）

GCP省令第51条及び同第52条に基づき，治験責任医師又は治験分担医師は被験者への治験に関する説明及び同意取得を行うことになっています。<u>治験依頼者としては，GCP省令違反が生じないために，（上記医師が所属する）実施医療機関にかかるルールに従った説明文書・同意文書を被験者から取得するよう義務付けることが必要です</u>。また，可能であれば，治験依頼者である企業自らがこれら文書の内容を確認しておくのが望ましいでしょう。

さらに，かかる文書確認の際には，<u>個人情報保護法に違反しない取扱いになっているかも確認しておくべきでしょう</u>。治験依頼者が個人情報を適正取得（個人情報保護法17条）していないとして違反に問われるおそれもありますし，治験実施機関に違反が生じると依頼をした企業のレピュテーションにも影響する可能性があるためです（サンプル書式【治験契約書】第3条第2項参照）。

② 治験結果の公表（サンプル書式【治験契約書】第10条第2項）

治験に関する内容を実施医療機関に自由に公表されてしまうと，これから承認を得て医薬品等を製造販売しようとしている企業の販売戦略等に影響を与える可能性があります。このため，実施医療機関が治験の内容について公表する場合も治験依頼者である企業の事前同意が必要である旨，定めておくべきです。

(2) （第三者に業務委託する場合の）委託先との契約

医療機関に依頼する事項とは別に，GCP省令は，治験の依頼や管理業務の一部又は全部を第三者に委託することを認めています（GCP省令12条）。この第三者を「開発業務受託機関」といいます。典型例として挙げられるのは**CRO**（Contract（又はClinical）Research Organization：

受託臨床試験機関）です。医薬品等のメーカーは，開発業務受託機関に上記業務を依頼することにより，迅速に医薬品等の開発を進めることができるというメリットがあります。

　GCP省令により委託先との間で決める必要がある事項は次のとおりです。実務上は，治験薬の交付・回収や症例報告書の回収など，現場で行う作業を委託することが多いです。

① 委託業務の範囲（ただし，治験計画の届出と規制当局への副作用等の報告は委託できません。）（サンプル書式【治験契約書】第2条）
② 委託業務の手順
③ 委託業務が円滑に行われているか委託者が確認できること
④ 受託者に対する指示に関する事項
⑤ 委託者が指示を行った場合に措置が講じられたか確認できること
⑥ 受託者の委託者に対する報告に関する事項
⑦ 被験者に対する補償措置に関する事項
⑧ その他委託業務について必要な事項

　①については，上記(1)ア③のとおり医療機関との間の契約書に定めることにもなっているため，委託先が関係する場合は委託者（治験を依頼しようとする者），受託者，医療機関の3者で治験について契約を交わすのが通常かつ効率的と考えられます[38]。

❸ 介護保険サービス契約

Point !

① 事業者と利用者との間に情報等の格差が存在するため，定められた各種運営基準に従う必要があり，また，消費者契約法の

30　業務委託契約一般については本書106頁（第3章エンターテインメント「コンサルティング契約」）及び本書109頁（第3章エンターテインメント「制作委託契約」）参照。

> 適用がある。
> ② 介護保険サービスが利用者の生活・生存の基盤となっていることから事業者からの利用契約の解除が容易に認められない。
> ③ 利用者の判断能力に注意し，後に契約が無効とされないように配慮する必要がある。

サンプル書式→サービス内容説明書（介護福祉施設サービス），サービス内容説明書（介護老人保健施設サービス），介護福祉施設サービス利用契約書，介護老人保健施設サービス利用契約書，居宅サービス契約書，居宅サービス契約 サービス内容説明書，居宅サービス契約重要事項説明書，重要事項説明書（介護福祉施設サービス），重要事項説明書（介護老人保健施設サービス），短期入所生活介護サービス契約 サービス内容説明書，短期入所生活介護サービス契約書，短期入所生活介護サービス契約 重要事項説明書

1 介護保険サービス契約の特殊性

(1) 事業者と利用者との間に情報格差が存在すること

　介護保険サービスは，サービスを必要としている者が要支援者及び要介護者個人であり，他方，サービスを提供する者が当該サービスの提供を専門としている事業者であるという点において，両者が保有している情報に格差が存在しています。

　そのため，事業者は，介護保険サービスに関する契約を締結する際，あらかじめ，利用者又はその家族に対し，運営規程の概要，従業者の勤務体制その他利用者のサービス選択に資すると認められる重要事項を記載した書面を交付して説明を行い，当該サービスの提供の開始について利用者の同意を得なければなりません[39,40]。

　また，利用契約成立時の書面交付義務については社会福祉法77条に，

---

39 平成24年度からは，指定介護老人福祉施設の基準等は都道府県条例で定めることとなりましたが，その場合，人員配置，居室の床面積，サービスの適切な利用・安全確保・秘密保持に密接に関連するものは，介護老人福祉施設の運営基準等に従い，その他の事項は同基準を参酌するものとされています（介護保険法88条2項・3項，97条2項・3項）ので，詳しくは，各都道府県の基準をご確認いただく必要がありますが，本稿では，厚生労働省令で定める基準を引用しております。
40 指定介護老人福祉施設の人員，設備及び運営に関する基準（以下，「介護老人福祉施設の運営基準」という。）4条など。

事業者が行うべき介護の内容については，各運営基準に詳細に定められています[41]が，利用者がその内容を知ることは容易でないことから，契約時点において，どのようなサービスを受けられるのかを利用者にとって明確にする必要があります。この点，提供するサービス内容を契約書に盛り込むと分量が膨大になるため，別途，サービス内容説明書を作成することが一般的です。

さらに，<u>介護保険サービスに関する契約についても，消費者契約法の適用があるため，条項の内容によっては当該条項が無効とされてしまいます</u>[42]（例えば，事業者の損害賠償義務を一切免除したり（同法8条），利用者が契約に違反した場合に過大な違約金を課すこと（同法9条）など）。

(2) 利用者の生活・生存の基盤であること

介護保険サービスは，利用者が生活・生存していく上で，不可欠なものであることから，<u>事業者は，正当な理由なくサービスの提供を拒んではならないとされています</u>[43]。

また，このような観点から，特に入居型の介護保険サービスにおいては，事業者からの契約の解除には慎重な配慮が必要になります。後記231頁において詳しく述べます。

(3) 利用者の意思能力が不十分である場合が存在すること

<u>介護保険サービスを利用する者は，高齢者であることから，適切な判断能力を欠き，契約を締結するために必要な意思能力が不十分である場合が存在します。</u>

この点については，契約の条項の問題ではありませんが，意思無能力者との契約は無効とされてしまうため，重要な問題であり，後記235頁において運用上の留意点として，どのように意思無能力者かを判断すればよいか，また，意思無能力者と思われる場合，どのように対処すればよいかを解説します。

---

41 介護老人福祉施設の運営基準13条以下など。
42 消費者契約法8条ないし10条。
43 介護老人福祉施設の運営基準4条の2など。

(4) 小結

　以上の観点から，介護保険サービスに関する契約は，契約自由の原則が修正されています。

　また，先に述べたとおり，重要事項説明書の作成及び交付が必要とされ，契約書に加え，サービス内容説明書を作成することが望ましいため，介護保険サービスに関する契約においては，『契約書』，『重要事項説明書』，『サービス内容説明書』の3点セットが用いられることが一般的になっています[44]。

2 入居型介護施設契約におけるポイント

(1) 指定介護老人福祉施設（特別養護老人ホーム）入居契約

ア　はじめに

　基本的なこととして，契約当事者を確定し，事業者の提供するサービス内容及びそれに対する対価を定めた上で，契約の有効期間を定めることを念頭において，契約書を作成するのは，一般的な契約書と同様です。

　もっとも，先に述べたとおり，介護保険サービスには特殊性があるため，その点を踏まえ，留意すべきポイントのうち重要なものを挙げます。

イ　サービス利用料金の変更について

　利用者が施設サービスに対する料金を具体的にいくら支払うのか（利用者負担部分，介護保険給付対象外サービスの料金）を，契約書等によって明らかにしておく必要があります。

　また，事業者としては，介護保険法等の改正，経済的な事情等によって利用料金の変更を行う場合もあり得ますし，再度料金を変更するために契約を締結しなおすのも煩雑なので，利用料金の変更に関する規定を設けることが望ましいといえます。

44　本書は，日本弁護士連合会や全国社会福祉法人経営者協議会作成の契約書案等を参照しています。

もっとも，利用者の意思も尊重しなければなりませんので，利用者が当該料金の変更に不服のある場合には，契約を解約することができるとしておくことをお勧めします。

> **条項例（サービス利用料金の変更）**
>
> 1　第〇条第〇項に定める介護保険給付対象の介護福祉サービスにかかる介護報酬の利用者負担額について，介護保険法等の改正により，契約締結時の法定の給付額の変更があった場合，事業者は当該サービス利用料金を変更することができる。
> 2　第〇条第〇項，第〇項に定める居住費及び食費，介護保険給付対象外のサービスの利用料（以下，「サービス利用料等」という。）について，経済状況の著しい変化その他やむを得ない事由がある場合，事業者は，利用者に対し，変更を行う日の2か月前までに説明をした上で，サービス利用料等を変更することができる。
> 3　利用者は，前項に基づく料金の変更に不服がある場合，本契約を解約することができる。

　ウ　事業者からの契約解除について

　　事業者としては，サービス料の不払いや秩序違反行為がなされた場合には，即座に契約を解除したいと思うかもしれません。

　　しかしながら，介護福祉施設入居契約は，前記229頁のとおり，利用者の生活・生存の基盤であることから，事業者からの解除には慎重な配慮が必要であり，事業者と利用者との間に契約を継続しがたい重大な解除事由が存在することが必要です。また，解除事由によっては，相当期間の猶予を定めた催告をした場合でなければ，解除が無効とされる可能性があります。

　　もっとも，事業者としては，解除によって利用者の生活の場がなくなるということに鑑みて，可能な限り，解除に踏み切る前に，利用者の家族や身元引受人に連絡を取り，利用者の状況を説明した上で，状況の改善を促し，若しくは，合意解約を目指して協議をすることが望ましいでしょう。また，かかる家族等への連絡をもってしても，利用

者の状況に改善の余地がみられないようであれば，契約を継続しがたい重大な事由を基礎づける一要素となると考えられます。

> **条項例（事業者からの契約解除）**
>
> 　事業者は，利用者が次の事由に該当する場合，本契約を解除できる。
> (1) 利用者が契約締結時にその病歴等の重要事項について，故意に事業者に告げず，又は，不実の告知を行い，その結果，本契約を継続しがたい重大な事由を生じさせたとき
> (2) 利用者が正当な理由なく，第〇条記載のサービス利用料金の支払いを3か月以上滞納し，1か月以上の期間を定めた催告をしたにもかかわらず，これを支払わないとき
> (3) 利用者が，事業者やサービス従事者又は他の利用者の生命，身体，財産，信用等に対して重大な危害を加える行為をし，その結果，本契約を継続しがたい重大な事由を生じさせたとき
> (4) 利用者が病院又は診療所に入院し，入院期間が3か月以上になると見込まれる場合若しくは，3か月を経過したとき
> (5) その他，利用者が故意に法令その他重大な秩序違反行為を行い，その結果，本契約を継続しがたい重大な事由を生じさせたとき

エ　損害賠償責任について

　転倒などの事故が生じた場合，事業者に故意又は過失があれば，事業者は，それによって生じた損害を賠償する責任を負います（民法415条，709条）。この責任は，契約書に記載をしていなくても，事業者が当然に負うものです。では，あらかじめ，契約書において，事業者が損害賠償責任を負わない旨の条項を定めておくことはできるのでしょうか。

　この点，消費者契約法8条では，消費者保護の観点から，事業者に過失がある場合について賠償責任を全部免除する旨の条項は無効とし，また，事業者に故意又は重過失がある場合について賠償責任を一部でも免除する条項は無効とされています。言い換えれば，事業者に故意又は重過失がない場合には，責任を一部免除する旨の条項を設けるこ

とも可能です。ただし，そのように一部免除の条項を設ける場合であっても，損害賠償責任の大部分を免除するような条項は，消費者の利益を不当に制限するものとして，消費者契約法10条によって無効となり得ますので，留意してください。

次に，事故が起きた場合に，その事故の原因が利用者にもあった場合には，事業者の責任が軽減されることがあります（以下，「過失相殺」といいます。）。事業者の賠償責任を契約書に記載する場合は，後のトラブル防止の観点から，念のため，過失相殺についても記載しておくことが考えられます。ただし，その場合も，利用者の心身の状況に十分配慮し，利用者に過度の負担を強いることがないようにするべきでしょう。

条項例（損害賠償責任）

1　事業者は，本契約に基づくサービスの提供に当たって，利用者の生命・身体・財産に損害を生じさせた場合は，その損害を賠償する責任を負います。ただし，事業者に故意又は過失がなかった場合は，この限りではありません。
2　前項の場合，利用者に故意又は過失が認められる場合には，利用者の置かれた心身の状況を勘案して相当と認められるときに限り，損害賠償額を減じることができるものとします。

オ　身元引受人について

身元引受人の有無は，事業者にとって非常に重要な問題です。具体的には，利用者が医療機関に入院する際の手続を行うこと，契約解除・解約時において利用者の適切な受入れ先を確保すること，利用者が死亡した際，その遺品を引き取ってもらうこと，利用者にサービス利用料金の自己負担部分の滞納があった場合のその支払を行ってもらうことなどが考えられます。

なお，身元引受人による保証も書面で行わなければならない[45]ため，

45　民法446条2項。

身元引受人にも契約締結時に立ち会ってもらい，署名捺印をもらうか，後日，別途書面で身元引受契約を締結する必要があります。

> **条項例（身元引受人）**
>
> 1 事業者は，利用者に対し，身元引受人を求めることがあります。ただし，社会通念上，利用者に身元引受人を立てることができない相当の理由がある場合は，この限りではありません。
> 2 身元引受人は，この契約に基づく，利用者の事業者に対する一切の債務につき，利用者と連帯して履行の責任を負います。
> 3 身元引受人は，前項の責任のほか，次の各号の責任を負います。
>   (1) 利用者が疾病等により医療機関に入院する場合，入院手続が円滑に施行するように事業者に協力すること
>   (2) 契約の解除又は契約の終了の場合，事業者と連携して利用者の状態に見合った適切な受け入れ先の確保に努めること
>   (3) 利用者が死亡した場合の遺体及び遺留金品の処理その他必要な措置をすること

カ　**身体拘束**について

施設サービスにおいては，利用者保護の観点から，利用者の身体拘束が必要となる場合があり得ます。

この場合，利用者の人権・尊厳に配慮する観点から，契約書において，身体拘束は緊急やむを得ない場合を除いて行わない旨を明記しておくべきでしょう。

例外的に身体拘束が許容される場合とは，一般に，①利用者本人又は他の利用者等の生命又は身体が危険にさらされる可能性が著しく高く（切迫性），②身体拘束その他の行動制限を行う以外に代替する介護方法がなく（非代替性），③身体拘束その他の行動制限が一時的なものであること（一時性）の3要件を全て満たし，かつ，④それらの要件の確認等の手続が極めて慎重に実施されているケースに限られます[46]。

このように，身体拘束は極めて限定的に許容されることに留意して

ください。仮に，契約書において身体拘束が上記の場合以外にも認められる旨を定めたとしても，当該条項は公序良俗違反（民法90条）として無効となり，不当な身体拘束については事業者が損害賠償責任を負うおそれがあります。

また，身体拘束は，その必要があったのか，必要があったとして身体拘束の期間や方法等は相当であったのかといった事柄をめぐって，事後的に利用者（及びその家族）との間でトラブルが起きやすいといえます。そのため，事業者としては，身体拘束を行う場合のルールや手続等について事前にマニュアルを作成し，加えて，身体拘束の内容，理由，拘束の時間，利用者の状態及び利用者らとのやり取りの状況等をできる限り詳細に記録しておくことが求められます。

> **条項例（身体拘束）**
>
> 事業者は，利用者又は他の利用者等の生命又は身体を保護するため緊急やむを得ない場合を除き，利用者に対し，身体的拘束その他の方法により利用者の行動を制限しません。

(2) 指定介護老人保健施設入居契約

指定介護老人保健施設入居契約においても，上記(1)と同様に，利用料金の変更，契約の解除，損害賠償責任，身元引受人，身体拘束に関する規定に注意を払うべきといえます。

(3) 運用上の留意点

ア 契約の有効性を確保するための留意点

(ア) 意思能力の有無

上記229頁のとおり，介護保険サービスを利用する者は，高齢者であることから，適切な判断能力を欠き，契約を締結するために必要な意思能力が不十分である場合が存在します。

運用の際には，利用者との契約が無効とされないように契約時に

---

46 厚生労働省身体拘束ゼロ作戦推進会議『身体拘束ゼロへの手引き　高齢者ケアに関わるすべての人に』(2000年)（http://www.dochoju.jp/soudan/pdf/zerohenotebiki.pdf）。

利用者が十分な意思能力を有しているかという点に細心の注意を払い，後日，利用者が契約時に意思能力を有していたことを証明するための証拠を残しておくことが必要です。

すなわち，契約締結時においては，利用者の健康状態（入居前後における要介護度，認知障害の程度など），入居に至る経緯を確認し，入居後においても，その生活状況を記録に残しておくことが，無用な紛争を回避するために重要になります。

一例としては，契約締結時に，利用者本人に対し，生年月日，干支，住所，本籍地，本日の日付及び曜日を確認するなどして，本人の判断能力を確かめることが考えられます。

なお，判例では，銀行預金の返還請求という日常的かつ単純な訴訟について訴訟委任の事案についてですが，軽度の認知症により記銘力障害があるほか，理解力・判断力が一定程度低減しているため，日常生活において補助を要する者であっても，日常会話が支障なくできる程度の理解力・判断力を有している者について意思能力が肯定されており（福岡高判平成21年5月21日判時2063号29頁），参考になると思われます。

(イ)　錯誤無効，詐欺取消し主張への対処

また，利用者に意思能力が認められたとしても，契約内容についての思い違いがあった（錯誤[47]），騙されて契約を締結させられた（詐欺）など，契約の無効，取消が主張される可能性があります。

利用者からのこのような主張を排斥するためには，契約時において，しっかりと丁寧に利用者に提供されるサービス内容を説明し，その理解を得ることはもちろん，かつ，利用者に対しサービス内容を説明したこと及びその状況を証拠化しておくことが非常に重要です。

47　ここでは，契約を締結すること自体に錯誤があるということではないため，契約を締結するに至った動機に錯誤がある場合が想定されます。動機の錯誤と言われる問題ですが，動機が明示的又は黙示的に表示されていなければ，錯誤無効の主張は認められません。

(ｳ) 小結

以上のとおり，契約の有効性を確保するための運用上の留意点としては，①契約内容及び説明内容を書面化すること，②利用者の健康状態，契約に至る経緯を確認すること，③契約内容の説明を丁寧に行い利用者の理解を得ること，④契約時の状況を再現できるように複数人で対応すること，⑤入居後の利用者の生活状況・提供したサービス内容の記録を残すことが挙げられます。

イ 利用者が意思無能力者である場合の留意点

利用者のうち要介護4，5という方の中には，意思能力が認められない方も少なからず存在します。

そのような場合，利用者本人との間で介護保険サービスに関する契約を締結しても後日無効とされてしまう可能性が高いため，成年後見人が存在する場合は，成年後見人との間で契約を締結する必要があります。

また，成年後見人が選任されていない場合には，親族等から裁判所に対し後見開始の申立てを行ってもらい，成年後見人が選任されてから契約を締結するか，親族等に利用者本人のために契約を締結してもらうことが考えられます。

3 在宅型介護サービス契約におけるポイント

在宅型介護サービスの場合，利用者との間でサービスの「利用契約」を締結することになります。この場合，一般的な留意事項は，前述227頁と同様です。

在宅型介護サービスには様々な種類がありますが，本項では，①居宅サービス（訪問介護，訪問入浴，訪問看護，訪問リハビリテーション，通所介護，通所リハビリテーション等を含みます。）と，②短期入所生活介護サービス（ショートステイ）について説明します。

第5章　医療・ヘルスケア

(1) 居宅サービス

　ア　はじめに

　　居宅サービスには，訪問介護，訪問入浴，訪問看護，訪問リハビリテーション，通所介護，通所リハビリテーションなど様々な類型がありますが，契約書に記載すべき内容は共通していると考えられます。

　　そのため，<u>契約書の冒頭にこれらのサービスを列挙し，その中から当該契約に適用されるサービスを選択するという方式</u>を用いることが考えられます。

　　このようにすることで，事業者としては，提供するサービスごとに契約書を作成するという事務作業の煩雑さを免れることができますし，利用者としても，契約の内容を理解しやすくなるなどのメリットがあるでしょう。

　　次に，契約書に具体的なサービスの内容を全て記載すると，契約書の分量が膨大なものとなり，利用者が契約内容を理解することが困難になってしまいます。そのため，具体的なサービスの内容は，別途作成する『サービス内容説明書』にまとめて記載するべきでしょう。この場合，契約書において，『サービス内容説明書』の該当する箇所を明記し，契約書の内容とサービス内容説明書の内容をリンクさせておく必要があります。

居宅サービス契約の目的

1　事業者は，介護保険法等関係法令及びこの契約書に従い，利用者に対し，利用者が可能な限り居宅においてその能力に応じ，自立した日常生活を営むことができるよう，次のサービスを提供します。
　①　訪問介護・介護予防訪問介護　　　（別紙サービス内容説明書〇）
　②　訪問入浴介護・介護予防訪問入浴介護
　　　　　　　　　　　　　　　　　　　（別紙サービス内容説明書〇）
　③　訪問看護・介護予防訪問看護　　　（別紙サービス内容説明書〇）
　④　訪問リハビリテーション・介護予防訪問リハビリテーション

(別紙サービス内容説明書○)
⑤　通所介護・介護予防通所介護　　(別紙サービス内容説明書○)
⑥　通所リハビリテーション・介護予防通所リハビリテーション
(別紙サービス内容説明書○)
⑦　居宅療養管理指導・介護予防居宅療養管理指導
(別紙サービス内容説明書○)
⑧　福祉用具貸与・介護予防福祉用具貸与
(別紙サービス内容説明書○)

利用者は，本契約において，上記のうち（　　　　　　）のサービスを利用します。

2　事業者は，サービス提供にあたっては，利用者の意向を十分に尊重するとともに利用者の立場に立って公正かつ適切な方法によって行い，利用者の心身の状況，その置かれている環境等の把握に努め，利用者の要介護・要支援状態区分及び本契約書末尾にその写しが添付されている利用者の被保険者証に記載された認定審査会意見に従って，利用者に対しサービスを提供します。

イ　契約の期間に関する条項について

　在宅サービスでは，利用者の要介護度・要支援度の変更によって，受けるべきサービスの内容が変わってくることがあります。そのため，契約の満了時期は，要介護・要支援認定の有効期間と連動させることが必要となります。

　また，居宅サービスは，利用者の心身の状態が改善しない限り，継続して提供されるべき必要性が高いといえます。そのため，契約が途中で途切れてしまうことがないように，契約が自動更新されることを定めておくべきでしょう。

　なお，利用者が契約の更新を求めない場合には，事業者は，利用者が他のサービスを受ける機会を確保する必要がありますので，他の事業者の情報を提供するなどすべきであり，その旨を契約書で確認しておくべきでしょう。

> **条項例（契約期間）**
>
> 1　この契約の有効期間は，平成〇年〇月〇日から利用者の要介護認定又は要支援認定の有効期間満了日までとします。
> 2　契約満了日の3日以上前までに，利用者から事業者に対して，更新拒絶の申し出がない場合，契約は当然に更新されるものとします。
> 3　利用者から更新拒絶の意思が表示された場合は，事業者は，他の事業者の情報を提供する等，必要な措置をとります。

　ウ　利用の中止について

　　在宅サービスは長期間にわたって提供されるものですから，時には，利用者の体調の変化やその他の事情により，利用の中止が申し出られることがあります。この点，利用者がやむを得ない事情で利用を中止したいと考えた場合，それを阻害するべきではありませんから，<u>キャンセル料を高額に設定することは避けるべきです</u>。

　　また，<u>キャンセル料が発生する時期については明確に定める必要が</u>あります（条項例では「前日正午まで」としています。）。当該時期は，事業の円滑な遂行の観点からはなるべく早い時期としたいところですが，できる限り利用者の負担にならない時期とすべきでしょう。

> **条項例（サービス利用の中止・変更）**
>
> 1　利用者は，サービス利用前において，いつでもサービス利用の中止又は変更を申し出ることができます。
> 2　利用者が，サービス利用日の前日正午までに中止を申し出なかった場合は，サービス内容説明書記載のキャンセル料をお支払いただく場合があります。ただし，利用者の体調不良等正当な理由がある場合は，この限りではありません。
> 3　事業者は，第1項の変更申出に対し，利用者の希望する日時にサービスを提供できない場合は，他の利用可能日時について利用者と協議します。

エ　利用者からの中途解約について

　　利用者からの中途解約については、予告期間を明確に定めておく必要があります。

　　居宅サービスは、比較的自由にキャンセルできるようにすべきですから、予告期間としては、3日程度としておくことが適切であると考えます。

> **条項例（利用者の解約権）**
>
> 　利用者は、事業者に対し、いつでもこの契約の解約を申し入れることができます。この場合には、3日以上の予告期間をもって届け出るものとし、予告期間満了日に契約は解除されます。

(2)　短期入所生活介護サービス（ショートステイ）

　　短期入所生活介護サービス契約も、基本的な内容は、居宅サービス契約と同様に考えることができます。ただし、短期入所生活介護サービスでは、利用者が施設に入所してサービスを受けるという特殊性がありますので、その点を考慮した契約書を作成することが求められます。

　　以下、居宅サービス契約と大きく異なる点を2点説明します。

ア　入所定員等について

　　短期入所生活介護サービスの場合、利用基本契約を締結した上で、利用者がサービスを利用したいと考えた際に、事業者に対してサービスの利用申込みを行うことになります。

　　ここで事業者としては、定員数など施設の都合がありますので、当該申込みを受け入れることができない場合があります。そのため、定員の関係で入所をお断りせざるを得ない場合があることを契約書に明記しておくべきでしょう。

　　また事業者としては、施設の都合上、突然の申込みには応えられない場合がありますので、利用者が当該申込みを行うべき時期についても契約書に明記しておくことが求められます。

> **条項例（利用者の短期入所生活介護サービス利用）**
>
> 1　事業者が提供する短期入所生活介護サービスのうち，利用者が利用するサービスの具体的な内容は，短期入所生活介護サービス利用申込の都度，利用者と事業者との文書による合意により決めるものとします。
> 2　利用者が事業者の提供する短期入所生活介護サービスを受けようとする場合には，利用者は，利用を希望する期間の初日の２か月前から，事業者に対して利用する期間を明示して申し込むものとします。これに対して事業者は，居室が確保できないなど施設運営に著しい支障をきたさない限り，利用者の利用を断ることはできません。
> 3　入所後，利用者から居室の変更の申出があった場合，事業者がその申出を相当と認めたとき，又は事業者が施設運営上特に必要と認めたときは，居室の変更を行います。

イ　身体拘束について

短期入所生活介護サービスでは，居宅サービスと異なり，短期間とはいえ施設に入所することになるため，施設サービスの場合と同様に，利用者保護の観点から，利用者の身体拘束が必要となる場合があり得ます。その場合の留意点などは，前述234頁を参照してください。

(3) 運用上の留意点

運用上の留意点については，前述235頁（契約の有効性を確保するための留意点，利用者が意思無能力者である場合の留意点）のとおりです。

4　医療機関のM&A─(1)　医療機関のM&Aの形態・スキーム

(1) 医療機関のM&A

近年，病院の経営環境は厳しさを増しており，さらに民間病院の経営者の多くは世代交代期を迎えていることから，その承継が重要な課題となっています。

こうした状況から，今後，病院の統合再編成は増加していくことが見

込まれ，医療機関のM&Aもその一環として捉えることができます。

ところで，医療機関のM&A（合併・買収）は，一般企業と異なり，医療法及び医療に関する許認可等の規制の下で行われますから，これら規制に基づく手続を踏むことが必要です。

また，一般企業は，利益の最大化を目指し，資金調達や出資・買収に対する制約が緩いのに対し，医療法人等は，その営利性については剰余金の配当を禁止することにより，営利法人たることを否定されており，非営利目的で資金調達や出資・配当に制約があります。

したがって，医療法人制度が非営利性を担保しながら医療の永続性・継続性を確保することを目的とした特別の法人として設けられている以上，一般企業と同等の経営統合形態を取ることには自ずと制約が生じることになります。

(2) **医療法人等のM&A**

医療法人等は実質的に独立行政法人福祉医療機構や金融機関からの融資による資金調達方法が多く，かつ法人による出資や配当に制約があり，資金融資を得て統合先病院の土地・建物等を購入することが主流です。

そこで，医療法人等のM&Aの経営統合形態としては，合併，事業譲渡及び系列化（グループ経営）などに限られることになります。

(3) **M&Aの形態・スキーム**

M&Aの具体的な形態・スキームとして，合併，事業譲渡，系列化（グループ化），持分譲渡，社員・メンバー等の交代などがあります。

① **合併**

法人組織を一つに統合して，一法人となるか，病院を譲り受けて一法人下で経営するものです。吸収合併と両法人の経営者が引き続き経営に携わる対等合併とがあります。

また，合併に類するものとして，医療グループが異なる法人の複数の病院を傘下に収める持株会社（ホールディングカンパニー）的な形態もあります。

社団たる医療法人は，総社員の同意があるときは，他の社団たる医療法人又は財団たる医療法人と合併をすることができます（医療法57

条1項)。また，財団たる医療法人は，寄附行為に合併することができる旨の定めがある場合に限り，他の社団たる医療法人又は財団たる医療法人と合併をすることができます（医療法57条2項）。ただし，医療法人の合併が効力を生ずるには，<u>都道府県知事の認可</u>が必要です（医療法57条5項）。

② **事業譲渡**

ある法人が市場から撤退する際に，当該法人の事業を第三者に譲渡するものです。

独立行政法人国立病院機構や自治体等が国公立病院を民間に譲渡する場合や，民間法人が同じ民間法人に譲渡する場合があります。

③ **系列化（グループ化）**

経営は一法人が中心となって行いますが，各法人は合併せずに，元の法人を存続させるものです。中堅病院同士が経営基盤強化のために元の法人を存続させたまま経営統合する場合と，複数病院を保有する法人が他の医療法人の経営に関与する場合があります。

④ **持分譲渡**

持分の定めがある社団医療法人の場合，売主となる社団医療法人がその出資持分を買主に譲渡することによりM&Aを行うものです。

⑤ **社員・メンバーの交代**

持分の定めがある社団医療法人においては，売主である医療法人の社員が退社し，それに代わって買主の社員がその医療法人に入社することによってM&Aを行うものです。

他方，持分の定めのない社団医療法人や財団医療法人においては，理事会，社員総会，評議員会のメンバーを売主側から買主の関係者に交代することにより，M&Aが行われることになります。

(4) **医療法人の解散**

医療法人のM&Aの完了後に，医療法人を解散することが考えられます。

医療法人は，定款又は寄附行為により定められた事由など，法定の解散事由が存在する場合に解散することができます。

ア 社団医療法人の解散

社団医療法人の解散事由は，①定款に定めた解散事由の発生，②目的たる事業の成功の不能，③社員総会の決議，④他の医療法人との合併，⑤社員の欠乏，⑥破産手続開始の決定，⑦設立認可の取消しです（医療法55条1項）。これらのうち，②及び③に掲げる事由による解散が効力を生ずるには，都道府県知事の認可が必要です（同法55条6項）。

事業譲渡において，譲渡側が解散する場合は，②目的たる事業の成功の不能又は③社員総会の決議を解散事由とすることが考えられます。

なお，解散を社員総会で決議するためには，総社員の4分の3以上の賛成が必要です。

イ 財団医療法人の解散

財団医療法人の解散事由は，①寄附行為に定めた解散事由の発生，②目的たる事業の成功の不能，③他の医療法人との合併，④破産手続開始の決定，⑤設立認可の取消しです（同法55条3項）。これらのうち，②に掲げる事由による解散が効力を生ずるには，都道府県知事又は厚生労働大臣の認可が必要です（同法55条6項）。

事業譲渡において，譲渡側が解散する場合は，②目的たる事業の成功の不能を解散事由とすることが考えられます。

ただし，事業譲渡により医療施設が存在しなくなったことは，医療法人の意思に基づく結果ですから，目的たる事業の成功の不能には該当せず，認可が下りない可能性があります。この点は，社団医療法人の場合も同様です。

④ 医療機関のM&A—(2) 医療機関の事業承継及びM&Aの実務

Point！

① 医療法等の関連法令を遵守する。

> ② 法人内の手続を履践する。
> ③ 事業譲渡における表明・保証について定める。
> ④ 従業員の雇用の継続について定める。
> ⑤ 合併における認可手続をとる。
> ⑥ 合併による包括承継の結果を検討する。

サンプル書式→事業譲渡契約書，合併契約書

(1) 事業譲渡

　ア　医療法人の事業譲渡

　事業譲渡は，一定の事業目的のために組織化された事業部門などの資産等を譲渡することです。医療法人においては，運営する施設等の一部を別の医療法人に移転する場合に，事業譲渡という形態がとられます。

　譲渡側が医療法人の場合，事業譲渡契約の締結及び譲渡対象となる施設の廃止について，社員総会の決議（社団医療法人の場合），又は理事会ないし評議員会の決議（財団医療法人の場合）が必要です。

　他方，譲受側の医療法人についても，事業譲渡契約の締結及び譲渡対象となる施設の開設について，社員総会の決議（社団医療法人の場合），又は理事会ないし評議員会の決議（財団医療法人の場合）が必要で，また，新規に開設する施設に関して定款等の変更や保健所，社会保険事務所等への届出等を行わなければなりません。

　事業譲渡の対象となる施設で勤務する従業員については，譲渡先に転籍することの同意を取得しなければなりません。そこで，転籍後の労働条件等を明示したうえで，各従業員から同意書を取得することとなります。

　また，入院患者についても，トラブルを防止するためには，事業譲渡後も入院を継続することに関して，事業譲渡後の入院の条件が変わらないことなどを含め，同意書を取得するようにします。

　イ　事業譲渡契約のポイント

　　(ア)　事業譲渡の対象

(イ) 表明・保証

> **条項例（譲渡法人の表明・保証）**
>
> 　譲渡法人は，本契約締結日及び譲渡日において，以下の事項が正確かつ真実であることを表明し，保証する。
> (1)　譲渡法人は，医療法その他日本の法令及び規則に準拠して定款を作成し，都道府県知事の認可を受けて設立され，その主たる事務所の所在地において設立の登記をすることによって成立した現在有効に存続する医療法人であり，診療所経営に必要な全ての許認可及び届出等を取得し，履践している。
> (2)　譲渡法人は，本契約の締結及び履行並びにそれに基づく取引について，法令，譲渡法人の定款，その他の内部規則において必要とされる全ての手続を完了している。
> (3)　譲渡法人は，本件病院の経営に必要な全ての許認可及び届出等について，円滑に乙に承継することができる。
> (4)　[　　]年[　]月[　]日付の本件事業に関する譲渡法人の貸借対照表及び損益計算書等の会計書類は，一般に公正妥当と認められる会計基準に基づいて正確かつ適法に作成されている。

　医療法人としての内部手続が譲渡人・譲受人双方において履践されていなければなりませんから，それらについて，両当事者が表明・保証します。

　また，譲受人にとっては，譲渡人による対象事業の運営が適法になされている者であり，また，会計書類等が適正であることが重要ですので，これらについて，譲渡人が表明・保証します。

　表明・保証の違反は，損害賠償，解除の対象とします。

(ウ) 従業員の雇用

> **条項例（従業員の雇用）**
>
> 1　譲渡法人及び譲受法人は，譲渡日において譲受法人によって新規に雇用される従業員が別紙記載のとおりであることを確認し，合意する。
> 2　前項の従業員は，譲渡日の前日において譲渡法人を退社し，譲受法人は，譲渡日において当該従業員を雇用するものとする。

　　　事業譲渡の対象となる施設で勤務する従業員が譲受人に引き継がれるため，対象となる従業員のリストを作成し，新たな条件の下で譲受人の下で雇用されることについて定めます。
　(エ)　必要な手続の履践
　　　譲渡人については，譲渡対象施設の廃止に関して必要な手続を履践し，他方，譲受人については，譲渡対象施設の開設に関して必要な手続を履践することを定め，必要に応じて当事者が相互に協力することを定めます。

(2)　医療機関の合併
　ア　医療法人の合併
　　　合併は，複数の法人が一つの法人に統合されるものです。
　　　社団たる医療法人は，総社員の同意があるときは，他の社団たる医療法人又は財団たる医療法人と合併をすることができます（医療法57条1項）。また，財団たる医療法人は，寄附行為に合併することができる旨の定めがある場合に限り，他の社団たる医療法人又は財団たる医療法人と合併をすることができます（同法57条2項）。
　　　合併後存続する医療法人又は合併によって新たに設立される医療法人は，合併によって消滅した医療法人の権利義務を包括的に承継します（同法61条）。
　　　合併は，医療法において唯一認められている経営統合の手法ですから，その手続は明確に定められています。
　イ　合併契約のポイント
　　(ア)　法人内手続

合併を行うには，売り手及び買い手の双方の医療法人において，法人内での承認手続を経ることが必要です。

　社団医療法人の場合は，理事会で合併を承認する旨の決議を行った上で，社員総会で総社員の同意を得なければなりません。

　財団医療法人の場合は，寄附行為に合併できる旨の定めがあることが前提となりますから（同法57条2項），寄附行為に合併できる旨の定めがないときは，寄附行為を変更することが必要となります。

(イ)　認可手続

> **条項例（前提条件）**
>
> 　本契約は，医療法人A及び医療法人Bの社員総会における総社員の同意及び[　（都道府県）　]知事による合併の認可が得られたときに，その効力を生じるものとする。

　医療法人の合併が効力を生ずるには，都道府県知事の認可が必要です（医療法57条5項）。したがって，まず，都道府県知事に対して，合併の認可申請をしなければなりません。

　合併の認可申請後，都道府県知事から認可があったときは，以下の手続をとることが必要です。

① 　認可の通知のあった日から2週間以内に，合併の基礎となる財産目録及び貸借対照表を作成します（同法58条）。

② 　認可の通知のあった日から2週間以内に，医療法人の債権者に対して，合併に異議があれば一定期間内（ただしその期間は2か月を下ることができません。）に異議を申し出るべき旨を公告し，また，判明している債権者に対しては，その旨個別に催告します（同法59条1項）。

③ 　②において債権者の異議申出がなかった場合は，債権者は合併を承認したものとみなされますが，他方，債権者の異議申出があった場合は，その債権者に対する弁済や担保提供などが必要となります（同法59条2項・3項）。

④ 　以上の手続の後，合併後存続する医療法人又は合併により新た

に設立される医療法人が，主たる事務所の所在地において2週間以内に登記をすることによって，合併は効力を生じます（同法62条）。

(ウ) 権利義務の包括承継

合併後存続する医療法人又は合併により新たに設立される医療法人は，合併によって<u>消滅する医療法人の資産や権利義務の一切を承継</u>します（同法61条）。

したがって，合併の当事者は，デューディリジェンスにおいて，合併後に引き継ぐこととなる権利や義務について調査し，合併後の必要な対応について協議の上，合意しておくことが重要です。

第6章 不動産・建設業

第1　不動産・建設業分野の特徴とは
第2　各契約類型
　1　売買契約
　　(1)　仲介（媒介）契約
　　(2)　土地売買契約
　　(3)　建物（マンション）売買契約
　　(4)　借地権売買契約
　2　開発・建設
　　(1)　明渡しに関する合意
　　(2)　交換契約(等価交換方式)
　　(3)　建築工事請負契約
　　(4)　共同企業体（JV）契約
　3　賃貸借
　　(1)　土地賃貸借契約
　　(2)　建物賃貸借契約
　　(3)　一時使用
　　(4)　駐車場賃貸借契約
　　(5)　一般定期借地権設定契約
　　(6)　事業用定期借地権設定契約
　　(7)　定期建物賃貸借契約
　4　利用・運営
　　(1)　建物マスターリース契約
　　(2)　共同ビル基本協定書
　　(3)　管理運営に関する契約

第1 不動産・建設業分野の特徴とは

> **Point！**
> ① 不動産の利用場面は売買，開発・建設，賃貸借，管理・運営と多岐にわたる。
> ② 紛争・リスクを避けるためには，各契約類型に応じたポイントを把握しておくことが重要である。

1 不動産の利活用

　不動産は住居又は事業用として，我々の生活には不可欠なものであり，身近な存在です。また不動産は一般に高額で，賃料収入なども得られますから投機・投資対象になり，企業にとっては重要な資金調達手段（従来からの担保権設定による資金調達や，証券化などのアセットファイナンス）として有効活用されています。

2 不動産に関わる契約の利用場面と特徴

　本章では，①売買，②開発・建設，③賃貸借，④管理・運営と大きく4つの場面に分けて概説していきます。
　不動産業は不動産の売買（分譲），賃貸の仲介業務のほか，ディベロッパーであれば，事業用ビル，マンション，リゾート施設，ホテル及びショッピングモール等の開発・建設や都市開発，資産活用などを幅広く手掛けており，その業務は多岐にわたります。ディベロッパーはその系列に建設業者，不動産販売会社や不動産管理会社などを有していることが多く，企業グループを形成しています。
　こうした開発の過程は計画立案，権利者や行政との調整・交渉，開発用不動産の購入（用地買収），旧施設の解体・新施設の建設，資産活用といった各場面が想定されますので，不動産に関わる契約の利用場面を上記

第1 不動産・建設業分野の特徴とは

4つの切り口から整理することとしました。

　不動産は一般に高額であること，権利関係が複雑であることも多いこと，法令による規制が多いこと，資金調達として活用する場合には専門的知識を有することといった特徴があります。紛争・リスクを最小化するためには，各契約類型の特徴やポイントなどを把握しておくことが重要です。

第2 各契約類型

売買契約—(1) 仲介（媒介）契約

> **Point !**
> ① 事案に応じて「専属専任媒介契約」・「専任媒介契約」・「一般媒介契約」のいずれかの媒介契約の形態を選択する。
> ② 目的物件を明示し，媒介価格等の条件を定める。
> ③ 媒介契約に基づき宅地建物取引業者に支払う仲介手数料の額・支払時期・支払方法を定める。
> ④ 有効期間を定める。

1 仲介（媒介）契約とは

　不動産取引においては，契約当事者である売主が自ら買主を探したり，又は買主が自ら物件を探すことはあまりなく，**宅地建物取引業者**に仲介を依頼することが一般的です。その際に契約当事者と宅地建物取引業者との間で締結する契約を仲介契約といいます。宅地建物取引業者は，仲介契約を締結したときは，遅滞なく，契約書を作成し，依頼者に交付しなければなりません（なお，宅建業法では「**媒介契約**」といいます。）。媒介契約に記載すべき事項は宅建業法等において定められており（宅建業法34条の2第1項，同施行規則15条の7），国土交通省大臣が**標準媒介契約約款**を告示で定めています（国土交通省 http://www.mlit.go.jp/common/001084589.pdf）。そのため，実務では，標準媒介契約約款に基づいて媒介契約書が作成されることが一般的ですが，契約当事者として各媒介契約の形態を正確に理解するとともに，契約内容をきちんと確認した上で，媒介契約を締結することが重要です。

2 仲介（媒介）契約におけるポイント

(1) 媒介契約の形態の選択

　媒介契約には，①**専属専任媒介契約**，②**専任媒介契約**，③**一般媒介契約**の３つの形態があり，それぞれ以下の特徴があります。標準媒介契約約款の冒頭には，各媒介契約の形態の概要が明示されていますので，複数の宅地建物取引業者に依頼して窓口を増やすのがよいか，**指定流通機構**[1]に登録してより広い範囲に情報を流すのが適しているか等を勘案の上，事案に応じて適切な媒介契約を選択します。

① 専属専任媒介契約

　他の宅地建物取引業者に重ねて仲介を依頼することはできません。また，媒介契約を締結した宅地建物取引業者を介する以外には契約を締結することができず，依頼者が自ら見つけてきた相手方と契約を締結することはできません（**自己発見取引の禁止**）。依頼者がこれらに違反した場合には違約金を支払わねばなりません。

　宅地建物取引業者は，依頼者に対し，業務の処理状況を**１週間に１回以上**報告しなければなりません。また，媒介契約を締結した日の翌日から**５日以内**に指定流通機構に登録の上，登録済証を依頼者に引き渡さなければなりません。

② 専任媒介契約

　他の宅地建物取引業者に重ねて仲介を依頼することはできず，依頼者がこれに違反した場合には違約金を支払わねばなりません。媒介契約を締結した宅地建物取引業者を介さずに依頼者が自ら見つけてきた相手方と契約することはできますが，この場合には，依頼者は宅地建物取引業者にその旨を通知しなければならず，また，宅地建物取引業者は依頼者に対し，媒介契約の履行のために要した費用を請求することができます。

1　国土交通省から指定を受けた不動産流通機構が運営する情報ネットワークシステム，Real Estate Information Network System の頭文字をとってレインズ（REINS）と言われています。

宅地建物取引業者は，依頼者に対し，業務の処理状況を2週間に1回以上報告しなければなりません。また，媒介契約を締結した日の翌日から7日以内に指定流通機構に登録の上，登録済証を依頼者に引き渡さなければなりません。

③ 一般媒介契約

他の宅地建物取引業者に重ねて仲介を依頼することができ，媒介契約を締結した宅地建物取引業者を介さずに依頼者が自ら見つけてきた相手方と契約することもできます。この場合には，依頼者は宅地建物取引業者にその旨を通知しなければなりません。

宅建業法上は，宅地建物取引業者には原則として指定流通機構に登録する義務はなく，業務の処理状況の報告義務もありません。必要に応じて，指定流通機構への登録，業務の処理状況の報告に関する特約を設けます。

(2) **目的物件の明示，媒介価格等の条件**

売主として仲介を依頼する場合には，当然ですが売却目的物件の明示と，いくらでの売却を希望するのか媒介価格を明確にし，その他実情に合わせて条件等を設けるのであれば，それも明確にします。買主として仲介を依頼する場合には，希望する物件の条件（所在地，広さ，間取りや価格等）やその他希望条件を明確にします。

(3) **仲介手数料の額・支払時期・支払方法**

媒介契約に基づき宅地建物取引業者に支払う仲介手数料（報酬）を確認，明記する必要があります。仲介手数料は，国土交通省の告示[2]により，売買代金の金額区分に応じて各割合を乗じて得た金額を合計した金額以内とする旨が定められており，<u>これを超えた仲介手数料を宅地建物取引業者が受け取ることはできません</u>。

200万円以下の金額	100分の5.4
200万円を超え400万円以下の金額	100分の4.32
400万円を超える金額	100分の3.24

---

2 昭和45年10月23日建設省告示第1552号（最終改正平成26年2月28日国土交通省告示第172号）。

なお，売買代金額が400万円を超える場合には，次の計算方式[3]により仲介手数料の上限額を算出することができます。

　　　仲介手数料＝（売買価格×3％＋6万円）×（1＋消費税率）

建物の売買において，売主が課税事業者である場合には，消費税が課税されますが，仲介手数料の上限額の算出に当たっての「売買代金」額とは消費税抜きの金額をいいますので注意が必要です。

仲介手数料は**成功報酬**ですので，宅地建物取引業者の仲介により売買等の契約が成立してはじめて発生します。どれほど時間と労力を要したとしても，契約が成立しなければ仲介手数料は発生しません。契約の成立に至るまでには宅地建物取引業者には現地への交通費，広告費，人件費等の諸経費が生じます。しかし，これらは仲介手数料において賄われるべき費用とされていますので，依頼者の特別な依頼に基づき発生した費用でない限りは，仮に契約が成立しない場合でも，宅地建物取引業者の負担となり，依頼者に別途請求することはできません。

支払方法についても明記する必要がありますが，一般的には，契約が成立したときに半額，決済時に残額を支払う旨を取り決めることが多いようです。

もっとも，媒介契約において，売買契約をローン利用特約条項[4]や買替特約条項[5]等により解除した場合には仲介手数料は発生しない旨の特約を設けた場合に，当該特約条項により売買契約を解除した場合は，仲介手数料は発生しません[6]。

3　例えば売買価格1000万円，消費税率8％の場合には，
　（1000万円×3％＋6万円）×（1＋0.08）＝38万8800円
4　不動産の購入に当たり，買主が金融機関などからの融資を利用することを前提に売買契約を締結したものの，融資の全部又は一部について承認が得られなかった場合にはその売買契約を無条件で白紙解除することができるという特約です。
5　所有物件の売却代金を新規物件の購入費用にあてるつもりでいる場合に，所有物件の売却が不調に終わった場合には，買主は不動産を購入する契約を白紙解除することができるという特約です。
6　このような特約条項が設けられていないとしても，買主が融資を条件に売買契約を締結した事実が認められる場合，融資が承認されなかったために売買契約が解除された場合は，仲介業者は受領済みの仲介報酬を委託者に返還すべきとされています（岡本正治・宇仁美咲『詳解　不動産仲介契約』1029頁（大成出版社，全訂版，2012年）。

(4) 有効期間

専属専任媒介契約及び専任媒介契約は3か月を超える有効期間を定めることはできません（宅建業法34条の2第3項）。有効期間満了時に依頼者からの申出により更新することができますが，更新後の有効期間についても3か月を超えることはできません（同条4項）。

一般媒介契約は宅建業法での定めはありませんが，標準媒介契約約款において同様に3か月を超えない範囲で決定することとされています。有効期間満了時，状況に応じて更新の要否を判断します。

1 売買契約—(2) 土地売買契約

Point !

① 対象物件を特定する。
② 手付金の授受・趣旨を明らかにする。
③ 売買代金の支払時期・支払方法を明らかにする。
④ 所有権移転の時期，引渡時期，危険の移転時期を明らかにする。
⑤ 売主の義務の内容を明確にする。
⑥ その他実情に合わせて特約を明確にする。

サンプル書式→土地売買契約書

1 土地売買契約

土地の売買契約は，対象となる土地の所有権を売主から買主に移転し，買主から売主にその対価（売買代金）を支払う契約ですから，対象物件の特定，売買代金の支払時期・支払方法，所有権移転の時期，引渡時期，売主の義務の内容を明確に定めることが重要です。

また対象物件の特性，当事者間の関係その他実情に合わせて特約を設けるのであれば，それも明確にします。

2 土地売買契約におけるポイント

(1) 対象物件の特定

対象物件は，登記簿謄本（登記情報）記載の所在，地番，地目及び地積で特定するのが通常ですが，これらの情報だけでは特定できない場合には例えば図面を添付し，赤い線で囲むなどの工夫が必要です。

(2) 手付金の授受・趣旨

ア 手付とは

土地売買契約では契約締結時に，買主が売主に対して**手付金**を支払うことが多いため，この趣旨をきちんと確認，明記しておく必要があります。

手付金とは，売買契約の締結の際に当事者の一方（通常は買主）から他方（通常は売主）に対して支払われる一定額の金銭のことをいいます。手付には**証約手付**（契約を締結したことを示す証拠。したがって手付はこの証約手付の意味は最低限持っていることになります。），**解約手付**（手付金を放棄することで契約を解除するためのもの），**違約手付**（**違約罰**として没収する趣旨のものと，**損害賠償額の予定**の２種類があります。）の３つがあるといわれていますので，手付金の授受を定めるか否か，また定めた場合はその趣旨を明確にしておく必要があります。

民法では，買主が売主に手付を交付したときは，当事者の一方が契約の履行に着手するまでは，買主はその手付を放棄し，売主はその倍額を償還して，契約の解除をすることができるとされています（民法557条）。なおこのとおり民法では，「当事者の一方が契約の履行に着手するまでは」とあるため，これを素直に読むと契約を解除しようとする当事者が履行に着手した場合にも解除できないように読めることから，民法改正案では，判例法理[7]を明確化して，「相手方が」契約の履行に着手するまでは，買主はその手付を放棄し，売主はその倍額を「現実に提供[8]」して，契約の解除をすることができるとされてい

---

7 最判昭和40年11月24日民集10巻8号2010頁。
8 最判平成6年3月22日民集48巻3号859頁。

ます。この民法改正案は判例法理を明確化したものですから、実務上は従前と同様に考えて良いでしょう。

　土地売買契約で通常多いのは、この解約手付の趣旨と、損害賠償額の予定としての違約手付ですが、事案によって様々です。

　サンプル書式【土地売買契約書】第14条では違約金を手付金と同額にしていますが（損害賠償額の予定）、その他に例えば売買代金額の10％相当額を違約金とした場合の条項例は以下のとおりです。

条項例（違約金を売買代金額の10％相当額とした場合）

1　当事者は、相手方が本契約に違反し、期限を定めた履行の催告に応じない場合、本契約を解除することができる。
2　前項において、売主が違約した場合、売主は、買主に対し、速やかに手付金等受領済みの金員を無利息にて返還するとともに、売買代金額の10％相当額の違約金（以下「違約金」という。）を支払う。買主が違約した場合、違約金が支払い済みの金員を上回るときは、買主は、売主に対し、速やかにその差額を支払い、支払い済みの金員が違約金を上回るときは、売主は、買主に対し、受領済みの金員から違約金相当額を控除して、速やかにその残額を無利息にて返還する。

イ　宅地建物取引業者が売主の場合

　ただし、**宅地建物取引業者**が自ら売主となる宅地又は建物の売買契約の締結に関しては、宅地建物取引業者は売買代金額の10分の2を超える手付を受領することはできないとされ、また、手付は全て解約手付とみなされます（宅建業法39条）。知識や経験が乏しい一般の買主を保護するための規定ですので、売買代金額の10分の2を超える部分は無効となりますし、契約締結から一定期間経過後には買主は手付解除できないとする特約は買主に不利なものとして無効となります。そのため、宅地建物取引業者が売主となる場合には、債務不履行により契約を解除した際の違約金や損害賠償額の予定を定める場合が多いです。もっとも、この場合にもこれらを合算した額が売買代金額の

10分の2を超えてはならず，これを超える特約を定めても超える部分については無効となりますので注意が必要です（同法38条）。

(3) **売買代金の支払時期・支払方法**

売買代金をいつ，どのように支払うかを定めます。通常，買主は金融機関から借り入れて支払いますので，いわゆる頭金（頭金は，手付金であることもありますが，手付金と区別して，代金の一部弁済の趣旨で「内金」と記載することもあります。）以外の残代金は一括して支払い，同時に金融機関が対象物件である土地に抵当権等の担保権の設定を受けることになります。

(4) **所有権移転の時期，引渡時期，危険の移転時期**

土地売買契約において，いつ，売主から買主に所有権が移転するかは非常に重要です。契約書上，この**所有権移転時期**を明確にしておくことが必要ですが，通常は契約締結時ではなく，売主の売買代金保全のため，売買代金を全額支払った時に移転すると定めることになります。

引渡時期も所有権移転と同時期と定める例が多いでしょう。

危険負担とは，双務契約において，各債務が履行される前に，一方の債務が債務者の帰責事由によらずに履行不能となり，消滅した場合に，他方の債務はどうなるのか，という問題です。土地売買契約でいえば，契約は成立したものの，売買の目的物である土地が大地震により損壊してしまい，売主の土地引渡義務が履行不能となった場合，買主はそれでも代金を支払わなければならないか，ということです。この点，民法では，売買の目的物を受け取らないうちに当該目的物が消滅しても，買主が代金を支払わなければならないとされており（いわゆる債権者主義），不合理との批判が強くありました。そこで実際の取引では，目的物の引渡時（上記のとおり，所有権移転と同時期と定める例が多い）と危険負担の移転時期とを同時期として，契約書でこの原則を修正していました（サンプル書式【土地売買契約書】第10条参照）。

なお民法改正案では，当事者双方の責めに帰することのできない事由によって履行不能となったときは，債権者が反対給付の請求を拒むことができることとなりました。すなわち上記例の場合，買主は，代金支払

いを拒むことができ，又は，解除権を行使して，代金支払債務を確定的に消滅させることもできます。

> **条項例（改正民法案の下で想定される危険負担の例）**
>
> 1　本契約締結後，所有権移転時までに，天災地変その他当事者いずれの責にも帰すことのできない事由により本件土地の全部又は一部が滅失又は毀損して本契約の履行が不可能となった場合，売主はその危険を負担し，買主は売買代金の全部又は一部の支払いを拒むことができる。
> 2　前項の滅失又は毀損のため買主が本契約の目的を達することができない場合，買主は本契約を解除することができる。
> 3　前項により本契約が解除されたときは，売主は，買主に対し，手付金等受領済みの金員を無利息にて返還する。

(5)　売主の義務

売買契約では，**売主の担保責任**が問題になります。数量不足や，物の一部滅失の場合，あるいは売買の目的物に瑕疵があった場合など，買主が売買契約によって予定した権利や物を得られなかった場合，買主は，売主に対して，一定の要件の下，契約解除，代金減額請求，損害賠償請求という3つの方法で責任を追及することになります（民法561条～572条）。

もっとも，担保責任に関する規定は任意規定ですから，契約当事者は特約によって，担保責任を定めるか否か，定めるとしてどの範囲で定めるかを自由に設定することができます（民法572条に定める場合を除きます。）。ただし，宅地建物取引業者が自ら売主となる宅地又は建物の売買契約においては，瑕疵担保責任を負う期間を物件の引渡しの日から2年より短くすることはできません（宅建業法40条）。

> **条項例（瑕疵担保責任を免除する場合）**
>
> 買主は，売主に対し，本件土地についての瑕疵担保責任を免除し，本件土地に隠れた瑕疵が存在した場合であっても，その瑕疵を理由と

する損害賠償，代金減額，本契約の解除等何らの請求をしない。

　なお民法改正案では，**瑕疵担保責任**という概念がなくなり，通常の**債務不履行責任**と同様となりましたので，売主としてはどのような義務を負うか，また買主としては売主に債務不履行があった場合，追完請求，代金減額請求，損害賠償請求，契約の解除など，その責任追及の方法を契約書において明確に定めておいた方がよいでしょう。

(6) その他の特約等

　土地売買契約では，対象物件である土地の測量や隣地との境界確認・明示に関する条項，当該土地に設定された抵当権等の負担を消除する条項を設ける例が多いですが，その他にも，当該事案に応じた様々な**特約**が考えられます。例えば**融資利用の特約**（買主が一定の期日までに，金融機関からの融資が得られなかった場合は，無償で契約を解除できる旨の特約）を定めたり，売主から**承継する権利義務**を定めたり，その他停止条件や効力発生条件を設けたりする例もあります。

条項例（売主が境界を明示しない場合）

　本件土地の隣地との境界については，買主の責任と負担において確定することとし，売主は官民査定，民々査定その他隣接地境界確認手続及び実測手続を行う義務を負わない。

1 売買契約―(3) 建物（マンション）売買契約

Point!

① 対象物件を特定する。
② 手付金の授受・趣旨を明らかにする。
③ 売買代金の支払時期・支払方法を明らかにする。
④ 所有権移転の時期，引渡時期，危険の移転時期を明らかにす

> ⑤　売主の義務の内容を明確にする。
> ⑥　その他実情に合わせて特約を明確にする。

サンプル書式→建物売買契約書

1 建物（マンション）売買契約

　建物の売買契約は，対象となる建物の所有権を売主から買主に移転し，買主から売主にその対価（売買代金）を支払う契約です。対象物件の特定，売買代金の支払時期・支払方法，所有権移転の時期，引渡時期，売主の義務の内容を明確に定めること，その他実情に合わせて特約を設けることが重要であることは土地売買契約と同様です。以下では，マンションを前提に解説します。

2 建物（マンション）売買契約におけるポイント

(1)　対象物件の特定

　対象物件は，登記簿謄本（登記情報）記載の所在，家屋番号，種類，構造及び床面積で特定するのが通常です。

　マンションのように，一棟の建物に構造上独立して区分された部分が複数ある区分所有建物の場合には，区分所有権の目的たる「**専有部分**」，「**共用部分の持分**」及び専有部分を所有するための建物の敷地に関する権利である「**敷地利用権**」が売買の対象となります。

　廊下，階段，エレベーター等，区分所有者が共同で使用する部分である「共用部分」は，原則として区分所有者全員の共有とされており（区分所有法11条），各区分所有者は，原則として，その有する専有部分の床面積の割合に応じた持分を所有しています（同法14条）。もっとも登記上，共用部分は表示されませんので（管理規約によって共用部分と定められ，登記された場合を除きます。），売買契約書の物件目録には，「一棟の建物の表示」，「専有部分の建物の表示」，「敷地権の目的たる土地の表示」，「敷地権の表示」を記載して対象物件を特定するのが一般です。

敷地利用権は区分所有権の成立及び存続にとって不可欠の権利ですので，区分所有者は，専有部分と敷地利用権を個別に処分することは原則できませんし（区分所有法22条），共用部分の共有持分のみを売却等することも原則できません（同法15条）。

なお，マンションの場合の床面積ですが，分譲時のパンフレットには壁芯計算法（壁の厚みの中心線に囲まれた面積を算定する方法）によって算出された数値が記載されているのが通常です。しかし，不動産登記法上は内法計算法（壁に囲まれた内側の面積を算定する方法）によって算出された数値によるため，登記簿上の床面積がパンフレットに記載された床面積より小さいことはよくあります。

また，中古の建物売買の場合には，冷暖房機や給湯器等の付帯設備に関する「**付帯設備表**」を作成し，売買契約書に添付するのが一般です。付帯設備表には，設備の有無や不具合の状況を記載しますので，その内容に注意を払うことも重要です。

(2) 手付金の授受・趣旨

建物売買契約では契約締結時に，買主が売主に対して手付金を支払うことが多いため，この趣旨をきちんと確認，明記しておく必要があります。

手付金とは，売買契約の締結の際に当事者の一方（通常は買主）から他方（通常は売主）に対して支払われる一定額の金銭のことをいいます。手付には**証約手付**，**解約手付**及び**違約手付**（**違約罰**又は**損害賠償額の予定**）の3つがあるといわれており，民法では手付は解約手付と推定する規定を置いています（民法557条）。この手付については本章「土地売買契約」の該当箇所（259頁）を参照してください。

(3) 売買代金の支払時期・支払方法

売買代金をいつ，どのように支払うかを定めます。通常，買主は金融機関から借り入れて支払いますので，いわゆる頭金（頭金は，手付金であることもありますが，手付金と区別して，代金の一部弁済の趣旨で「内金」と記載することもあります[9]。）以外の残代金は一括して支払い，同時に金融機関が対象物件である建物に抵当権等の担保権の設定を受けることに

なります。

　なお，マンションの場合は，マンション全体の管理のために，各区分所有者が**管理費**や**修繕積立金**等を負担します。これら費用の支払が滞納したまま区分所有権が譲渡された場合には，新所有者が当然に当該滞納分について支払義務を負うことになっています（区分所有法8条）。売買代金の支払の際に，固定資産税だけでなく，管理費や修繕積立金についても清算を行うのが通常ですが（サンプル書式【建物売買契約書】第12条参照），買主としては管理費等の滞納の有無をあらかじめ確認の上，滞納がある場合には売主との間で滞納分についても併せて清算する必要があります。

(4) 所有権移転の時期，引渡時期，危険の移転時期

　建物売買契約において，いつ，売主から買主に所有権が移転するかは非常に重要です。契約書上，この**所有権移転時期**を明確にしておくことが必要ですが，通常は契約締結時ではなく，売主の売買代金保全のため，売買代金を全額支払った時に移転すると定めることになります。

　引渡時期も所有権移転と同時期と定める例が多いでしょう。

　危険負担とは，双務契約において，各債務が履行される前に，一方の債務が債務者の帰責事由によらずに履行不能となり，消滅した場合に，他方の債務はどうなるのか，という問題です。建物売買契約でいえば，契約は成立したものの，売買の目的物である建物が大地震により損壊してしまい，売主の建物引渡義務が履行不能となった場合，買主はそれでも代金を支払わなければならないか，ということです。この点については本章「土地売買契約」の該当箇所（261頁）を参照してください。

(5) 売主の義務

　売買契約では，**売主の担保責任**が問題になります。数量不足や，物の一部滅失の場合，あるいは売買の目的物に瑕疵があった場合など，買主が売買契約によって予定した権利や物を得られなかった場合，買主は，

9　新築マンションの分譲の場合には，売買契約の締結前に「申込証拠金」や「契約申込金」という名目の金員を預託することがありますが，契約締結に至った場合には，当該金員は手付金の一部に充当されることが多いようです。

売主に対して，一定の要件の下，契約解除，代金減額請求，損害賠償請求という3つの方法で責任を追及することになります（民法561条～572条）。

　もっとも，担保責任に関する規定は任意規定ですから，契約当事者は特約によって，担保責任を定めるか否か，定めるとしてどの範囲で定めるかを自由に設定することができます（民法572条に定める場合を除きます。）。

　ただし，宅地建物取引業者が自ら売主となる宅地又は建物の売買契約においては，瑕疵担保責任を負う期間を物件の引渡しの日から2年より短くすることはできません（宅建業法40条）。また，新築住宅の売主（宅地建物取引業者に限定されません。）は，基本構造部分（柱，壁等の構造耐力上主要な部分等）の瑕疵担保責任を物件の引渡しから10年間は義務付けられていますので（住宅の品質確保の促進等に関する法律95条），注意が必要です。

　なお民法改正案では，**瑕疵担保責任**という概念がなくなり，通常の**債務不履行責任**と同様となりました。これが成立した場合には売主としてはどのような義務を負うか，また買主としては売主に債務不履行があった場合，追完請求，代金減額請求，損害賠償請求，契約の解除など，その責任追及の方法を契約書において明確に定めておいた方がよいでしょう。

　また，マンションの場合には，マンションの管理や使用に関するルールを定めた**管理規約**があります。区分所有者は，管理組合の構成員として管理規約を遵守しなければなりませんので，特に中古マンションの売買契約書には，売主が買主に対して規約等に基づく権利・義務を承継させる旨を定めることが一般です（サンプル書式【建物売買契約書】第18条参照）。

(6) その他の特約等

　建物売買契約では，**融資利用の特約**（買主が一定の期日までに，金融機関からの融資が得られなかった場合は，無償で契約を解除できる旨の特約）や**買替え特約**（買主が物件を買い替える際に，一定の期日までに先に所有し

ている物件が一定金額で売却できなかった場合は，無償で契約を解除できる旨の特約）等の条項を設けることがありますが，その他にも事案ごとの実情に応じて特約を明確にすることが必要です。

売買契約―(4)　借地権売買契約

> **Point！**
> ① 借地権の種類（地上権か賃借権か）を明らかにする。
> ② 賃借権の場合は借地権設定者の承諾を条件にする。
> ③ 借地権の内容（対象物件の特定を含む）を特定する。
> ④ 手付金の授受・趣旨を明らかにする。
> ⑤ 売買代金の支払時期・支払方法を明らかにする。
> ⑥ 引渡時期を明らかにする。
> ⑦ 売主の義務の内容を明確にする。

サンプル書式→借地権売買契約書

1　借地権売買契約

　借地上の建物を譲渡すると，特段の事情がない限り，その敷地利用権についても譲渡されたものとみなされます[10]。借地権は敷地利用権の一種ですので，この場合，借地権についても譲渡したことになります。

　借地権には，**建物所有を目的とする地上権**と，**建物所有を目的とする土地の賃借権**があります（借地借家法2条1項）。このうち地上権は物権ですから，原則として自由に譲渡することができます。これに対して，賃借権を譲渡するには，賃貸人の承諾が必要です（民法612条1項）。賃貸人は借地権設定者ともいいますが，通常は所有者です。もし承諾を得ないで賃借権であるところの借地権を譲渡すると，賃貸借契約自体の解除原因となり

10　最判昭和47年3月9日民集26巻2号213頁。

ます。

2 借地権売買契約のポイント

(1) 借地権の種類

前述のとおり，借地権には地上権と賃借権がありますが，両者には，借地権譲渡に当たって，借地権設定者の承諾を要するか否かという大きな違いがありますので，対象となる借地権がどちらなのかを明確にする必要があります。ただし，通常の場合，借地権は賃借権であることがほとんどですので，以下は主として，賃借権である借地権について説明します。

(2) 借地権設定者の承諾

前述のとおり，賃借権の譲渡には借地権設定者（通常は土地の所有者）の承諾が必要であり，無承諾の譲渡は解除原因になります。

したがって，賃借権である借地権の売買契約を締結するに際して，まだ承諾が得られていない場合には，借地権設定者の承諾を条件にする文言を入れておく必要があります（サンプル書式【借地権売買契約書】第6条）。

承諾があったことは，後に，争いになった場合に，借地権譲受人が立証しなければなりませんので，書面で承諾を得ておく必要があります。

なお，承諾に当たって，借地権設定者は通常，**承諾料**を要求します。承諾料の相場は地域ごとに幅がありますが，借地権価格の10％程度が多いとされています。承諾料は，譲渡人が負担するのが通常です。

借地上の建物を譲渡する場合で，借地権の譲渡について借地権設定者の承諾が得られないときは，借地権者は，裁判所に申立てをすることにより，**借地権設定者の承諾に代わる許可**を得ることができます（借地借家法19条）。裁判所に申立てができるのは借地権者だけであり，借地権の譲受人は申立てができません。したがって，借地権設定者の承諾が得られない場合に，借地権の譲受人である買主がこの方法を望むのであれば，売主に申立ての義務を課す条項を入れておく必要があります[11]。

> **条項案（売主に借地借家法 19 条の申立義務を課す場合）**
> 借地権設定者が本件借地権の譲渡を承認しない場合には，売主は，裁判所に対し，借地借家法 19 条 1 項に定める借地権設定者の承諾に代わる許可を得るための申立をしなければならない。

なお，承諾に代わる許可の申立てがあった場合，借地権設定者は，これに対抗して，裁判所が定める期間内に，自ら建物の譲渡及び賃借権の譲渡又は転貸を受ける旨の申立てをすることができます（借地借家法 19 条 3 項前段）。これを「介入権」といいます。借地権設定者が介入権を行使して，この申立てをした場合，裁判所は，相当の対価を定めて譲渡を命じ，又は転貸条件を定めて転貸を命じることができます。また，当事者双方に，その義務を同時に履行すべきことを命じることもできます（同法 19 条 3 項後段）。

(3) 借地権の内容

借地権設定者の承諾を得て借地権が譲渡されると，賃借人である譲渡人の契約上の地位が，新賃借人である譲受人に移転します。すなわち，原則として，従前と同じ内容の契約が，借地権設定者と新賃借人の間の契約関係にも引き継がれるのです。したがって，借地権の売買にあたっては，従前の契約の内容を明確にしておく必要があります。具体的には，借地権の対象となる物件の特定，契約の種類（地上権か賃借権か），契約の目的（建物所有目的であること），借地権設定者の特定，契約の期間，地代などです（サンプル書式【借地権売買契約書】別紙「借地権目録」）。なお，借地契約において，敷金が授受されることは多くはないのですが，

---

11 借地権が地上権でも，譲渡には借地権設定者の承諾を要するとの特約が付されている場合があります。この特約は債権的効力しかないので，これに違反して，借地権設定者の承諾を得ないで譲渡した場合には，地上権である借地権の譲受人は借地権の取得を借地権設定者に対抗することができます。しかし，譲渡人は借地権設定者から契約違反に問われてしまいます。このような場合に，地上権にも借地借家法 19 条を類推適用して，承諾に代わる許可の申立てをすることができるかについては，できるとする積極説と，できないとする消極説があります。東京地方裁判所民事第 22 部（建築・借地非訟・調停事件専門部）で借地非訟事件を担当する裁判官及び書記官が執筆・編集した『借地非訟の実務』では，「結論としては，積極説が妥当であろう。」としています（植垣勝裕編『借地非訟の実務』320 頁（新日本法規出版，2015 年））。

仮に敷金の授受があったとしても，原則として，敷金は新賃借人に引き継がれないというのが判例[12]の考え方です。判例は，土地賃借権の移転の場合につき，敷金交付者が賃貸人に敷金をもって新賃借人の債務の担保とすることを約し，又は新賃借人に敷金返還請求権を譲渡するなどの特段の事情のない限り，敷金交付者の権利義務関係は，新賃借人に承継されないとしています。

(4) 手付金の授受・趣旨

通常の不動産売買契約と同様に，借地権売買契約でも，手付金の授受が行われることがあります。手付金には，**証約手付**，**解約手付**，**違約手付**の3つがあると言われていますので，その趣旨を明確にしておくことは，土地売買契約，建物（マンション）売買契約と同様です（258, 263頁参照）。

(5) 売買代金の支払時期・支払方法

売買代金をいつ，どのように支払うかを定めます。手付金の授受がある場合，残額については，対象物件の引渡と同時に一括で支払うのが通常です（サンプル書式【借地権売買契約書】第4条）。借地権とともに売買の目的物となる借地上の建物に抵当権を設定し，金融機関から融資を受けることもあります。

(6) 引渡時期

引渡時期も定めます。上述のとおり，手付金を除いた売買代金の残額の支払いと同時に引渡がされるのが通常です（サンプル書式【借地権売買契約書】第4条，第7条）。

(7) 売主の義務

借地権売買契約も有償契約ですので，**売主の担保責任**が問題になります。そこで，売主の担保責任についても記載します（サンプル書式【借地権売買契約書】第5条）。ただし，賃借権である借地権の売買において，売買の目的物は土地そのものではなく，その賃借権です。このような場合について，判例[13]は，対象物件の面積の不足，対象物件に関する法的

12　最判昭和53年12月22日民集32巻9号1768頁。
13　最判平成3年4月2日民集45巻4号349頁。

規制又は賃貸借契約における使用方法の制限等の客観的事由によって，賃借権が制約を受けて売買の目的を達することができないときには，当該賃借権に瑕疵があると考える余地があるとする一方，借地権設定者の修繕義務において補完されるべき欠陥については，借地権設定者に対してその修繕を請求すべきものであるから，売買の目的物の瑕疵ではないと判示しています。

なお，民法改正案では，瑕疵担保責任という概念がなくなり，通常の債務不履行責任と同様となりました。したがって，同法改正案の下においては，売主の義務の内容，買主の責任追及の方法を契約書において明確に定めておいた方がよいことは，土地売買契約，建物（マンション）売買契約の場合と同様です（258，263頁参照）。

❷ 開発・建設—(1) 明渡しに関する合意

> **Point !**
> ① 合意書を作成し，場合によっては訴え提起前の和解手続（即決和解）を利用する。
> ② 賃貸借契約の終了の場合は，契約終了，明渡時期，当事者間の金銭の清算その他明渡条件を明記する。

サンプル書式→合意書

1 明渡しに関する合意が必要となる場合

明渡しに関する合意をする場面としては，土地又は建物の賃貸人と賃借人との間で賃貸借契約の終了を合意して目的物を明け渡す場合や，土地又は建物の所有者が，これらを不法占拠する者との間で明渡しについて合意する場合が想定されます。

口頭でも合意できますが，通常は合意内容を明確とし，後日の紛争を防ぐため，書面で合意書を作成します。またその場合，事案に応じて，**訴え**

提起前の和解手続[14]（いわゆる即決和解）を利用するのもよいでしょう。訴え提起前の和解手続により和解調書を作成しておくと，合意をした相手方が約束した期日に明け渡さなかった場合に，同和解調書（債務名義）に基づき強制執行することが可能となるからです（民執法22条7号）。

ちなみに，公正証書（執行認諾文言付）は「金銭の一定の額の支払」等の目的とする請求に限り債務名義となり，土地又は建物の明渡しを目的とする請求に利用することができないため，訴え提起前の和解手続を利用する意義は非常に大きいといえます。

2 明渡しに関する合意のポイント

以下では，土地又は建物の賃貸人と賃借人との間で，賃借人が賃貸人に対し目的物を明け渡す場合について解説します。

(1) **契約終了，明渡時期の確認**

いつ賃貸借契約が終了するのか，賃借人がいつまでに目的物を明け渡すかを明確にします。

(2) **当事者間の金銭の清算**

明渡しに際しては，当事者間に未払賃料，賃料相当損害金又は敷金などがある場合には，これらの清算（支払）の要否・方法についても定めます。また賃貸人が賃借人に対して立退料を支払う場合はその額・支払時期・支払方法も明記します。

(3) **その他明渡しの条件等**

土地又は建物の明渡しに際して賃借人は原状回復義務を負いますが，賃貸人がこれを免除する場合にはその旨を明記するなど，その他明渡しの条件があればこれも記載します。

---

14 訴え提起前の和解手続とは，財産上の争いについて訴訟や調停によるまでもなく双方の合意による和解の見込みがある場合に裁判所で和解をする手続をいいます（民事訴訟法275条）。

❷ 開発・建設—(2) 交換契約（等価交換方式）

> **Point !**
> ① 進捗に応じて確認書，基本協定書，等価交換契約書を締結する。
> ② 基本協定書においては，事業スケジュール，床面積の調整，地権者やマンション建設業者が履行すべきこと等について確認する。
> ③ 等価交換契約では，売買代金の確定，土地の所有権の移転時期，専有部分の床面積の確定，専有部分に関する危険負担，契約違反した場合の処理について慎重に検討する必要がある。

サンプル書式→基本協定書，等価交換契約書

1 交換契約

　交換契約とは，当事者が互いに金銭の所有権以外の財産権を移転することを約する契約をいいます（民法586条）。
　典型例としては，A土地とB土地を等価で交換する契約が挙げられます。

2 等価交換契約

　以下では，**等価交換方式によるマンション建設**，すなわち土地所有者（地権者）が自己の所有する土地の全部又は一部をマンション建設業者に提供し，その土地上に建設されたマンションの一部を取得するという方式で行われるマンション建設方法における契約のポイントについて解説いたします。
　等価交換契約においては，地権者の土地の全部又は一部及び既存建物（当該土地上に建物がある場合）と，マンション建設業者が建設したマンションの一部の専有部分，当該専有部分に対応する建物共用部分及び敷地利用権である土地の共有持分とを等価で交換します。なお，両者の間に価

値（価額）の差があるときは現金で清算します[15,16,17]。

　等価交換方式によるマンション建設の流れとしては，まず地権者とマンション建設業者との間で，建築するマンションの概要図面を基に協議を行い，原則的な同意を得られた時点で，当該同意や両者間の合意を確認する趣旨で**確認書等**を締結します。

　その後，マンション建設業者にて敷地の測量，正式な設計図書の作成，建築工事費の見積，具体的な事業計画書の策定等を行い，それらに基づいて地権者との間で，具体的に，還元する専有部分の位置，面積，品質等について協議を行い，設計を一応確定させて，**基本協定書**（いわば売買予約契約書）を締結します。

　なお，まだこの段階では関係官庁との折衝，近隣住民との協議等の結果によってはマンションの規模・内容等を変更せざるを得ない可能性があります。また，当初予定していた建築確認が得られないことが明らかとなった，あるいは当事者の一方が専有部分の確定のための協議に応じず最終的な契約締結に向けた協議ができない，といった事態も想定されます。そこで，かかる事態を見越して，事業の縮小（専有部分の床面積の変更等）・中止（基本協定の解約等）等の留保が付されるのが通常です。

　基本協定書締結後，マンション建設業者は，本格的に関係官庁との開発協議を行い，並行して近隣住民とも折衝を行うなどし，マンションの建築確認申請をします。同時に，設計事務所や施工業者から正式な工事見積を取得して工事に要する諸費用，一般管理費等を算出の上，地権者に還元する割合（還元率）を決定します。

15　等価交換方式によるマンション建設の取引形態としては，必ずしも交換という形ではなく，地権者が土地をマンション建設業者に売り渡し，建設されたマンションの一部を買い受ける（マンション建設業者からすると，土地を買い受けて，建設したマンションの一部を売り渡す）という相互売買の形式が採られることもあります。
16　地権者が所有する土地の所有権の全部をマンション建設業者に提供（譲渡）する場合は全部交換（売買）方式，地権者に還元される専有部分に対応する土地の共有持分を除いた他の部分を提供（譲渡）する場合は部分交換（売買）方式といえます。
17　土地を譲渡する場合，交換・売買を問わず，譲渡所得として所得税が課せられることになりますが，様々な税法上の特例が設けられています。そのため，当該特例の適用の可否を併せて検討し，取引形態，地権者の土地所有権（共有持分）の移転時期等について決定することもあります。

そして建築確認が完了し，事業スケジュールも確定し，また地権者への還元率等，地権者との間で協議が整ったときは，地権者とマンション建設業者との間で最終的な契約書（**等価交換契約書**）を締結します。

マンション建設業者は，等価交換契約に基づきマンション建設工事に着工し，竣工後，地権者に専有住戸を引き渡すとともに，それ以外の住戸につき分譲を開始することになります。

3 確認書締結の必要性

上記確認書には基本的に，マンション建築計画に協力することについて同意すること，詳細計画作成後に具体的条件について折衝し，その条件について同意が得られた場合に事業に参加すること等が盛り込まれます。

特に複数の地権者がいて，その中の一人でも参加しない者がいる場合，事業計画の遂行自体が不可能となる事態も想定されることから，この確認書を作成する必要性は高いでしょう。また，同意自体は得られても，その後の継続的な協議によっても事業遂行の目途が立たない場合等，確認書締結後から一定期間経過しても基本協定書締結に至らないときは事業そのものを白紙に戻すことができる（確認・合意を解約する）旨も定めておきます。

4 基本協定書におけるポイント

(1) 事業のスケジュールの策定

基本協定書には，建築確認の申請時期，等価交換契約の締結，マンションの建設工事着工・竣工，そして地権者への専有部分の引渡時期等のスケジュール（目途）を策定しておきます。

そして，かかるスケジュールに従った事業遂行が困難と見込まれる場合には，事業そのものを中止し，協定書を解除することが考えられます（サンプル書式【基本協定書】第3条，第13条第1項第3号参照）。

(2) 床面積の決定（仮）と調整等

基本協定書においても，地権者に還元される床面積（予定）について決定しておきます。

もっとも，基本協定書締結段階では本設計が完成しておらず，本設計を作成した段階で専有部分の床面積が増減するのが通常です。

そこで，行政指導や近隣住民との協議結果等に応じてマンションの規模等が変更された場合における床面積の変更に関する基準を定めておくことが不可欠です（サンプル書式【基本協定書】第4条第3項）。

(3) **地権者とマンション建設業者が履行すべきこと**

地権者は，基本協定書締結後，等価交換契約締結に向けて，自己の所有する土地に付されている抵当権を消滅させるなど所有権を完全なものとし，また善良なる管理者の注意をもって所有土地及び既存建物（ある場合）を管理します。

他方，マンション建設業者は，基本協定書締結後，マンションの設計・施工業者を決めるなどして工事費，設備・仕様等を確定させると共に，関係官庁との折衝，近隣住民との協議を開始して，建築確認の取得を目指します。

(4) **基本協定の解約，解除等**

なお相手方が上記(3)に記載したような義務を履行しない場合における基本協定の解除を定めておくはか（サンプル書式【基本協定書】第15条），建築確認が得られない場合や近隣問題を解決できないような場合における基本協定の解約を定めておきます（サンプル書式【基本協定書】第13条）。前者の場合，契約に違背した者に事業遂行のための経費・実費等を負担させるとともに損害賠償義務も負わせ，他方，後者の場合は，損害の賠償はせずに経費・実費について基本的に折半で負担する旨定めておくことが考えらえます。

さらに，これらの事情が存しない場合であっても，例えばマンション建設業者が資金を手当てする目途が立たないため，等価交換契約を締結せず，基本協定を解約するといったことも考えられます。そのような自己都合による解約を定めたのがサンプル書式【基本協定書】第14条です。

5 等価交換契約におけるポイント

(1) 売買代金の確定

等価交換契約締結時においては、地権者の土地及び既存建物（ある場合）の売買代金の額と、地権者が取得する専有部分とそれに対応する共有持分についての売買代金の額を確定します。

その支払方法については、あらかじめ相殺する旨を定めておくとよいでしょう。

なお、両者の間に価額の差があるときは、その差額（交換差金）の支払についても明記しておきます。

> **条項例（土地の売買代金の額が専有部分等の売買代金の額を下回る場合の交換差金の支払）**
>
> 3　甲及び乙は、甲専有住戸等の引渡時に、前二項に定める売買代金を互いに対当額にて相殺し、甲は相殺後の残額〇〇円を乙に支払うものとする。

(2) 土地等の所有権の移転時期、登記手続等

等価交換方式によるマンション建設の場合、税法上の特例の適用の可否とも関連して、全部交換方式と部分交換方式のいずれにするのか、所有権の移転時期を等価交換契約締結時とするのか専有部分等の引渡時とするのか等、様々な取引形態が採られています。

ただ、例えば、多数の地権者（地主、借地人）が存在し、それらの区画を合わせて（合筆）一つの敷地としてマンションを建設するような場合、合筆するには基本的に同一の所有者でなければならないことから（不動産登記法41条参照）、全部交換方式とし、かつ等価交換契約締結時に所有権を移転させる必要があります。

なお、既存建物に関しては、所有権移転登記の申請ではなく滅失登記の申請を行うことも考えられます。

> **条項例（滅失登記の申請）**
>
> 1　甲は、本契約締結と同時に、既存建物について乙を権利者とする

所有権移転登記の申請を行うものとし，申請に際して必要な書類を乙に交付する。
2　前項にかかわらず，乙は，既存建物の解体後その滅失登記の申請に必要な書類を交付するよう甲に求めることができるものとする。この場合，甲は，本契約締結後，既存建物の解体及び滅失登記を妨げる一切の行為をしてはならない。
3　前二項に定める登記手続に要する費用は乙の負担とする。

(3) 専有部分の床面積等の確定

等価交換契約締結時には，地権者が取得する専有部分の床面積及びそれに対応する共有持分の割合について確定しておく必要があります。

なお，建築確認に際しては壁芯計算[18]に従って算定されるものの，登記上は内法計算[19]による面積が記載されます。そのため，地権者に無用な誤解を生じさせることのないよう，あらかじめその旨確認しておくのも良いでしょう。

条項例（壁芯計算であることの確認）

甲は，甲専有住戸の専有面積が壁芯計算に基づく建築確認上の面積であり，内法計算による登記面積と異なることを確認し，これらの相違を理由として売買代金の額の減額等を申し出ないものとする。

(4) 専有部分の危険負担

専有部分等が毀損又は滅失した場合における処理方法，特に専有部分等に関する売買契約と土地に関する売買契約の関係・影響の有無等について明確にしておくことが不可欠です。

この場合の処理方法としては，滅失の場合（毀損の程度が甚大な場合を含みます。）と毀損に留まる場合とに分けて検討することが考えられます（サンプル書式【等価交換契約書】第21条参照）。

18　壁の中心線を基準に測定する方法。
19　対象物の内側を測定する方法。

(5) 土地の売買に関する契約違反

土地の売買に関して契約違反があり等価交換契約を解除する場合，事業の遂行自体が困難になるのが一般的であることから，専有部分等に関する売買についても失効するとすることが妥当です。

なお，多数の地権者のうち一人の地権者に契約違反があるような場合，他の地権者との関係上，事業を白紙にすることは困難といった事態も考えられます。そのような場合は，当該地権者との間の土地売買契約部分を解除することなく所定の売買代金を支払って土地を買い受け，違約金を徴収するとともに，専有住戸等に関する売買契約部分は解除するといった対応が考えられるでしょう。この対応を定めたのがサンプル書式【等価交換契約書】第23条第3項です。

(6) 専有部分等の売買に関する契約違反

他方，マンション建設業者が専有住戸等を引き渡さないなど専有住戸等に関する売買契約部分に違反があったとしても，特にマンションが竣工し分譲が開始されているような場合，これを収去して土地を返還させることは社会経済的にも損失であることから，土地の売買契約部分は有効に存続させることが有用といえます。

なお，マンション建設業者の違反の内容如何によっては，地権者は専有住戸等を得られない結果となるおそれがあります。したがって地権者としては，その場合の補償（土地の売買代金相当額，違約金等）がきちんと定められているか，チェックが必要です。

開発・建設—(3) 建築工事請負契約

> **Point !**
>
> ① 工事の内容，範囲，工期，代金支払時期を明確にする。
> ② 中止権，解除権，設計変更，追加工事等の当初の想定と異なる事態に対応するためのルールを規定する。

> ③ 法令上要求される記載事項を網羅し，法令上課される義務を契約書に取り込む。
> ④ 約款を利用する場合，約款の内容を当該工事に適合するように修正する。

1 建築工事契約の利用場面と特徴

　不動産を巡る取引では，一般に，土地を仕入れて既存建物を解体し，土地を造成し，建物を建築し，自ら使用するか第三者に賃貸するという過程をたどります。この過程で，多くの当事者が関与して様々な契約が締結されますが，ここでは，そのうち**建物解体工事請負契約，建築設計・監理業務委託契約，建築工事請負契約**について見ていきます。

　これらの契約では，工事内容を示す設計図書や工程表等の書類が重要な位置を占めますので，設計図書等が当事者（特に発注者）の意向が十分に反映されること，工事が設計図書等のとおりに実施されることを契約書において担保することが必要となります。

　また，契約金額が高額になり契約期間も長期間にわたるものが多いため，契約期間や代金支払条件も重要です。さらに，何らかの事情により工事が予定どおり進まない場合を想定した中止権・解除権，設計変更，追加工事に関する規律を整備することも有益です。

　以上に加えて，建設業法，建築基準法，建築士法等の法令による規制を受けることにも注意しなければなりません。もっとも，契約の都度，契約書の内容が法令の規制を遵守しているかどうかを確認することは煩雑ですので，実務上は約款が広く用いられています[20]。

20　平成27年3月31日に国会に提出された民法の一部を改正する法律案では，定型約款についての規定が新設されましたが（民法改正案548条の2〜548条の4），工事請負契約における約款は，通常は定型取引（548条1項柱書）にあたらず定型約款には該当しないと解されます。

2 建物解体工事請負契約におけるポイント

(1) 建物解体工事請負契約とは

建物解体工事請負契約は，主として建築物等を解体することを目的とする工事の請負契約です[21]。

(2) 解体工事特有の留意点

まず，解体工事も建設工事（建設業法2条1項）に含まれるため，建設業法19条1項各号の事項（工事内容，代金額，工事着手及び完成の時期等）を全て契約書に規定すべきです。

次に，建物解体工事請負契約では，解体により生じる建築資材や廃棄物等の処理を明確にしておく必要があります。処分に費用がかかる又は処分が困難な廃棄物等が生じた場合には，その処理を巡る紛争が生じるために，契約において取り決めをしておくことが重要です。

具体的には，建物基礎杭の処理（例えば，基礎杭の有無・本数・径・幅が不明な場合の費用負担や，越境している場合の処理方法等。），汚染土壌の調査・除去，アスベストなどの有害物質が存在する場合の対応・費用負担，残置物の処理等について規定しておくべきです。

また，解体工事に伴う産業廃棄物の処理も必要となりますので，請負人において産業廃棄物処理法上の義務を履行するよう明記するとともに，その結果を発注者に報告するよう規定することも有用です。

さらに，建設工事に係る資材の再資源化等に関する法律（建設リサイクル法）により，延べ床面積80m²以上を解体する工事は建設業の許可又は解体工事業の登録がされた工事業者のみが実施できるとされているほか，発注者の事前届義務，請負人の分別解体・再資源化等の義務，再資源化等完了の報告義務等が課されていますので，互いに建築リサイクル法上の義務を履行することを契約書上も明確にすべきでしょう。

---

21 解体工事に特化した約款として，国土交通省の「建築物解体工事共通仕様書（平成24年版）」があります。http://www.mlit.go.jp/common/001001720.pdf

3 建築設計・監理業務委託契約におけるポイント

(1) 建築設計・監理業務委託契約とは

　一定の建築物は，発注者（建築主）が建築士を設計者，工事監理者としておかなければ工事をすることができないとされており（建築基準法5条の6），このような建築物については，発注者は建築士に対し建築設計と工事監理を委託する必要があります。そして，建築士は契約締結後遅滞なく必要事項を記載した書面に署名又は記名押印して発注者に交付しなければならないとされていること（建築士法24条の8）を踏まえて，発注者と建築士との間で建築設計業務委託契約（以下「**設計契約**」といいます。）や工事監理業務委託契約書（以下「**監理契約**」といいます。）が締結されます[22]。

　実務上は，建築関連団体によって作成された「四会連合協定　建築設計・監理等業務委託契約書[23]」（**四会連合協定契約書**）が広く用いられています。

　設計契約の法的性質は，裁判例でも判断が分かれており，請負契約とするもの[24]と準委任契約とするもの[25]があります。いずれかによって中途解約時の報酬請求や損害賠償請求権の行使期間等に差異が生じます。これに対し，監理契約は，工事が設計図書どおりに実施されているかを確認することを主たる目的としますので，準委任契約としての性質を有することが通常です[26]。

　両契約に共通して留意すべき点としては，交付書面の法定記載事項

---

[22] ただし，実際には契約書を作成しないまま設計業務が先行することがあり，途中で設計業務が中止になった場合に契約の成否や報酬請求の可否をめぐって紛争が生じます。このような事態を予防するためにも，特に建築士の側としては可及的速やかに契約書を締結すべきです。なお，延べ面積が300平方メートルを超える建築物の設計契約又は監理契約については，書面による契約締結が当事者の義務とされています（建築士法22条の3の3）。

[23] 四会連合協定契約書についての解説書として，大森文彦ほか『四会連合協定　建築設計・監理等業務委託契約約款の解説』（大成出版社，2009年）があります。

[24] 東京高判昭和58年12月20日判タ523号160頁。

[25] 東京高判昭和59年12月11日判タ552号176頁。

[26] 東京地判平成4年12月21日判時1485号41頁。

(建築士法24条の8，同施行規則22条の3）を網羅することは当然ですが，特に，対象となる物件・工事を特定する，建築物の用途・構造・規模を明記する，委託業務内容を具体的に規定する，業務の実施期間，業務報酬の額及び支払時期を規定する，契約解除事由及び手続を明確にするといった点に留意する必要があります。

以下では，このうち特に重要な，委託業務内容を具体的に規定するという点について，それぞれの契約について詳しく説明します。

(2) 設計業務について

「設計」とは，建築士がその責任において設計図書を作成することをいいますが（建築士法2条6項），契約書では，「設計」には必ずしも含まれない業務も委託業務に含めて具体的に規定する必要があります。

設計に関する業務は，大きく分けて，基本設計に関する標準業務（建築主の要求等を基に平面図等の基本設計図書を作成する業務），実施設計に関する標準業務（基本設計を基に工事実施及び見積に必要十分な実施設計図書を作成する業務），工事施工段階で設計者が行うことに合理性がある実施設計に関する標準業務，これらに付随する標準外の業務に区別されます[27]。そこで，契約書においても，基本設計，実施設計，工事施工の各段階に分けて，委託する業務を具体的に規定することが有用です。

例えば，基本設計，実施設計の各段階で，発注者の要求等の諸条件を整理し発注者に説明する義務，設計方針を策定し発注者の承認を得る義務，法令上の制約を調査し関係機関と協議する義務，建築主の了解をもって設計図書は完成したものとすること等の規定を置くことが考えられます。工事施工の段階では，材料や設備機器について説明・助言を行う義務等を規定することが考えられます。

(3) 監理業務について

工事監理の意義について，建築士法2条8項は「その者の責任において，工事を設計図書と照合し，それが設計図書のとおりに実施されているかいないかを確認すること」と定めています。監理契約で委託される

---

[27] 平成21年1月7日国土交通省告示第15号別添一の1項，同別添四の1項。

業務は，工事監理に関する標準業務（概ね建築士法上の法定業務に相当します。），その他の標準業務，これらに付随する標準外の業務に大別されます[28]。

そこで，この区別に従い，工事監理業務の範囲を具体的に規定することが有用です。具体的には，工事監理に関する業務として，監理業務方針の説明義務，設計図書等の内容を把握し設計図書等に照らして施工図等を検討し報告する義務，工事監理報告書の提出義務を，その他の業務として，工事代金・工程・施工計画等の検討・報告義務，工事が施工図等に適合しない場合には施工業者に修正を求め，発注者に報告する義務，関係機関による検査への立会い義務等をそれぞれ規定することが考えられます。

4 建築工事請負契約におけるポイント

(1) 建築工事請負契約とは

建設工事請負契約は，発注者が請負人に対し建物の建築を請け負わせることを目的とする契約です。この契約では，請負人は，契約に従い建物を建築し，発注者に引き渡す義務を負います。また設計図書等は建設工事請負契約書に添付され[29]，契約の一部となりますので，請負人は設計図書等に従って建物を建築しなければなりません。

(2) 約款について

実務上，建築工事請負契約には約款が広く利用されており，代表的なものとしては，中央建設業審議会が作成し実施を勧告している約款（公共工事標準請負契約約款，民間建設工事標準請負契約約款（甲），同（乙）及び建設工事標準下請契約約款。建設業法34条2項[30]），民間団体が策定している民間（旧四会）連合協定工事請負契約約款等があります。このほか，

---

28 前掲本章脚注27の告示第15号別添一の2項，同別添四の2項。
29 ただし，実際には設計図書が請負契約書に添付されていないこともあり，これが建物の完成・瑕疵をめぐるトラブルの原因となることがありますので，設計図書は必ず契約書に添付すべきです。
30 これらの約款は国土交通省ホームページ（http://www.mlit.go.jp/totikensangyo/const/1_6_bt_000092.html）にて公開されています。

第6章　不動産・建設業

建設業者が独自に約款を定めて使用していることもあります[31]。

約款は，汎用性のある内容となっている一方で，当該工事の実態に適合しないことがあるため，工事に合わせて適宜修正する必要があります。

(3) 建築工事請負契約のポイント

① 法定の記載事項

解体工事と同様に，建設業法19条1項各号の事項（工事内容，代金額，工事着手及び完成の時期，工事内容や工期の変更等に関する規定）を全て契約書に規定しなければなりません[32]。

このうちの工事内容・工期の変更に関して，請負人の立場からすれば，建築費の高騰等により工事内容や工期を変更する必要が生じた場合に発注者に協議を求めることができる規定は非常に重要です。

条項例（工事内容の変更）

請負人は，発注者に対し，工事内容の変更及び当該変更に伴う請負代金の増減額を提案することができる。この場合，請負人は，発注者及び監理者と協議の上，発注者の書面による承諾を得た場合には，工事の内容を変更することができる。

条項例（工期の延長）

請負人は，工事の追加又は変更，不可抗力，関連工事の調整，近隣住民との紛争その他正当な理由があるときは，発注者に対して，その理由を明示して，工事完成に必要な工期の延長を請求することができる。

② 瑕疵担保責任

瑕疵担保責任の期間は，民法上は建築物について引渡しから5年又

31　民法改正案では請負等の規定が変更されることになりますので，これを踏まえて国土交通省は建設工事標準請負契約約款を見直す検討を15年度に始めることとしており（平成27年2月13日日刊建設工業新聞），他の約款についても，民法改正案を踏まえて見直されることが予想されます。

32　さらに，建設業法の遵守を徹底すべく，「発注者・受注者間における建設業法令遵守ガイドライン」が策定されていますので（http://www.mlit.go.jp/common/000170097.pdf），併せて参照してください。

は10年とされていますが（民法638条1項[33]），多くの約款ではこれよりも短い期間に限定されています[34]。そこで，発注者としては，適切な行使期間が確保されているかどうか確認すべきでしょう。

③ 解除

　発注者は，工事完成前はいつでも請負契約を解除できるほか（民法641条），当事者は相手方に債務不履行がある場合に解除できます。もっとも，いかなる場合に債務不履行があるといえるのかは明確ではありませんので，解除事由を具体的に特定すべきでしょう。以下では，発注者の解除事由についての規定例を示します[35]。

条項例（発注者の中止権・解除権）

　請負人が次の各号のいずれかに該当する場合，発注者は，何らの催告なくして工事を中止し又は本契約を解除することができる。

(1)　着手期日を過ぎても工事に着手しないとき。

(2)　工事が工程表より著しく遅れ，工期内に工事を完成する見込がないとき。

(3)　本契約第〇条の規定に違反したとき。

(4)　建設業の許可を取り消されたとき又は建設業の許可が効力を失ったとき。

(5)　強制執行を受け，手形・小切手の不渡りを出し，破産・民事再生・会社更生・特別清算の申立てをし，若しくは受け，又は事業を停止したとき。

33　民法改正案637条では，請負の目的物の種類を問わず，注文者が不適合を知った時から1年以内にその旨を請負人に通知しないときには追完請求等ができないとされているため，発注者が1年以上の行使期間を確保したい場合には契約書に明記しなければなりません。他方，請負人としては，注文者が不適合の事実を知った時ではなく目的物の引渡時を起算点としたい場合には，その旨明記する必要があります。

34　新築住宅については，住宅の品質確保の促進等に関する法律により引渡しから10年とされ，注文者に不利な特約は無効とされていますので，新築住宅の建築工事請負契約の場合は同法に沿った瑕疵担保責任の規定が必要となります。

35　民法改正案では，債務不履行解除の要件として帰責事由が不要としています。そのため，解除事由に相手方の故意過失や帰責事由，正当理由といった要件を加えると要件を加重したことになりますので，解除事由にこれらの表現がないかを確認するべきでしょう。

(6) 本契約第〇条〇項各号に定める事由がないにもかかわらず中止又は解除を申し出た場合。
(7) 前各号に規定するほか，本契約に違反し本契約の目的を達成することができない場合。

❷ 開発・建設―(4) 共同企業体（JV）契約

Point!
① 組成する共同企業体の類型に即した契約内容とする。
② 出資比率・工事分担，代表者の名称・権限・変更，構成員の脱退・除名等について規定する。
③ 発注機関の共同企業体運用基準に合致した内容にする。

1 共同企業体契約の利用場面と特徴

(1) 共同企業体契約とは

共同企業体（ジョイント・ベンチャー，JV）とは，複数の建設企業が一つの建設工事を共同で受注，施工することを目的として形成する事業組織体のことをいいます。この共同企業体を組成するための構成員間の契約を，共同企業体契約あるいはJV契約と呼びます。

共同企業体契約は，民法上の組合の一種と解されており，組成された共同企業体自体には法人格はありません。

(2) 共同企業体契約の種類

共同企業体は，活用目的によって次の3つの方式に分類されます[36]。

① 特定建設工事共同企業体（特定JV）

大規模かつ技術的難度の高い工事の施工に際して，技術力等を結集

---

[36] 平成23年11月11日国土交通省中建審第1号「共同企業体の在り方について」（http://www.mlit.go.jp/common/000185945.pdf）。

することにより工事の安定的施工を確保する場合等工事の規模，性格等に照らし，共同企業体による施工が必要と認められる場合に工事毎に結成する共同企業体です。

② 経常建設共同企業体（経常JV）

中小・中堅建設企業が，継続的な協業関係を確保することによりその経営力・施工力を強化する目的で結成する共同企業体です。

③ 地域維持型建設共同企業体（地域維持型JV）

地域の維持管理に不可欠な事業につき，継続的な協業関係を確保することによりその実施体制の安定確保を図る目的で結成する共同企業体です。

(3) メリット・デメリット

共同企業体のメリットとしては，信用力が増加する，リスクが分散される，技術力が強化・拡充される，工事施工が確実となる，競争参加資格審査において点数調整措置が行われることがあり上位等級工事への参加がしやすくなる（経常JVの場合）といったことが挙げられています。

他方，デメリットとしては，不良・不適格業者の参入を招く，実際には共同施工が行われないことがある，施工が非効率的になりがちである，談合を誘発する危険がある等があります。

(4) 共同企業体運用基準

上記のデメリットを踏まえて，発注機関には，共同企業体運用準則[37]に準拠した共同企業体運用基準を定めることが求められており[38]，これを受けて地方公共団体は共同企業体運用基準を策定しています。

共同企業体は，この運用基準に合致しないと当該発注機関からの工事を受注できませんので，共同企業体契約を作成するに当たっては，運用基準を順守することが不可欠となります。

そのほか，共同企業体の円滑な運営等の趣旨で，共同企業体運営指針[39]やその具体化としての共同企業体運営モデル規則[40]等が策定されて

37　平成10年2月4日建設省中建審発第4号。
38　前掲本章脚注36「共同企業体の在り方について」第一の6。
39　平成元年5月16日建設省経振発第52，53，54号。

いますので，共同企業体の組成・運用に当たってはこれらにも参照する必要があります。

2 共同企業体契約のポイント

(1) 標準協定書

共同企業体は，その構成委員全員による合意により組成されますが，国土交通省が策定する標準協定書に準じた契約書が用いられることが一般的です[41]。当然ですが，構成員全員の合意によって，標準協定書と異なる契約をすることもできます。

また，協定書は発注機関との請負契約を締結する際に請負契約書に添付しますので，共同企業体の構成員間の契約であると同時に，発注機関との間の工事請負契約の一部を構成します。そのため，協定書の変更には，構成員全員の同意に加えて発注者の同意も必要です。

(2) 甲型と乙型

標準協定書には，前述の3つの方式ごとに甲型と乙型の2種類の協定書があります。

甲型は，共同施工方式の場合の協定書で，全構成員がそれぞれ出資割合に応じて資金，人員，機械等を拠出して一体として工事を施工する方式です[42]。これに対し，乙型とは分担施工方式の場合の協定書で，共同企業体として受注する工事をあらかじめ分割し，各構成員でそれぞれ分担した工事について責任を持って施工する方式です[43]。

甲型と乙型とでは，発注者との関係で構成員が連帯責任を負うという点では共通していますが，構成員間での費用計算や利益分配のルールが異なります。組成する共同企業体の方式に応じて甲型の協定書と乙型の協定書を使い分けることになります。

---

40 平成4年3月27日建設省経振発第33, 34, 35号。
41 国土交通省ホームページ (http://www.mlit.go.jp/totikensangyo/const/1_6_bt_000101.html) 参照。
42 建設業共同企業体研究会編著『JV制度Q&A』31頁（大成出版社，改訂4版，2013年）。
43 前掲本章脚注42　31頁

(3) **出資比率（甲型）・工事分担（乙型）**

　甲型では，出資の割合について定めることが必要です（経常JVでは，協定書では定めずに工事ごとに定めることになります。）。出資は工事費用の負担のことで，金銭のみならず，労務や施工技術等財産的価値のあるものは広く出資の対象とすることができます。出資の割合は，決算後における利益・損失の分配の割合にもなるので非常に重要です。なお，出資は各構成員が行わなければならず，出資しなければ構成員となることはできません（民法667条1項）。

　以上に対し，乙型では出資割合ではなく工事の分担を取り決め，担当する工事ごとに費用計算を行います。

(4) **代表者の名称・権限・変更**

　共同企業体の業務執行は，組合員の過半数で決するのが民法上の原則ですが（民法670条1項），構成員で都度決定することは非常に煩雑ですので，業務執行者として代表者を決める必要があります。その上で，代表者が有する権限の範囲を明記します。

　また，代表者が脱退，除名などの理由により離脱した場合には，代表者を変更する必要がありますので，他の構成員及び発注者の承認により残存構成員のうちいずれかを代表者として変更できる旨を規定しておくべきです[44]。

> **条項例（代表者の変更）**
>
> 　代表者が脱退し若しくは除名された場合又は代表者としての責務を果たせなくなった場合には，従前の代表者に代えて，他の構成員全員及び発注者の承認により残存構成員のうちいずれかを代表者とすることができるものとする。

(5) **構成員の脱退・除名**

　構成員が工事途中で脱退又は除名により変動した場合でも，残存構成

---

[44] ただし，特定JVにおいては，共同企業体運用準則において代表者は構成員中施工能力の大きいものとすること，出資比率も構成員中最大とすることが規定されていますので，変更に当たってはこれらを順守する必要があります。これに対し，経常JVにはこのような制約はありません。

員によって工事を継続する必要があります。そこで，脱退又は除名に関するルールとして，脱退事由，除名の要件・手続，残存工事の完成義務，出資の清算時期・方法について規定しておくことが有用です[45]。

❸ 賃貸借―(1) 土地賃貸借契約

Point !

① 使用目的を詳細に明記する。
② 敷金，権利金など金銭を授受する場合，その目的，額，返還の要否・方法を明確にする。
③ 賃借権の無断譲渡又は賃借物の無断転貸の禁止条項について，実質的にそれらと同視できるものも含むことを明記する。
④ 解除については信頼関係破壊の法理による制限があり得る。
⑤ 更新時に更新料の支払を求める場合は，更新料支払特約を定める。

サンプル書式→土地賃貸借契約書

1 借地権とは

借地権とは，建物の所有を目的とする地上権又は土地の賃借権をいいます（借地借家法2条1号）。建物所有を目的としない地上権の設定や土地賃貸借契約も当然ありますが（資材置き場や駐車場としての利用など），その場合は借地借家法の適用はありません。

本項では，もっとも多い契約類型である，**建物所有を目的とする土地賃貸借契約**（いわゆる**普通借地権**）について概説します[46]。

---

45 2社で組成したJVにおいて1社が破産等により脱退した場合，JV契約は終了することになります。ただし，残存構成員1社で工事を完成する意思も能力もあると認められる場合には，発注機関と残存構成員が合意すれば工事を継続することは可能とされています（昭和56年3月13日建設省計振発第52号）。
46 定期借地権については305頁，事業用定期借地権については308頁を参照。

なお借地借家法（平成4年8月1日施行）の附則において，同法施行前から存する借地・借家についての経過措置が定められていますが，**本書では紙幅の都合上，土地及び建物につき，借地借家法の適用のある賃貸借契約を対象とします**[47]。

2 土地賃貸借契約（普通借地権）におけるポイント――――

(1) 使用目的
使用目的を明記する趣旨は，借地借家法の適用の有無の判断のほか，賃借人が土地をいかなる目的・態様で使用するかは賃貸人にとって重要な関心事項であるため，それらを事前に把握することにあります。

土地上に所有する建物が居住用か事業用かで借地借家法上の規制は異なりませんが，賃借人が事業者であり，借地上で事業を行う場合，その内容いかんによっては土地の将来的な価値に影響を与えたり，近隣住民との紛争が生じたりする可能性があります。したがって賃貸人の立場からすると，賃借人の事業の内容・種類を契約書に明記し，その他の事業を行うことを禁止することはもちろん，別途迷惑行為等を禁止する条項を設けるべきでしょう。

(2) 賃貸借期間
普通借地権の当初の**存続期間**は30年ですが，契約でこれより長い期間を定めたときはその期間となります（借地借家法3条）。

(3) 賃料[48]
賃料をいくらにするかについては当事者間の合意に委ねられているのが原則ですが，そうであるからと言って，全ての賃料に関する特約が直ちに有効となる訳ではないことに注意が必要です。

一定の期間，**地代・賃料を増額しない旨の特約**がある場合には，従前の地代を不相当とする事情があったとしても，その期間内は地代等増額

---

47 借地借家法につき網羅できないため，借地契約の更新，地代等増減額請求の手続，増改築・賃借権譲渡の裁判所の代替許可などについては随時，同法を参照してください。
48 民法及び借地借家法では地上権の対価を地代，賃借権の対価を借賃と呼んでいますが（なお地代の支払は地上権成立の要件ではない，民法266条1項），本稿では特に区別せずに「賃料」「地代」とします。

請求権は認められないのが原則です(借地借家法 11 条 1 項ただし書[49,50])。

地代・賃料につき**自動改定特約**(公租公課の変動や物価指数等に応じて地代を自動的に改定する特約)がある場合,その地代等改定基準が借地借家法 11 条 1 項の規定する経済事情の変動等を示す指標に基づく相当なものである場合には,その効力は認められますが,その地代等改定基準を定めるに当たって基礎となっていた事情が失われることにより,同特約によって地代等の額を定めることが同条項の規定の趣旨に照らして不相当なものとなった場合には,同特約の適用を争う当事者はもはや同特約には拘束されず,同条項に基づく地代等増減請求権の行使を妨げられないと解されています[51]。

(4) 敷金,権利金,建設協力金,保証金

敷金は,賃貸人の賃借人に対する賃料債権,その他債務不履行に基づく損害賠償請求権等を担保するために賃借人から賃貸人に交付される金銭です。

こうした敷金とは別に,**権利金**という名目で借地契約に付随して授受される金銭があります。その目的・趣旨は様々で,営業ないし営業上の利益の対価,賃料の一部又は全部の前払金,賃借権設定に対する対価,場所的利益に対する対価などがあると解されており,内容も不明確である場合が多く,権利金の返還の要否の判断も容易ではありません。仮に権利金を授受するのであれば,その趣旨,額,返還の要否などを明記しておく必要があります。

> **条項例(権利金)**
>
> 賃借人は賃貸人に対し,本契約による借地権設定の対価として,権利金〇円を支払う。この権利金について賃貸人は,賃借人に返還する

---

49 借地借家法 11 条 1 項は強行規定の性格をもつこと及びその趣旨については稲本洋之助=澤野順編『コンメンタール借地借家法』第 3 版(日本評論社,84 頁,2010 年)最判平成 15 年 6 月 12 日民集 57 巻 6 号 595 頁参照。
50 不増額特約がある場合でも事情変更の原則を適用して借地借家法 11 条 1 項の増額請求権を認めるべき場合につき前掲脚注 49 89 頁参照。
51 最判平成 15 年 6 月 12 日民集 57 巻 6 号 595 頁。

> ことを要しない。

　また，事業用途に係る借地契約において，賃借人から賃貸人に対し**建設協力金**として金銭が交付されることがあります。これは典型的にはテナント事業者等が，土地所有者に対し，土地の活用方法として，建物を建築して土地ごとテナントに賃貸することを提案し，テナント事業者が建設協力金を拠出することで，土地所有者の建物建築時の金銭的負担を軽減する場合などに多く用いられます。建設協力金は，借地契約後の賃料収入による返済を前提とするものが多く，その返済方法は様々であり，契約書には額，返済方法等を明確に定める必要があります。

　また**保証金**という名目で金銭が授受されることもありますが，これには敷金，権利金，建設協力金，貸金（又はこれらの趣旨を併有したもの）といった性質を持つ場合があり得ますので，目的，額，返還の要否・方法については疑義のないように定めるべきです。

(5) 賃借権の無断譲渡・賃借物の無断転貸の禁止

　借地契約は当事者間の信頼関係，賃借人の信用を基礎とする継続的法律関係であるため，**借地権の無断譲渡・賃借物の無断転貸を禁止**する条項を設けるのが通常です。ただし，賃借権の無断譲渡及び賃借物の無断転貸は解除事由になりますが（民法612条2項），いわゆる**信頼関係破壊の法理**による解除権の制限があります[52]。

　また，賃借人が法人の場合，法人格の同一性が維持されつつも株主構成が変わるなどして，借地権が実質的に譲渡されたと同視できる場合が発生することがあります。そこで賃貸人としては，賃借人に一定の事由（株主構成の変動，合併，事業譲渡など）が生じた場合には契約を解除できる条項（**チェンジ・オブ・コントロール条項**）を設けておくべきでしょう[53]。

52　賃借人が賃貸人の承諾なく第三者をして賃借物の使用収益をなさしめた場合においても，賃借人の当該行為が賃貸人に対する背信的行為と認めるに足らない特段の事情がある場合においては，民法612条の解除権は発生しません（最判昭和28年9月25日民集7巻9号979頁）。

(6) 無断増改築の禁止

借地上の建物の増改築や大修繕については，賃貸人の事前の承諾を必要とする旨，これに違反した場合は借地契約を解除できる旨を定めること（**増改築制限特約**）が通常です[54]。賃貸人（借地権設定者）にとっては，増改築によって建物の耐用年数が延長され，借地権の存在期間に影響を及ぼすという不利益（借地法の適用のある借地契約），建物の増改築によって新しい建物が存在する場合，古い建物が存在する場合と比較して，更新拒絶の正当事由が具備しにくくなるという不利益，更新されずに賃借人（借地権者）から建物買取請求権を行使された場合，建物の価格の増加により経済的負担が重くなるという不利益などがあるからです[55]。

実務的には，契約締結段階において，建物の種類，構造，規模，用途等を把握しておいた方がよいでしょう。

(7) 修繕義務

土地を建物所有の目的をもって賃貸した場合，賃貸人は賃借人がこれを建物所有の目的に使用収益できるように修繕する義務はありますが（民法606条1項），土地の場合は一般に，天災等の不可抗力による場合以外には，修繕を必要とするような変動はあまり生じないものです。また土地の修繕については通常，多額の費用を要することになります。

裁判例上[56]，「特段の事情がない限り宅地の賃貸借においては自然現象としての地盤沈下の場合には賃貸人が修繕義務を負わない趣旨と解するのが相当である」とした事案がありますが，賃貸人としては，不可抗力による場合の免責条項をあらかじめ設けることが望ましいといえます。

---

53 小規模で閉鎖的な有限会社（賃借人）において，持分の譲渡及び役員の交代により実質的な経営者が交代しても，民法612条にいう賃借権の譲渡には当たらないとして，賃貸借契約の他の解除事由につき審理を尽くさせるため原審に差し戻した事案として最判平成8年10月14日民集50巻9号2431頁があります。もっとも判決理由を見ると土地賃貸借契約においてチェンジ・オブ・コントロール条項が定められていなかったようです。

54 増改築制限特約の効力についても信頼関係破壊の法理の適用があります（最判昭和41年4月21日民集20巻4号720頁）。

55 稲葉威雄ほか編『新借地借家法講座・第1巻 総論・借地編1』296・297頁参照（日本評論社，1998年）。

56 東京地判昭和40年6月19日下民16巻6号1081頁。

(8) 賃借期間内の建物の滅失

賃貸借期間内に建物が滅失（地震，火災等の天災による場合や取り壊した場合）しても，借地権は消滅しません。したがって賃借人としては合意解約がなされない限り，残存期間は賃料を支払う義務を負うことになります。そこで，賃借人側から期間内解約ができるとの特約を設けておくことも考えられますが，ケースに応じて慎重な検討が必要です。賃借人としては，借地権自体に経済的価値があることからすると（特に都市部では高額です。），仮に何らかの事情で建物を再築できない場合は，通常は期間内解約ではなく，借地権の譲渡という投下資本回収手段を取るでしょうし，一方，賃貸人としては賃貸借期間中の収益を考えて，期間内解約の場合は一定程度の違約金を支払う旨の定めを設けるよう主張するでしょう。

借地上建物の滅失・建替えについては，当初の賃貸借期間中の建替えの場合は借地借家法7条が，更新後の賃貸借期間中の建替えの場合は同法8条がそれぞれ規律しています。

(9) 契約の解除，催告

契約の解除事由として，賃借人に賃料不払い，無断増改築があった場合，用法違反（民法616条，594条1項），賃借権の無断譲渡・賃借物の無断転貸（同法612条）その他契約違反があった場合，また賃借人の信用が損なわれた場合（支払停止，支払不能となった場合等[57]）を定めることになります。ただし，賃借人に債務不履行などがあったとしても，当該行為が，賃貸人に対する背信行為と認めるに足らない特段の事情があるときは，解除権が制限されることがあります（信頼関係破壊の法理）。

また契約を解除する場合，原則として相手方に対する催告を必要とします。**無催告解除特約**については，催告をしなくても不合理とは認められない事情が存する場合に，無催告で解除権を行使することが許される旨を定めた約定と解するのが相当とされ[58]，特約があるからといって必

---

[57] 賃借人に破産手続が開始されたことは賃貸人の解除事由にはなりません（民法旧621条の削除）。ただし，通常はその前に地代支払いを怠っていることが多いでしょう。
[58] 最判昭和43年11月21日民集22巻12号2741頁。

ず無催告解除が認められるわけではなく、一方、無催告解除特約がなくとも「当事者の一方に、その信頼関係を裏切つて、賃貸借関係の継続を著しく困難ならしめるような不信行為のあつた場合」には無催告解除が認められるため[59]、特約の有無よりも実質的に無催告解除を認めて然るべき程度に信頼関係が破壊されているといえるかという観点から判断されることになるものといえます。

(10) 借地契約の終了原因、建物買取請求権、原状回復及び明渡し

借地契約は、合意解約した場合、借地契約の存続期間が満了し更新がなされなかった場合、契約が解除された場合に終了します。

借地権の存続期間が満了し更新がなされなかったときは、賃借人は、賃貸人に対し、借地上の建物を買い取るよう請求することができ（借地借家法13条）、これは強行規定とされています（同法16条）。したがって、借地契約に賃借人の土地の原状回復義務が定められていたとしても、実質的には機能しないことになります。ただし、賃借人が、債務不履行を理由として借地契約を解除された場合には、**建物買取請求権**は認められないとされています[60]。なお合意解約の場合については議論があります[61]。

(11) 更新、更新料

当事者が借地契約を更新する場合、その期間は更新の日から10年（借地権の設定後の最初の更新にあっては20年）、ただしこれより長い期間を定めたときはその期間となります（借地借家法4条）。また、借地権の存続期間満了時に土地上に建物が存在する場合に賃借人が契約の更新を請求したとき、又は借地権の存続期間満了後、賃借人が土地の使用を継続するとき、賃貸人が遅滞なく正当事由ある異議を述べなければ、借地契約は従前の契約と同一の条件で更新したものとみなされます（**法定更新**、同法5条1項・2項及び6条）。

更新料とは、借地契約の更新の際、賃借人から賃貸人に対して契約更

---

59 最判昭和27年4月25日民集6巻4号451頁。
60 最判昭和35年2月9日民集14巻1号108頁。
61 土地の賃貸借を合意解除した借地権者は、借地法4条の買取請求権を有しないとした最判昭和29年6月11日判タ41号31頁。

新の対価として支払われる金銭をいいます。賃貸人としては，契約の更新時に更新料の支払を求めたいと考えている場合には，必ず契約書に**更新料支払特約**を定めておく必要があります[62]。

賃貸借—(2) 建物賃貸借契約

> **Point !**
> ① 使用目的を詳細に明記する。
> ② 更新料は一義的かつ具体的に記載する。
> ③ 敷金・保証金につき償却・敷引する場合は，その点を明確にする。
> ④ 解除については信頼関係破壊の法理による制限があり得る。
> ⑤ 「原状」は必ず契約時に確認し，原状回復の範囲を明らかにする。

サンプル書式→建物賃貸借契約書

1 建物賃貸借契約

建物の賃貸借契約は，借地借家法の適用を受けます（なお一時使用については 303 頁参照）。

---

62 最判平成 23 年 7 月 15 日民集 65 巻 5 号 2269 頁は，居住用建物の賃貸借契約の更新料支払条項につき消費者契約法 10 条違反か否かが問題となった事案であるが，同判例は「更新料は，賃料と共に賃貸人の事業の収益の一部を構成するのが通常であり，その支払により賃借人は円満に物件の使用を継続することができることからすると，更新料は，一般に，賃料の補充ないし前払，賃貸借契約を継続するための対価等の趣旨を含む複合的な性質を有するものと解するのが相当」「賃貸借契約書に一義的かつ具体的に記載された更新料条項は，更新料の額が賃料の額，賃貸借契約が更新される期間等に照らし，高額に過ぎるなどの特段の事情がない限り，消費者契約法 10 条にいう「民法第 1 条第 2 項に規定する基本原則に反して消費者の利益を一方的に害するもの」には当たらないと解するのが相当」と判示しています。

2 建物賃貸借契約のポイント

(1) 使用目的

　賃借人は契約又はその目的物の性質によって定まった用法に従って賃借物を使用しなければならず（民法616条，594条1項），また居住目的であるか事業目的であるか，事業の内容・種類によっても使用態様が大きく異なることから，使用目的は詳細に明記する必要があります。

(2) 賃貸借期間及び更新

　賃貸借期間は当事者間の合意によることになりますが，1年未満の期間を定めた場合には期間の定めがないものとみなされます（借地借家法29条1項）。

　賃貸借期間を具体的に定めるのが通常ですが，居住用なら2～3年間，事業用なら（規模や業態にもよりますが）もう少し長期間として，かつまた更新についても定められている例が多いでしょう。

　賃貸借期間の定めがある場合，建物賃貸借契約についても**法定更新**が定められていますが（同法26条），実際には，更新時期が近づいてきたときに当事者間で更新するか否か，更新後の契約内容をどうするかにつき事前に確認，協議がなされます。

(3) 更新料

　更新料についても定めることが通常ですが，必ず一義的かつ具体的に記載し，賃料の額，賃貸借期間が更新される期間，その他個別のケースに応じた事情を加味した合理的な金額にしておく必要があります。ことに，賃借人が消費者（消費者契約法2条1項）の場合は一層の注意が必要です[63]。

(4) 敷金・保証金

　契約文言上「敷金」という場合や「保証金」という場合がありますが，その目的，額，返還の時期・方法を明らかにし，また一定金額・一定割合を償却したり，いわゆる敷引特約[64]を設けたりする場合には必ずその

---

[63] 前掲本章脚注62　最判平成23年7月15日民集65巻5号2269頁。

点も明記して，疑義のないようにします。

(5) 修繕費の負担区分

賃貸人は，賃借物の使用及び収益に必要な修繕をする義務を負いますが（民法606条1項），特約で例えば建物の構造・躯体に関わらない小修繕は賃借人の負担とすることとしたり，あるいは賃借人の事業内容や建物の使用態様などによって，賃貸人と賃借人とで修繕費の負担区分を定めたりすることもあります。修繕費の負担区分は別紙や表を利用するなどしてできる限り特定します。

(6) 賃借権の無断譲渡・賃借物の無断転貸の禁止

契約が信頼関係を前提とするものである以上，賃借権の無断譲渡・賃借物の無断転貸を禁止する条項を設けるべきこと，及び賃貸人が法人の場合にチェンジ・オブ・コントロール条項を設けておく必要があることは，土地賃貸借の場合と同様です（295頁参照）。また，これらに違反した場合に解除できる旨の特約は有効ですが，信頼関係破壊の法理が適用されることも同様です。

(7) 契約の解除，催告

契約の解除事由として，賃借人に賃料未払い，用法違反，賃借権の無断譲渡・賃借物の無断転貸その他契約違反があった場合，また賃借人の信用が損なわれた場合を定めますが，賃借人に債務不履行などがあったとしても，当該行為が，賃貸人に対する背信行為と認めるに足らない特段の事情があるときは，解除権が制限されることがあります（信頼関係破壊の法理[65] 催告及び無催告解除特約の点を含め297頁参照）。

(8) 期間の定めがある場合の期間内解約（中途解約）及び違約金

期間の定めがある建物賃貸借契約においては，期間内解約に関する条項（及び解約予告期間中の賃料を一括して支払うことを条件とする即時解約）を設けることがよくあります。賃借人からの期間内解約については，賃

---

[64] 消費者との間の居住用建物の賃貸借契約の敷引特約につき，消費者契約法10条により無効とはいえないとされた事例として最判平成23年7月12日裁判集民事237号215頁。
[65] 賃料不払を理由とする家屋賃貸借契約の解除が信義則に反し許されないものとされた事例として最判昭和39年7月28日18巻6号1220頁。

借人が事業者の場合は6か月前程度の解約予告期間，賃貸人が消費者であったり賃借物が居住用であったりする場合は1～3か月程度の解約予告期間が設けられることが多いでしょう。なお，期間内解約（中途解約）した場合の違約金を定めることもありますが，合理性のある範囲内とすべきでしょう[66]。

賃貸人からの期間内解約は，これを定めても無効となります（借地借家法30条[67]）が，実際には定められていることも多いです。

(9) **原状回復及び明渡し**

建物賃貸借契約終了時には，賃借人が**原状回復**の上，明け渡すことを明記します。なお，何が「原状」であるかにつき紛争になることが多いので，必ず契約締結時に，賃借時の原状がどうであったのか，壁，床及び天井等につき写真を撮り，確認書を作成するなどして紛争を予防する必要があります[68]。

事業用建物の賃貸借契約では**通常損耗**についても賃借人に原状回復義務を負わせる例がありますが，その場合は，「賃借人が補修費用を負担することになる通常損耗の範囲が賃貸借契約書の条項自体に具体的に明

---

66 東京地判平成8年8月22日判タ933号155頁，東京地判平成19年5月29日判例秘書参照。

67 幾代通＝広中俊夫編『新版注釈民法(15)』311頁（有斐閣，1989年）。期間の定めある建物賃貸借契約につき，6か月前の予告を持っていつでも解約し得る旨の特約の効力につき，東京地判昭和27年2月13日は「右の如き特約は原告のいうように賃貸人に期間の定めある賃貸借をいつでも期間の定めないものとなしうる権利をあたえたと同様の効果を持つものというべきである。然るに一方借家法によれば期間の定めある賃貸借については期間満了の六ケ月以前に正当事由を備えた更新拒絶の意思表示によってこれを終了することを認めたのみであって，たとえ正当事由あるときといえども賃借期間中に賃貸人の意思のみに基く解約申入の権利を認めていない。従っていやしくも契約締結にあたり賃貸借の期間を定めた以上賃借人は約定期間中賃貸人の意思のみによって使用収益の権能を奪われない法律上の利益を有しこれに反する約定は同法第六条により存在しないものとみなされるものであり，同法上は借家につき民法第六百十八条の適用を排除したものと解すべく，本件特約はまさにこれに該当するから何らの効力を生じないというべきである。当初より期間の定めなき賃貸借契約を締結することはもとより自由であるが，一旦期間の定めをしながらその期間中賃貸人が自由にこれを期間の定めなきものに変更することは，たとえあらかじめ賃借人の同意あるときといえども，前記法条の趣旨に照し許されないと解すべきであるからである。」としています。

68 なお，賃料が市場家賃程度の民間賃貸住宅を想定して，国土交通省が「原状回復をめぐるトラブルとガイドライン（再改訂版）」を公表しています（http://www.mlit.go.jp/common/001016469.pdf）。

記されているか,仮に賃貸借契約書では明らかでない場合には,賃貸人が口頭により説明し,賃借人がその旨を明確に認識し,それを合意の内容としたものと認められるなど,その旨の特約が明確に合意されていることが必要」であるため[69],具体的に契約書に記載して合意する必要があります。

(10) 連帯保証人と更新

建物賃貸借契約については連帯保証人を付すのが通常ですが,更新に当たって連帯保証人の連帯保証債務も引き継がれることを明記します。

3 賃貸借—(3) 一時使用

1 土地について

展示会等の臨時的,一時的な施設・設備設置その他**一時的に使用するための借地契約**については,借地契約が長期継続することが想定されておらず,賃借人の保護を図る必要性が低いため,借地借家法の規定の一部について適用がありません(借地借家法25条)。

(1) 一時使用と認められる基準

もっとも,一時使用と認められるかは契約書中の「一時使用」の文言の有無や契約期間の長短だけでなく,契約の動機や経緯,建物の所有目的,建物の規模・構造,使用態様等が総合的に考慮されるため,賃貸人の立場からすると少なくとも契約締結に際し,それらを可能な限り定め,具体的に契約書に記載する必要があります。

(2) 一時使用の場合の留意事項

また,更新拒絶や解約申入れについて借地借家法の規制は適用されず,建物買取請求権や財産上の給付(いわゆる立退料等)が問題となることはありませんが,賃貸人としては土地の明渡しに伴い賃借人がいかなる金銭的要求もしない旨の条項を設け,紛争を予防すべきでしょう。

---

69 最判平成17年12月16日裁判集民218号1239頁。

借地権の譲渡又は転貸の裁判所の代替許可の申立て（借地借家法19条1項）は一時使用の場合にも認められていますが，借地権の残存期間が短ければ実際に許可が出る可能性は高くありません。

2 建物について

建物についても，一時使用の場合は借地借家法の適用が排除され（借地借家法40条），民法601条以下が適用されます。一時使用と認められるかは土地の場合と同様に諸要素より総合的に判断され，長期継続が予想される通常の借家契約を締結したものではないと認めるに足りる合理的な事情が客観的に認定される必要があります。

❸ 賃貸借—(4) 駐車場賃貸借契約

1 駐車場としての土地の使用

駐車場として土地の一部を賃借する場合，及び駐車場運営のために土地全体を賃借する場合が考えられますが，いずれも「建物所有」を目的とせず，原則として借地借家法の適用はありません。

2 駐車場目的の土地の一部の賃貸借

賃借人が契約を更新して何年も借りることも多いですが，それでも建物所有目的の土地賃貸借とは違って，永続的に賃借する例は少ないでしょう。賃借人による期間内解約（中途解約）の解約予告期間も1か月程度が多く，車両を移動させるだけなので明渡しも容易といえます。

契約締結においては，賃貸人の立場からすると土地のどの部分を使用させるのか見取り図を添付するなどして明確にすること，駐車予定の車両を車種や車両番号から特定すること，駐車中の車両に損害が発生した場合及び賃借人自身が駐車場使用に伴い事故を引き起こした場合の賃貸人の免責などを定めることが望ましいでしょう。

3 駐車場運営を目的とした土地の賃貸借

　事業者が駐車場運営を目的として土地を賃借する場合，駐車場運営に伴い，事務所や料金所等の小屋，又は小規模建物を設置する必要がある場合もあり，土地上に建物が存在する状況も考えられます。その場合賃貸人の立場からすると，契約書において土地賃貸借の主目的が駐車場としての使用であることを明記し，付随的に設置する小屋等の建物の大きさの上限を定めるか，仮に設置予定の建物が具体化しているのであれば，その設計図や見取り図を添付させることが望ましいでしょう。

　上記のように駐車場を運営する場合のほか，転貸を前提として駐車場を一括で借り上げるなどの場合は，土地上に第三者所有の車両等が存在することが予定されており，それらに対する権利義務を明確にする必要があります。賃貸人としては，契約締結段階で，駐車場内の動産についての賃貸人の免責や，明渡時の残存車両を含めた貸借人における残留品の撤去義務を定めておく必要があります。

③ 賃貸借─(5) 一般定期借地権設定契約

Point！

① 契約期間を50年以上の具体的な期間に定める。
② 更新がないこと，建物築造による存続期間の延長がないこと，借地借家法13条の建物買取請求権がないことの3つの特約を合意する。
③ ②の特約を書面によって取り交わす。
④ 中途解約の規定の仕方に留意する。
⑤ 中途解約の場合の違約金の規定を置く。

1 一般定期借地権設定契約

建物の所有を目的とする借地権設定契約には，借地借家法が適用され，借地契約の更新を拒絶して借地権設定契約を終了させるには正当事由が要求されるのが原則です（借地借家法第6条）。

しかしながら，この例外として，**定期借地権設定契約**を締結した場合には，契約期間が満了することにより，正当事由が要求されることなく当該契約は更新されずに終了することになります。

定期借地権は，①借地権の存続期間を50年以上とする**一般定期借地権**，②専ら事業の用に供する建物（居住用の建物は除く。）の所有を目的とし，存続期間が10年以上50年未満とする**事業用定期借地権**，③契約後30年以上が経過した時点で貸主が借地上の建物を相当の対価で買い取ることとする**建物譲渡特約付借地権**の3つの類型に分類されます。それぞれの類型によって成立要件が異なるため，注意が必要です。

ここでは一般的定期借地権設定契約を説明します。

2 一般定期借地権設定契約（借地借家法22条）におけるポイント

(1) 契約期間の定め

一般定期借地権設定契約を締結するに際しては，その契約の存続期間を50年以上とする必要があり，かつ，その期間の終期は確定期限で定めなければなりません。

存続期間を「60年以上」としたり，「永久」としたりする定めは，法律関係が不安定・不明確になるため許されません。

(2) 3つの特約の合意

一般定期借地権設定契約においては，①契約の更新がないこと，②建物の再築による存続期間の延長がないこと，③借地借家法13条の建物買取請求権がないこと，の3つの特約を合意する必要があります。そして，これらの特約は借地権を設定するときに成立させなければなりません。

通常の借地契約においては，上記3つの特約は，借地借家法の強行規定に違反するものとして無効となりますが，一般定期借地権においてはこれらの特約を定めることが可能であり，これらの特約を結ぶことにより，期間満了によって借地契約が終了するという仕組みが完成します。

　ちなみに，上記3つの特約を合意しない場合，その借地権は普通借地権として成立することになりますので，注意を払わなければなりません。

(3) **書面による特約の取交し**

　一般定期借地権設定契約では，<u>上記3つの特約を「公正証書による等書面によって」締結する必要があります</u>。ここにいう公正証書は例示に過ぎません。したがって，必ずしも公正証書を作成しなければならない訳ではなく，私署証書によって合意すれば足ります。とはいえ，50年以上の長期の契約となることからすると，契約書の保存という意味において公正証書によって取り交わしておくことが望ましいでしょう。

　書面による合意がない場合には，上記3つの特約は無効となり，特約を伴わない一般的な借地権として存続すると解されます。

(4) **中途解約に関する留意点**

　借地借家法には，借地契約の中途解約にかかる規定はなく，民法の定めるところに従うこととなります。

　一般定期借地権設定契約は，期限の定めのある契約であるところ，民法では，期間の定めのある契約であっても**中途解約権を留保する旨の特約**がある場合には，賃貸借契約を中途解約することができるとされています（民法617条，618条）。

　それゆえに，一般定期借地権設定契約の中途解約を可能とするには，中途解約権を留保する旨の特約を設けておく必要があります。

　ところで，賃貸人からの解約申入れの特約を設けたとしても，当該特約は無効とされます。なぜなら，借地借家法では，借地権の存続期間等に関して賃貸人側の自由を制限する制度のなかで，賃貸人側からの解約申入れの規定は設けられていないことから，賃貸人による中途解約を予定していないと解され，かつ，借地権者に不利な存続期間等に関する特約は無効とされる（借地借家法9条）からです。

したがって，借地人側からのみの解約を認めるものとする必要があることに留意しなければなりません。

なお，民法618条の反対解釈から，契約期間の満了前における中途解約を認めない旨の特約を置くことは有効であると解されます。

(5) 中途解約の場合の違約金の規定について

賃借人が借地契約を中途解約した場合，**違約金**が発生する旨を定めることも有効です。

ここで違約金の額をどのように設定するかが問題となります。

賃貸人の契約の存続期間における賃料収入への期待を保護する趣旨で，違約金の額を「解約時点から残存期間満了までの賃料全額」とする考え方も一理あると言えます。しかしながら，建物賃貸借のケースにおいて，上記のような残存期間満了までの賃料全額を違約金とする特約について，「次の入居者を探し，賃料等を得られるまでの合理的期間の範囲内でのみ有効である」として，賃料の6か月分の範囲のみを有効とした事例[70]があり，この論理は定期借地権のケースにも妥当すると考えられます。

それゆえ，中途解約の違約金として，残存期間の賃料全額とする定めを置くことが必ずしも適切であるとはいえないことに注意が必要です。

❸ 賃貸借―(6) 事業用定期借地権設定契約

Point！

① 契約を公正証書によって取り交わす。
② 専ら事業の用に供する建物の所有を目的とすることを明記する。
③ 契約の存続期間の終期は確定期限とする。
④ 契約の存続期間に従って特約の要否を確認する。

---

[70] 東京地判平成19年5月29日判例秘書。

⑤ 強制執行認諾文言を定める。

サンプル書式→事業用定期借地権設定契約公正証書

1 事業用定期借地権設定契約

専ら事業の用に供する建物（居住用の建物は除く。）の所有を目的とし，存続期間を10年以上50年未満とする借地権を**事業用定期借地権**といいます（借地借家法23条）。

事業用定期借地権には，存続期間が10年以上30年未満とする場合と30年以上50年未満とする場合の2通りがありますが，前者は定期借地権の要件となる事項が自動的に適用されるものである一方，後者は，①更新がないこと，②建物築造による存続期間の延長がないこと，③建物買取請求権がないことの特約を明示的に取り交わす必要がある点に，両者の差異があります。

2 事業用定期借地権設定契約におけるポイント

(1) 公正証書による契約

事業用定期借地権設定契約を締結する場合，**公正証書**によることが求められます（借地借家法23条3項）。一般定期借地権設定契約の場合とは異なり，公正証書は例示ではないため，私署証書によることはできません。

公正証書によらずに事業用定期借地権設定契約を取り交わしたとしても，それは原則として効力を有しないものと考えられますが，当事者の合理的意思解釈により，普通借地権を設定したものと推認される場合もあるため，注意が必要です。

(2) 目的を明記すること

事業用定期借地権を設定するための要件として，事業の用に供する建物の所有を目的とすることが求められます。したがって，契約には，建物の用途を事業用に制限する借地条件を定めなければなりません。

ここにいう「事業」とは，営利・収益を目的とする活動のほか，公共

的・公益的な目的をもつ活動も含みます。

　なお，居住の用に供する建物の所有を目的とすることは認められません。それゆえ，例えば，一個の建物を事業用と居住用に用いるような「居宅・店舗」と表示されるような建物や，共同住宅や寄宿舎などの建物の所有を目的として，事業用定期借地権を設定することはできません。

(3)　契約期間の定め

　一般定期借地権設定契約のときと同じく，法律関係が不安定・不明確になることを防ぐ趣旨で，存続期間の終期を確定期限で定める必要があります。

(4)　契約の存続期間に応じた特約の要否

　事業用定期借地権の存続期間を 10 年以上 30 年未満とする場合，契約の更新，建物の再築による存続期間の延長，建物買取請求権に関する規定は，当然に適用されないこととなるため（借地借家法 23 条 2 項），これらに関する特約条項を置く必要はありません。もっとも，契約の内容を明確にしておくため，確認的にこれらの特約条項は記載しておく方がよいでしょう。

　一方，存続期間を 30 年以上 50 年未満と定めた場合，法律上当然に上記規定が排除されるわけではないため，これらを内容とする特約を結ぶ必要があります。

(5)　強制執行認諾文言の付記

　公正証書は，債務者が金銭債務について，**執行認諾文言**が記載されていることで，確定判決と同様の債務名義となります。それゆえ，賃貸人としては，賃借人による賃料等の未払いに備え，いつでも強制執行が可能となるよう，契約書には強制執行認諾文言を付記しておくことが望ましいといえます。

❸ 賃貸借―(7) 定期建物賃貸借契約

> **Point!**
> ① 契約の存続期間の定めを置き，終期を確定期限とする。
> ② 賃料改定に関する特約の要否を検討する。
> ③ 契約を書面によって取り交わす。
> ④ 契約締結に先立って書面の交付及び説明を行う。
> ⑤ 賃貸借契約の終了には賃貸借の終了の通知を行う。

サンプル書式→定期建物賃貸借契約書

1 定期建物賃貸借契約

　建物賃貸借契約は，借地借家法により，契約の更新拒絶や解約の際には正当事由が求められ，正当事由がない限り，その契約は更新されるのが通常です。

　定期建物賃貸借契約は，契約期間を定めるとともに，契約期間満了後に契約の更新をしない旨の特約を結ぶことにより，正当事由の有無にかかわりなく，契約期間満了をもって終了することになります（借地借家法38条）。

2 定期建物賃貸借契約におけるポイント

(1) 契約期間の定め

　定期建物賃貸借契約においては，期間の定めを置くことが求められます。この契約期間は，上限や下限に関する制限はなく，例えば50年を超える長期や，1年未満の短期とすることも可能ですが，終期を確定期限により明確に定める必要があります。

(2) 賃料改定に関する特約の要否

　定期建物賃貸借契約においては，**賃料の改定に係る特約**を取り交わすことにより，賃料増減額請求権の規定（借地借家法32条）を排除するこ

とができます(同法38条7項)。

(3) **書面による契約**

定期建物賃貸借契約は,「公正証書による等書面によって」締結する必要があります。一般定期借地権設定契約の場合と同様,公正証書は例示であるため,私署証書によって契約を締結することもできます。

しかし,一般定期借地権設定契約の場合には,定期借地権設定のための特約「のみ」を書面で取り交わせば足りるのに対し,定期建物賃貸借契約の場合には,借地借家法38条1項の「書面によって契約をするときに限り」と規定されていることから,契約の更新がない旨の特約のみならず,賃貸借契約全体を書面で取り交わす必要があると解されます。

(4) **契約締結に先立つ書面の交付及び説明**

定期建物賃貸借契約を締結するに先立って,賃貸人は賃借人に対して,①当該賃貸借契約が借地借家法38条1項による建物定期賃貸借契約であること,②契約の更新がない特約を結ぶこと,③期間の満了により賃貸借契約が終了することを,その旨を記載した書面を交付して説明しなければなりません(借地借家法38条2項)。

この書面は,契約書とは別個の書面であることが求められます[71]。また,書面の交付とは,賃借人に現実に引き渡すことを指します。

上記の書面による説明を怠った場合には,契約の更新がない旨の定めは無効とされますが(同条3項),契約の全体が無効となるわけではなく,通常の建物賃貸借として有効に成立することになります。これは,すなわち,1年未満の期間を定めていた場合には期間の定めのない賃貸借が成立することになり(同法29条),また,法定更新(同法26条),6か月の解約期間(同法27条),正当事由(同法28条)の規定が適用されることを意味します。

したがって,契約締結に先立つ書面の交付と説明をするにあたっては,その内容や方法に不備がないよう,細心の注意を払う必要があります。

---

71 最判平成24年9月13日民集66巻9号3263頁。

(5) 賃貸借終了の通知

定期建物賃貸借契約において，契約期間が1年以上である場合，賃貸借の終了を賃借人に対抗するためには，賃貸人は，期間満了の1年前から6か月前までの間に，**期間の満了により建物の賃貸借が終了する旨の通知**をしなければなりません（借地借家法38条4項本文）。ただし，賃貸人が賃借人に対しこの通知期間の経過後に通知した場合は，その通知の日から6か月を経過した後に賃貸借契約は終了します（同項ただし書）。

この通知は契約書に特段定めるべき事項ではありませんが，定期建物賃貸借契約を締結する以上，留意しなければなりません。

なお，契約期間が1年未満の場合には，この通知を行う必要はありません。

(6) 居住用建物の中途解約

居住用建物につき，一定の要件を満たす場合は，**賃借人の中途解約権**が認められています（同法38条5項）。

4 利用・運営―(1) 建物マスターリース契約

Point !

① 賃貸借期間を定める。
② 賃料支払開始時期を確認する。
③ 賃料の増減額の可否につきあらかじめ把握しておく。
④ 修繕項目，費用負担者等を明確にしておく。
⑤ 中途解約の可否・違約金につき検討する。
⑥ 更新拒絶には正当事由が必要となる。
⑦ 転貸借契約が対抗できる場合について明記しておく。

サンプル書式→マスターリース契約書

1 建物マスターリース契約

建物マスターリース契約とは，一般的に，土地・建物を所有する大家（賃貸人）から不動産会社等（賃借人・転貸人）が建物の転貸借を目的として賃借し，第三者（転借人）に転貸する形態の賃貸借契約をいいます（賃貸人・賃借人間の契約をマスターリース，賃借人（転貸人）・転借人間の契約をサブリースといいますが，これらスキームを全体としてサブリース契約ということもあります。）。

いわゆるバブル経済の時代に，営業用賃貸ビルの旺盛な需要を背景に，不動産会社が，賃料と転貸料との差益の獲得を目的として，土地所有者との間で転貸事業に関する協議を行い，土地所有者が収支予測に基づき金融機関から融資を受けて建物を建築し，それを不動産会社が一括して賃借するという形で活用されていました。

また昨今においても，遊休資産等の有効活用，固定資産税・都市計画税の節税[72]，あるいは相続税対策[73]といった観点から，土地（更地）を所有する個人と不動産会社との間で，建物建築，建築した建物の賃貸営業，賃貸管理等の全部又は大部分の委託等を内容とする建物マスターリース契約が締結される事例が見受けられます。

このような建物マスターリース契約において，賃借人である不動産会社にとっては，土地・建物の敷地所有権を取得することなく事業を展開することができるというメリットがあり，他方，土地・建物所有者にとっては，入居者対応や物件の保守管理等を自ら行うことなく，また空室リスク等も不動産会社に転嫁した上で，継続的に安定した賃料収入を得ることができるというメリットがあるとされています。

そのため賃貸人である土地・建物所有者からすると，不動産会社に対して長期の安定した家賃保証を求めるでしょう。

他方，不動産会社からすれば，家賃保証によって差損が生じる事態は避

---

[72] 更地・遊休地に賃貸住宅を建設することで土地の評価額が減少するため，固定資産税・都市計画税もその分軽減することができるとうたわれているようです。

[73] 現預金等の資産を不動産にすることで相続税路線価と市場資産価値の差額分の圧縮が可能になり，相続税対策になるとうたわれているようです。

ける必要があるため，随時，賃料の見直し（賃料の減額）を求めることが想定されます。また，不動産会社としては，修繕・改装による空室リスク軽減の目的とともに差益の減少や差損発生のリスクに備える意味で，建物建築や修繕等を自ら請け負うことによって利益を確保することも考えられます。したがって，不動産会社が土地・建物所有者に対して定期的な修繕等を求めるケースも想定されます。

このように建物マスターリース契約においては，当事者間の利害が先鋭化しかねないことから，期間，賃料，解除の可否等の賃貸借契約の条件について，あらかじめしっかり規定しておくことが重要です。

2 建物マスターリース契約におけるポイント

(1) 賃貸借期間

賃貸借期間は当事者間の合意で自由に定めることができます。

(2) 賃料支払開始時期

賃貸借契約期間開始後一定期間，いわば転貸人（賃借人）による転借人の募集・入居のための準備期間として，転貸人（賃借人）の賃料支払義務を免除する場合があります。その場合の条項例は次のとおりです。

条項例（2か月間の賃料支払義務を免責する場合）

甲及び乙は，第〇条にかかわらず，契約期間開始日から2か月間を入居者募集期間として認め，第〇条記載の賃料及び第〇条記載の共益費の支払義務は，入居者募集期間経過後から発生するものとする。

(3) 賃料の増減額の可否

不動産会社（賃借人）としては，差損発生のリスク回避のため，賃貸借契約期間中であっても賃料の減額を希望し[74]，他方，建物所有者（賃貸人）としては，通常，賃貸借契約期間中の賃料の減額を認めないことを希望するものと思われます。

---

[74] バブル経済の時代に締結されたサブリース契約において，バブル経済の崩壊により転貸料が減少し差損を負うことになった不動産会社が，借地借家法32条1項に基づき賃料減額請求を行い，賃貸人（土地・建物所有者）との間で多数の訴訟が係属することになりました。

そこで，いわゆるサブリース契約に，賃料増減額請求を定める借地借家法32条の規定が適用されるか否かが問題となりますが，最高裁は，サブリース契約も建物の賃貸借契約であることから借地借家法が適用され，同法32条の規定も適用される旨判示しました[75]。なお，当該事案では，賃料について建物完成時から3年を経過するごとに10％の値上げをするとの賃料自動増額特約等が記載されていましたが，同法32条1項の規定は強行法規であって賃料自動増額特約によってもその適用を排除することができない旨併せて判示されています。

したがって，賃貸人としては，仮に賃料を減額しない旨の条項を設けたとしても，同法32条の規定に基づき賃料が減額される可能性がある点に注意する必要があります。

(4) 修繕項目，費用負担者等

特に長期の一括借り上げとする建物マスターリース契約の場合，経年劣化に伴う修繕が不可避となります。なお，上記1でも述べたとおり，不動産会社としては修繕を自社で行うことにより応分の利益を確保し得ることから，修繕は不動産会社又は同社指定の業者が行う旨定められることが多いようです。

そのため，どの修繕項目を賃貸人と賃借人（転貸人）のいずれが費用負担するのかという点についてあらかじめ明記しておくことが必須といえます。

(5) 中途解約の可否・違約金等

建物マスターリース契約において賃貸人は金融機関から多額の融資を受けていることも多く，賃貸人としては，契約を中途解約されることなく賃借人から賃料を継続的に受領できるようにしたいところです。そこで，例えば「賃貸借契約期間中，賃借人から中途解約を認めず，中途解約する場合には相応の違約金の支払いをしなければならない」といった条項を設けることを希望するかもしれません。

しかしながら，そのような中途解約の場合における違約金に関する条

---

[75] 最判平成15年10月21日民集57巻9号1213頁。

項を設けた場合，そのような約定自体は有効だとしても，違約金の額があまりに高額の場合，賃借人からの解約が事実上不可能となりかねません。そのため，諸事情（例えば賃貸人が早期に次の賃借人を見つけることができたような場合）によっては違約金に関する条項の全部又は一部が公序良俗違反として無効（民法90条）になる可能性があると考えられます[76]。

したがって，違約金の額としては経済合理性のある適当な範囲内に留めておいた方がよいでしょう。

(6) 更新の拒絶の可否

建物マスターリース契約における賃貸人が，賃借人を変更すべく（他の不動産会社とマスターリース契約を締結する），既存の建物マスターリース契約の更新拒絶を希望する場合に，更新を拒絶するには正当事由（借家法1条の2，借地借家法28条参照）が必要となるのかどうかが問題となりますが，更新拒絶には正当事由が必要である旨判示した裁判例が存します[77]。

したがって，賃貸人としては，安易に建物マスターリース契約の更新を拒絶することができないということを念頭におく必要があるといえます。

(7) 転貸借契約の承継

賃貸借契約と転貸借契約との関係について，一般的に，賃借権が消滅すれば転借権はその存在の基礎を失うとされており，判例上も，賃貸借契約が賃借人の債務不履行を理由とする解除により終了した場合，原則として賃貸人が転借人に対して目的物の返還を請求したときには，転貸借契約も履行不能により終了するとされています[78]。

これに対して，賃貸人の承諾ある転貸借の場合に，転借人に不信な行

---

76 本章前掲脚注66　東京地判平成8年8月22日判タ933号155頁。
77 東京地判平成24年1月20日判時2153号49頁。
78 最判平成9年2月25日判タ936号175頁。なお，賃貸人が賃借人の賃料不払いを理由として賃貸借契約を解除するには，特段の事情のない限り，転借人に通知等をして賃料の代払の機会を与えなければならないものではないとされています（最判平成6年7月18日判タ888号118頁）。

為があるなどして賃貸人と賃借人との間で賃貸借を合意解除することが信義誠実の原則に反しないような特段の事由がある場合のほかは，賃貸人と賃借人とが賃貸借解除の合意をしても転借人の権利は消滅しないとされています[79]。

　また，判例上，マスターリース契約においては転借人による使用収益が本来的に予定され，賃貸人も転貸によって不動産の有効活用を図り，賃料収入を得る目的で賃貸借を締結し転貸を承諾していること，他方，転借人及び再転借人はそのような目的で賃貸借が締結され，転貸及び再転貸の承諾がされることを前提に転貸借ないし再転貸借を締結し，再転借人がこれを占有していることなどの事実関係の下では，賃借人の更新拒絶による賃貸借の終了を理由に再転借人の使用収益権を奪うことは信義則に反し，賃貸借の終了を再転借人に対抗できず，転借人は使用収益を継続することができる旨判示するものがあります[80]。

　すなわち，一定の場合には，賃貸借契約の終了を転貸借契約に対抗できないことになります。そこで，マスターリース契約が終了した場合，賃貸人が当然に転貸借契約を承継することとする場合はもちろん，承継せざるを得ない場合もありますので，転借人が賃貸人に対して転貸借契約の存続を対抗できるときの措置についても定めておきます（サンプル書式【マスターリース契約書】第14条参照）。

---

[79] 最判昭和37年2月1日民集58号441頁。なお，民法改正案においても「賃借人が適法に賃借物を転貸した場合には，賃貸人は，賃借人との間の賃貸借を合意により解除したことをもって転借人に対抗することができない。ただし，その解除の当時，賃貸人が賃借人の債務不履行による解除権を有していたときは，この限りでない。」という規定が新設されました。
[80] 最判平成14年3月28日判夕1094号111頁。

❹ 利用・運営―(2) 共同ビル基本協定書

① 共同ビル事業（収益事業）の形態に合わせた内容とする。
② 不動産に関する基本的な権利関係，所有持分／事業の割合（事業シェア），収益・経費の分担方法，共同ビル竣工後の管理・運営方法，自己の持分の譲渡等につき明確に定める。

サンプル書式→共同ビル基本協定書

1 共同ビル基本協定書

　2者（社）以上で共同ビルを建設し，これを第三者に賃貸して賃料収入を得るという**共同ビル事業**は，土地の有効活用の一方法としてよく見られるものです。その契機としては，老朽化した共有のビルを共有者ととともに建て替える，あるいはそれぞれビルを所有している隣地所有者と共同して新しくビルを建設する，といった場面が考えられ，基本的な合意ができた時点で基本協定書・合意書を締結します。

　なお大規模な開発や共同ビルの建設には各種許認可の申請手続や，法令及び地方公共団体の条例の遵守など高度の専門的知識が必要とされているため，こうした共同ビルは不動産事業者と共同で行ったり（不動産事業者が共有者ないし共同事業者である場合），あるいは不動産事業者がプロジェクトマネージャー，コンサルタントなどとして携わったりすることが多いでしょう。

　サンプル書式では，それぞれビルを所有している隣地所有者が各自所有の建物を取り壊して，各所有地を一体敷地として共同でビルを新たに建設し，そのうち一部を甲が自社使用するほか，残部を乙（不動産事業者を想定）に一括賃貸し，乙が乙持分と合わせてこれを第三者に賃貸し，当該共同ビルを管理・運営して，その収益を甲乙で分配する，という内容を前提としています。

2 基本合意すべき事項

共同ビル基本協定書では，事業計画に合わせて主に以下の事項を合意しておくことが肝要です。

(1) 基本契約の大要

いかなる事業計画，収益モデルであるのか，大まかな枠組みや，各当事者の役割を明確にします。

(2) 所有土地及び共同ビルの基本的な権利関係

共同ビルの敷地となる土地は元々共有なのか，あるいは隣地同士を一体敷地とする場合は当該各土地は分有のままとするのか，共同して建設したビルの所有関係はどうするのか，共有割合はどう定めるのか（土地の面積比等とするのか，さらに他の要素をも考慮するのか），誰が何階のフロア（床）を取得するのか，専用部分と共用部分はどう区分けするのかなど，基本的な権利関係を定めます。これから建設するビルの場合，実測や建築確認の結果次第で多少の修正が予想される場合はその旨も明記します。

(3) 収益と費用負担

共同ビル事業である以上，誰にいくらの（どの割合の）収益が入るのか，また誰が何の費用を負担するのかを明確に定めます。サンプル書式に記載の費用以外にも例えば，地歴調査費，ボーリング費，土壌汚染調査費，土壌汚染除去費などが考えられます。

サンプル書式では，甲が乙（不動産事業者を想定）に竣工後の共同ビルの管理・運営を委託するため，甲に分配される収益（賃料年額）は，「（共同ビルの年間賃料＋年間駐車場代）×○％×甲持分割合」と，掛け目を設けることを想定しています。つまりこの「○％」が例えば97％であれば，3％は乙の管理運営受託料，ということです。

共同で建設したビルをすべて一括して第三者に賃貸する場合もあれば，サンプル書式で想定したように，一部だけを自社使用する場合もあります。事業内容に応じて共益費・管理費の額や割合，負担の在り方を定めることになります。

(4) 共同ビル竣工後の管理・運営

ビルを共同で建設した場合，竣工後の共同ビルの管理・運営は誰が行うのかを明記します。サンプル書式では乙は不動産事業者を想定し，甲は乙に対して当該業務を委託しています。甲乙共に不動産事業者ではない場合，別途，管理・運営事業者を入れて，3者（社）間の基本合意とすることもあります。

(5) 自己の持分の第三者への譲渡

共同ビルは共有者間あるいは共同事業者間の信頼関係に基づくものです。一方当事者がこの事業から脱退する場合には，他方当事者に対して買取りの優先的な交渉権を与えることが多いといえます。また第三者に自己の契約上の地位，持分を譲渡する場合は，当該基本合意を承継させる旨も盛り込むべきでしょう。

利用・運営—(3) 管理運営に関する契約

> **Point!**
> ① 受委託する業務範囲，手数料を明確にする。
> ② いわゆる偽装請負に注意する。

1 管理運営に関する契約

管理運営に関する契約としては**プロパティマネジメント契約**，**ビルマネジメント契約**があります。

プロパティマネジメント契約とは多義的ですが，資産（本章では不動産）に関する管理契約一般を指します。具体的には，ビルのテナントの選定・契約・更新の手続，賃料収納の代行・送金，修理・修繕の手配，その他資産活用業務を請け負います。

ビルマネジメント契約も広い概念で，プロパティマネジメント契約との厳密な区別は難しいのですが，清掃，各種機械設備の点検・保守，保安，

修理・修繕その他ビルの管理運営全般を請け負い，テナントリーシングがここに入る場合もあります。

いずれもコンサルティング機能（ビルの利活用につき最適な計画を立案・提案・実行）があるといってよいでしょう。

2 管理運営契約に関するポイント

(1) 業務範囲，手数料

これら管理運営に関する契約を締結する際，何をどこまで受委任するのか，業務範囲を明確にし，また報酬・手数料の額・割合についてもきちんと決める必要があります。

(2) いわゆる偽装請負に関する注意点

業務委託の場合，いわゆる**偽装請負**に注意する必要があります。

派遣と請負の相違は，派遣労働者は派遣先の指揮命令を受けますが，請負は，注文主と請負業者（受託者）の被雇用者（労働者）との間に指揮命令関係が存在しないという点にあります。請負業者は，自己の雇用する労働者の労働力を自ら直接利用するものであること（業務の遂行及び労働時間等に関する指示その他の管理，企業における秩序の維持，確保等のための指示その他管理を自ら行うものであること），かつ請負契約により請け負った業務を自己の業務として当該契約の相手方から独立して処理するものであることが必要とされています（「労働者派遣事業と請負により行われる事業との区分に関する基準」（昭和61年労働省告示第37号，最終改正平成24年厚生労働省告示第518号））。

したがって，注文主（委託業者）は，請負業者の上記独立行為等を害する行為はしてはなりませんので，管理業務を委託する場合は，これらの点に十分な注意が必要です。

請負業者（受託者）が，請け負った業務を再委託する場合において，当該請負業者と再委託先の被雇用者（労働者）との間の関係も上記と同様です。

第7章 金融

第1 金融分野の特徴とは
第2 契約類型
　1 エクイティファイナンス
　　(1) 新株発行による資金調達
　　(2) 新株予約権割当契約
　　　　（ストック・オプション）
　　(3) 株式譲渡
　2 デットファイナンス
　　(1) 金銭消費貸借契約
　　(2) 銀行取引約定書
　　(3) 債権保全関連（担保・保証）
　　(4) 債権譲渡
　　(5) 債務引受
　　(6) 社債
　　(7) 準消費貸借
　3 その他のファイナンス
　　(1) ファイナンススキーム
　　(2) ファイナンスリース
　　(3) 投資ファンド・デリバティブ

第7章 金融

第1 金融分野の特徴とは

> **Point !**
> ① ファイナンスの手法は大きくエクイティファイナンスとデットファイナンスに分けられるが，個別の諸条件が付される（両者の間に位置するメザニンファイナンスとなる）こともある。
> ② 資金調達に当たっては大きな枠組みだけに捕われるのではなく，個別の条件も十分に確認・検討することが肝要である。

1 ファイナンスの手法

(1) エクイティファイナンスとデットファイナンス

　企業が資金を調達するファイナンスには，エクイティファイナンスとデットファイナンスの2種類に大きく分けることができます。このうち，エクイティファイナンスとは株式の発行等の方法により株主資本の増加をもたらす資金調達のことをいい，資金の出し手は株主として会社に関与することになります。デットファイナンスとは借入等の方法により負債の増加をもたらす資金調達のことをいい，資金の出し手が貸出人として会社に関与することになります。

　エクイティファイナンスでは調達した資金の返済期限が原則としてないのに対して，デットファイナンスでは返済期限が定められています。また，エクイティファイナンスとデットファイナンスでは，デットファイナンスに対する返済が優先され，デットファイナンスでは一定の利息を付して返済される一方，エクイティファイナンスではデットファイナンスの返済後の（配当可能）財産を対象として，配当や精算時の残余財産の分配等による返済がなされることになります。

(2) ファイナンスの多様性

　このようにエクイティファイナンスとデットファイナンスとの間には

差異があるものですが，例えばエクイティファイナンスであっても会社に一定の期限に一定額の支払義務を負わせるものであったり，逆にデットファイナンスであっても利息が一定の率ではなく会社の業績・利益に連動したりするなど，実際には様々な条件を付すことも可能ですので，一律にエクイティファイナンス，デットファイナンスと分けられるものではありません。

劣後ローンや劣後債・優先出資証券等のハイブリッド証券など，諸条件が付されたエクイティファイナンスとデットファイナンスの間に位置するファイナンス手法は，メザニンファイナンスと呼ばれています。

資金調達を行うに当たっては，あるいは資金調達に応じるに当たっては，エクイティファイナンス・デットファイナンス（あるいはメザニンファイナンス）といった大きな枠組みだけに捕われることなく，個別の条件についても十分に確認・検討することが肝要になります。

2 本章の構成

本章では，ファイナンスの手法に応じて，エクイティファイナンス，デットファイナンスについて述べた上で，その他のファイナンスについても概略を説明します。

まず，エクイティファイナンスでは，資金調達の方法として新株発行による場合と新株予約権の発行（ストックオプションの付与を行う場合）を分けて述べた後に，子会社の売却による資金調達，あるいは資金を投じて会社を買収する場合を想定して，株式譲渡についても述べていきます。

次に，デットファイナンスでは，典型的な資金調達方法である金銭消費貸借について述べた後，銀行借入れを行う際に締結する銀行取引約定書の概略を説明し，借入に関する債権保全策としての担保・保証，ファイナンスの当事者が変動する債権譲渡・債務引受，やや特殊な資金調達方法としての社債・準消費貸借について触れていきます[1]。

---

1 金融のうちエクイティファイナンスである出資関連の契約としては映画等に関する製作委員会契約（128頁）があります。M&Aのうち特に医療機関のM&Aについては医療法及び医療に関する許認可等の規制の下で行われるため，該当項目（242頁）を参照してください。

第7章 金 融

　最後に，その他のファイナンスとして，企業自体の信用力を引当てとしない資金調達手段であるアセットファイナンスやプロジェクトファイナンス，リースを活用したファイナンス，投資ファンドやデリバティブ（スワップ・先渡・オプション取引）によるファイナンスについて，それぞれ概要を説明していきます[2]。

---

[2] 直接的に金融に関連する契約ではありませんが，金融機関においては顧客の借入や資産に関する情報を取り扱うことから，プライバシーポリシーをHP等で公表していることが多いものです。このプライバシーポリシーに関する考え方については，第4章通信・情報処理の該当項目（186頁）を参照してください。

第2 契約類型

1 エクイティファイナンス—(1) 新株発行による資金調達

Point!

① 株式引受契約は第三者割当増資において利用される契約である。
② 株式引受契約における表明保証は，どの当事者の立場に立つかを考慮して内容を慎重に検討する。
③ 総数引受契約の利用により増資スケジュールの短縮が可能である。

サンプル書式→総数引受契約書

1 株式引受契約の利用場面と特徴

株式引受契約は，第三者割当増資を行う場合に，株式会社が新たに発行した募集株式を引受人において引き受けることを合意する契約です。

第三者割当増資とは，株式会社が，特定の第三者に新株の割当てを受ける権利を与えて行う増資のことをいいます。第三者割当増資が行われる典型的な場面としては，未上場のベンチャー企業が資金調達のために募集株式を発行し，ベンチャーキャピタル等の投資家に引き受けてもらう場合が挙げられます。株式を公開していない未上場の会社においては公募増資を行うことが困難であるため，自社の役員や取引先，ベンチャーキャピタルなどの特定の第三者を相手先とした第三者割当増資による資金調達がよく行われます。このように，第三者割当増資は，以前から関係のある縁故者を相手先として行われることが多いため，縁故募集と言われることもあります。他方，上場会社では，業務提携や資本提携[3]，友好的な第三者との連携による敵対的買収への防衛策，事業再建を目的とした第三者割当が行

われます。

2 株式引受契約におけるポイント

(1) ベンチャー投資における投資契約

　ア　株式引受契約と株主間契約

　　　投資家であるベンチャーキャピタルが投資先であるベンチャー企業に対して投資するために投資契約を結ぶ場合，その内容としては，大まかに言って，投資家と投資先の間での株式引受の条件等に関する合意と，投資家と投資先企業の既存株主（多くの場合，当該企業の創業者）の間での株式引受後の会社経営に関する合意という二つの部分に分けられます。これらの二つの合意は，それぞれの当事者が異なるほか，前者は一回のみの取引条件を定めるものであるのに対し，後者は株式取得後の継続的な関係性を定めるものである点において異なります。

　　　実務においては，この二つを分けて，それぞれ**株式引受契約**と**株主間契約**という別個の契約として締結する場合と，一つにまとめて投資家，投資先及び既存株主の三者間における投資契約として締結する場合がありますが，どちらの方法によるかは案件の規模やその後の株式引受の予定の有無等を考慮して決められているようです。

　イ　株式引受契約における表明保証

　　　株式引受契約の一般的な内容としては，①発行される募集株式の種類，数量及び引受価格，払込方法等，株式の発行とその引受に関する条件，②当事者の能力や権限の適法性，有効性及び提出書類の真実性等に関する表明保証③表明保証に違反した場合等の株式買取請求権等が挙げられます。

　　　上記の通り，投資家，投資先と既存株主（創業者）の三者間で株式引受契約と株主間契約を一体化した投資契約を結ぶ場合には，投資先企業の表明保証を，その企業自身だけでなく既存株主である創業者にもさせるようにして，投資家から創業者に対する責任追及を可能にし

3　業務提携契約については本書117頁（第３章エンターテインメント「業務提携契約」）参照。

第 2　契約類型
1　エクイティファイナンス—(1)　新株発行による資金調達

ようとするものも見られます。これは，株式引受契約は株式譲渡契約と異なり投資家と投資先企業との契約であるため，表明保証違反の場合に投資先企業に損害賠償させたとしても，結局，投資家にとっては当該企業の価値が毀損することとなり有効な救済とはならないことから，創業者への責任追及を可能とするために定められるものであり，これにより，投資先企業をよく知る創業者による安易な表明保証を抑止するという効果も期待できます。このように，創業者による表明保証は，投資家サイドからすると有利な条件ですが，創業者にとっては，投資先企業という別の主体が負うべき責任を負わせられるリスクがあるため，どちらの立場で契約書を作成するかにより，入れるかどうか，入れるとしてもどのような文言にすべきか慎重な考慮が必要です。また，株式引受に伴う表明保証違反による損害賠償請求については，株式引受により払込まれた金額は資本金又は資本準備金になることから，その払い戻しには会社法上の観点からすると減資その他の手続が必要となるはずであるとして，疑義を呈する見解もあります[4]。

(2)　**総数引受契約の利用による手続の簡略化**

　　第三者割当を行う場合，原則として，①募集事項の決定②株式の申込み③株式の割当て④出資の履行⑤登記という手続を踏まなければなりません。この手続には通常 2 週間程度の期間が必要となります。

　　しかし，非公開会社で第三者割当を行う場合，募集事項を決定する段階ではすでに引受先が決まっており，出資金の払込みも確実であることが多いため，このような場合には，**総数引受契約**（会社法 205 条）を締結することにより，②株式の申込みと③株式の割当ての手続を簡略化して，最短で 1 日までスケジュールを短縮し事務手続を軽減することが可能です。

　　総数引受契約とは，特定人が会社との契約によって募集に係る株式の総数を包括的に引き受ける方式をいいます。複数の引受人と複数の契約

4　草野耕一「M&A 取引概説」自由と正義 50 巻 10 号 102 頁，長島・大野・常松法律事務所［編］『M&A を成功に導く法務デュー デリジェンスの実務』66 頁参照（中央経済社，第 3 版，2014 年）。

書で契約を締結することもできますが,その場合に総数引受契約といえるためには,それが実質的に同一の機会に一体的な契約で募集株式の総数の引受けが行われたものと評価できるものでなければならないとされています。

　総数引受契約書の記載事項は法定されていませんが,登記の際の添付書面であるため,実務上は,①引受先が会社の発行する株式を引き受ける旨②割り当てる株式数及び株式の内容③払込金額④払込期日及び払込みを会社の定める金融機関にする旨⑤会社と引受先双方の記名・捺印を備えたものである必要があります。

　なお,平成26年改正前の会社法においては,総数引受契約による場合,株式の申込みと割当てに係る全ての手続を省略することが可能でしたが,改正後の会社法においては,募集株式が譲渡制限株式である場合は,原則,株主総会(取締役会設置会社においては取締役会)の決議によって総数引受契約の承認を受けなければならないこととしています(会社法205条2項)。これは,譲渡制限株式の譲渡等の場合にはしかるべき機関の決議によって承認を得なければならないことと平仄を合わせたものです。

エクイティファイナンス―(2)　新株予約権割当契約(ストック・オプション)

Point!

① 発行会社において決定された新株予約権の内容と矛盾しない契約内容となっている必要がある。

② 会社法上の新株予約権発行手続における要請に対応した内容となっている必要がある。

③ 税制適格ストック・オプションとする場合,契約書上定めておくべき事項を網羅している十分に確認しなければならない。

サンプル書式→新株予約権割当契約書

第2　契約類型
1　エクイティファイナンス—(2)　新株予約権割当契約（ストック・オプション）

1 新株予約権割当契約の利用場面と特徴

　新株予約権は，株式を一定の条件で取得できる権利のことです（会社法2条21号）。新株予約権は資金調達目的や，敵対的買収に対する防衛目的等の様々な目的で使用されますが，特に，会社の役員や従業員に対するインセンティブ報酬として割り当てる新株予約権のことを**ストック・オプション**といいます。

　ストック・オプションを付与された役員や従業員は，将来の一定の期間にあらかじめ定めた権利行使価格で自社株を取得できる権利を与えられるため，将来の権利行使時点において株価が上昇していれば，自社株を時価より安い権利行使価格で取得して時価で売却し，その株価上昇分を報酬として得ることができます。このように，会社の業績が上がって自社の株価が上昇すれば，自分が得られる利益も増えるため，業績向上に向けて役員や従業員のモチベーションを高める仕組みとして利用されます。

　本項では，ストック・オプション目的の新株予約権が利用される典型的な場合として，近い将来上場を目指している非公開会社において，取締役及び従業員に対してストック・オプションを付与する場面を想定し，新株予約権割当契約のポイントを説明します。

2 新株予約権割当契約におけるポイント

(1)　会社が決定した内容と矛盾しない契約内容であること

　ア　概要

　　　新株予約権割当契約は，発行会社とストック・オプションの付与対象者との間で，「誰に」「何株」割り当てるかを定めるために締結される契約です。一般的な契約においては，当事者の合意で契約内容を決めることができますが，ストック・オプションは会社法の定めに従って発行される新株予約権であって，割当契約における最重要事項である新株予約権の内容は，会社法の手続に則ってあらかじめ決定されているため，これと矛盾しない契約内容とする必要があります。

第7章　金　融

　イ　会社法上の規制について

　　非公開会社がストック・オプション目的で募集新株予約権を発行する場合の会社法上の手続は以下の通りです。

　　①募集事項の決定。原則として株主総会特別決議による必要がありますが（会社法238条2項，309条2項6号），株主総会特別決議による取締役会への委任が可能（同法239条1項）②申込予定者への通知（同法242条1項，同法施行規則54条）③申込み（同法242条2項）④割当て（同法243条1項）⑤（払込みが必要な場合）金銭の払込み（同法246条）⑥新株予約権の登記（同法911条3項12号）・新株予約権原簿への記載（同法249条）。

　ウ　報酬決議との関係

　　なお，割当契約の内容と直接の関係はありませんが，ストック・オプションを会社役員に付与する場合には，発行手続上，ストック・オプションが報酬としての性格を持つことから，会社法上の報酬規制が適用されることに留意する必要があります。そして，取締役に対してストック・オプションを発行する場合，金銭の払込みを不要とする場合（無償発行）であっても，無償であるからといって新株予約権の有利発行に当たると考える必要はなく，株主総会の有利発行決議は不要です。この点については，ストック・オプション払込価額と同額の報酬債権を取締役に与えて，その報酬債権とストック・オプションの払込みに係る債権とを相殺するという考え方と，ストック・オプション自体を職務執行の対価と考え，金銭の払込みを不要とする考え方の二通りの法的構成があります。

　　これに対して，従業員に対してストック・オプションを無償発行する場合には，上記のいずれの構成をとるにせよ，賃金の通貨払い・全額払いの原則（労働基準法24条）に抵触する可能性に配慮して，実務上，有利発行のための株主総会特別決議を取っておくことが多いようです。

(2)　会社法上の新株予約権発行手続における割当契約書の役割

　　ストック・オプション目的の新株予約権を付与する場合，割当契約書

を交付し締結することにより，発行手続に関する会社法上の要請を満たすことが可能です[5]。

まず，①割当契約書の中に，募集新株予約権の引受けの申込予定者に対して通知すべき事項を記載して申込予定者に交付することにより，募集事項の通知（会社法242条1項，同法施行規則54条）を兼ねることができます。この場合，募集事項を確実に網羅するため，別紙で添付することが一般的です。

また，割当契約書を交付し締結することにより，②募集新株予約権の引受けの申込者から会社に対する，申込者の氏名又は名称及び住所と引受予定の新株予約権の数を記載した書面の交付（同法242条2項），及び③会社から申込者に対する募集新株予約権の割当数の通知（同法243条3項）の要請を満たすことが可能です。この場合，割当契約書に，「会社が新株予約権者に対して本契約記載の数の新株予約権を割り当てることを通知する」旨の記載と，「新株予約権者が本契約記載の新株予約権の引受けを申し込む」旨の記載をしておくという方法が考えられます。

なお，契約書を③の割当通知として使用する場合，会社法上，割当日の前日までに通知が必要であるため，割当日の前日までに契約を締結しなければなりません。

(3) 税制適格ストック・オプションの場合の留意点

ストック・オプションの設計をする場合には，税務面での検討が重要です。ストック・オプションは，原則として権利行使の時点で，その時点の株価とあらかじめ定められた権利行使価格の差額に対して，給与所得としての課税が行われます。そうすると，<u>ストック・オプション付与者が権利行使して株式を取得すると，その株式を売却して資金化する前に多額の納税負担が生じることになってしまうため，この負担を軽減して制度の普及を図るため，一定の要件を満たす場合には，株式売却時まで課税を繰り延べることができる制度が導入されています</u>（**「税制適格ストック・オプション」**租税特別措置法29条の2）。

---

5 太田洋＝山本憲光＝豊田祐子編集代表「新株予約権ハンドブック」262頁参照（商事法務，第3版，2015年）。

第7章 金融

　税制適格ストック・オプションの適用を受けるためには，会社法238条2項の決議に基づいた無償発行であり，会社及びその子会社の取締役，又は使用者である個人，又はこれらの相続人であって，大口株主及び大口株主の特別関係者に該当しない，という要件を満たすほか，新株予約権の割当契約において定めるべき事項が法定されています（租税特別措置法29条の2第1項，同法施行令19条の3）。

1 エクイティファイナンス─(3)　株式譲渡

Point !

① 株式譲渡の実行は株式譲渡契約書で規定された前提条件を充たした場合に行われるのが一般的である。
② 株式譲渡契約書では表明保証条項，誓約条項を相互に規定する一方で，その違反についての補償等は制限することが多い。

サンプル書式→株式譲渡契約書

1 株式譲渡契約書の利用場面

　株式譲渡契約書は株式譲渡を目的として締結する契約書であり，相対取引で株式を取得するM&A取引（子会社の売買取引を含みます。）を行う場合などに締結されることが一般的です。

2 株式譲渡契約書の特徴

　株式譲渡を実行（クロージング）するにあたっては，法令上の手続（独禁法10条2項に基づく事前届出等）や，対象会社が締結している契約上要求される手続（通知，相手方の承諾等）を履践する必要がある場合などがあります。
　そのため，株式譲渡契約書では，契約締結日にクロージングすることとするのではなく，クロージングの前提条件を規定し，これを充たした場合

にクロージングすることとするのが一般的です。

　また，取引目的を達成するため，各当事者は相手方に対し一定の事項について**表明保証**をし，かつ，**誓約**する一方で，想定外のリスクを回避するためにこれらの違反についての**補償等は制限**することが一般的です。

3 株式譲渡契約書の内容

　株式譲渡契約書は概ね以下の①ないし⑧の内容により構成されることが一般的です。

① 　株式譲渡の合意

　　株式譲渡の効力発生要件として，株式譲渡の合意の事実を記載します。譲渡対象となる株式を特定するとともに，**譲渡価額**を記載する必要があります。

　　譲渡価額については，譲渡価額の算定基準日以降の事情を反映できるように**調整条項**を設けることもあります。

② 　クロージング

　　クロージングとして当事者が行う行為を記載します。具体的には，買主は売主に譲渡価額を支払い，売主はこれと引き換えに株式の権利を買主に移転すること（株券発行会社の場合には株券の交付が必要です。）が基本的な内容となります。

　　なお，買主としては，株式譲渡の第三者対抗要件である株主名簿の名義書換を単独で対象会社に請求できるように，売主が記名押印済みの名義書換請求書も売主から徴求すべきです。

③ 　クロージングの前提条件

　　売主・買主に共通する前提条件としては，相手方の表明保証の真実性・正確性が確保されていること，クロージング前に履行すべき相手方の義務が履行されていることが挙げられます。

　　また，買主としては，対象会社が譲渡制限会社である場合には株式譲渡の承認がなされたことも前提条件とすべきです。

④ 　表明保証

　　売主・買主に共通して相手方に表明保証してもらうべき事項として

は，契約締結権限を有することや取引実行に必要な手続を履践していることなど，相手方について取引の支障となる事由が存在しないことが挙げられます。

また，<u>買主としては，譲り受ける株式に関する事項</u>（譲渡株式の希釈化につながる事由がないかなど）<u>や，対象会社に関する事項</u>（譲渡価額の算定の基礎となっている事項に変更がないか，取引実行後の経営に支障となる事由がないかなど）<u>についても売主に表明保証してもらう必要</u>があります。

他方で，売主としては，特に対象会社に関する事項については十分に把握できない事項もあると思われますので，「知る限り」や「重要な点において」といった限定を付すことにより，表明保証の範囲を限定することが考えられます。

⑤ 誓約

クロージング前の誓約事項としては，主に，クロージングのために必要となる手続を履践することが挙げられます。特に，買主としては，対象会社が譲渡制限会社である場合の**株式譲渡の承認**や，対象会社が締結している**契約上要求される手続**など，対象会社が行うべき手続についても，これを対象会社に履践させるよう売主に誓約させる必要があります。

また，買主としては，取引を行う目的に支障が生じないよう，売主に対して，クロージング後に対象会社の役職員の引き抜きなどを行わないよう誓約させることも考えられます。

⑥ 補償

（特に売主にとって）想定外のリスクを回避するため，表明保証違反・誓約違反に対する補償については，**金額の上限・下限**を設けたり，補償の対象となる**損害の範囲を限定**したり，**権利行使期間**を設けたりすることが一般的です。

また，（解除を含め）契約に規定されていない救済手段は認めないことを明記することもあります。

⑦ 解除

クロージング後は対象会社の経営状況等が変化している可能性があり，解除を認めたとしても妥当な紛争解決とならない可能性が高いことから，解除については**クロージング前に限り**認めることが一般的です。

⑧ 一般条項

秘密保持，準拠法，管轄等のいわゆる一般条項を規定します。

2 デットファイナンス─(1) 金銭消費貸借契約

Point!

① 貸付金額，弁済期，弁済方法，遅延損害金が明確に記載されているかの確認が必要である。

② 利息・遅延損害金が，法定の上限を超過すると超過部分が無効になるため，注意が必要である。

③ 金銭消費貸借契約では，貸倒れが生じた際の大きな損失を避けるため，債権保全に関する条項が特に重要である。

サンプル書式→金銭消費貸借契約書（証書貸付・連帯保証）

1 金銭消費貸借契約書の利用場面

金銭消費貸借契約は，幅広く利用される契約ですが，ここでは金融機関との間で締結される融資関連の取引において締結する契約書として取り上げます。具体的には，ローン，融資，貸付け等の局面において利用されるものです。契約が成立するまでに，貸主と借主との間で相談・交渉が行われ，その過程で多様な条件（金額，返済期間，返済方法，金利，担保差入れ等）について合意した上で担保条件等が履行され，金銭消費貸借契約書が作成され，金銭が交付されることによって契約が成立するのが通常です。

交渉の過程で合意した内容が，適切に盛り込まれているか，特に貸付金額，弁済期，弁済方法，遅延損害金が明確に記載されているか，万が一の

事態が発生した場合についての債権保全に関する条項が記載されているか等，契約条項を見ながら具体的な局面をイメージしておくことが重要です。

2 デットファイナンスとその種類

(1) デットファイナンス

　デットファイナンスは，資金調達手法の一つで，調達者が期限に元本を返済する義務を負担する，借入金の性格を有するものです。元本が保証され，支払順位が株式等のエクイティより優先するために，一般に資金調達に伴うコストをエクイティファイナンスよりも低く抑えることができます。

(2) デットファイナンスの類型

　デットファイナンスには，銀行等の間接金融機関から融資やリース等の形態で調達する**間接金融型**と，市場において投資家から直接調達する**直接金融型（市場型）**，そして，その中間形態である**市場型間接金融**に大別されますが，ここでは間接金融型について説明します。

3 融資取引の種類

　金融機関は，契約証書を作成して貸し付ける証書貸付や，取引先振出の約束手形を徴求して融資を行う手形貸付，手形売買の形態を利用した金融方法である手形割引など，様々な方法で，取引先の広範な資金需要に応じています。また，特に大口の資金調達ニーズに対しては，複数の金融機関が協調してシンジケート団を組成し，同一の条件・契約書に基づき融資を行う手法である，シンジケート・ローンも近年拡大を続けています[6]。

4 当座貸越

　当座預金に十分な残高がないと，手形や小切手は不渡りになってしまいますので，それを避けるためには，決済資金不足が生じないように，常に

6　シンジケート・ローンについては，日本ローン債権市場協会（https://www.jsla.org/）により，リボルビング・ファシリティ契約書，シンジケート・ローン契約書のひな形が公表されており，また，その作成過程における議論を反映した解説書が公表されています。

余分の無利息資金を当座預金に入金しておく必要があります。しかしながら，銀行は，事前に約定した上で，信用力に懸念がない取引先については，一定金額の範囲内で当座預金の残高を超えて手形・小切手の支払に応じることがあります。この場合，当座預金残高がマイナスになりますが，これを当座貸越といい，法律的には消費貸借の予約と考えられています。銀行取引約定書のほか，**当座勘定貸越約定書**により契約するのが通常です。

5 融資枠契約（コミットメントライン）

日々の事業において，予期せぬ支払や入金遅延等で，突然の資金需要が発生することは避けがたいものです。そこで，万が一にそなえて金融機関との間で，あらかじめ合意した期間，借入限度額，融資条件の範囲内であればいつでも借入れができる融資枠を設定し，金融機関はこの範囲で融資義務を負い，これに対して手数料を支払う旨を約するのが**融資枠契約（コミットメントライン）**です。これにより，余裕資金を必要以上に確保する必要がなくなり，安定的かつ迅速な資金調達枠が確保されることになります。なお，融資枠契約（コミットメントライン）の法的性質は，借主だけが予約完結権を有する消費貸借の一方の予約であるとされています。また，この契約により，金融機関に対して支払われる手数料がみなし利息に当たるのではないか，という議論がなされたことから，1999年に特定融資枠契約に関する法律という議員立法が成立し，特定の者に対して供与する融資枠契約については，手数料をみなし利息とはしないこととされています。

6 金銭消費貸借契約書のポイント

以下では，証書貸付で一般的に用いられる金銭消費貸借契約書において一般的に設けられている条項の構成や，そのうち重要な条項について，そのポイントを説明していきます。

① 金銭消費貸借

消費貸借契約は，目的物を借主が受け取ることにより効力が生ずる**要物契約**（民法587条）ですから，後日契約の有効性が争われる可能

性のないよう，明確に記載しています[8]。

　金銭消費貸借契約における利息には，上限が法定されており，上限利息を超える約定利息を定めていた場合上限利息を超える部分については無効となります（利息制限法1条）。また，出資法では，一定以上の高金利で貸し付けを行った場合の刑事罰が規定されています（出資法5条）ので，利息については留意が必要です。

② 一部繰上げ返済

　一部繰上げ返済がなされた場合の残債務について，当初約定弁済との関係を明らかにする約定です。

③ 遅延損害金

　遅延損害金の条項を設けない場合，民法上の金銭消費貸借契約では年5％，商行為としての金銭消費貸借契約では年6％の遅延損害金が発生することになりますが，約定利率を定めていればその約定によります。ただし，利息制限法等により，上限金額の定めがあるので留意してください。

④ 期限の利益の喪失

　借主の期限の利益が失われる事由について，当然に失われる場合（当然失期）と金融機関の請求（通知）があると失われる場合（請求失期）に分けて規定しています。

⑤ 費用負担

　印紙代，公正証書作成費用，担保処分費用などを借主の負担とする特約です。不公平な条項に見えるかもしれませんが，融資取引における諸費用を負担する場合には，融資にかかる全体のコストが上昇し，貸出利率の上昇を招きかねません。個別の取引ごとに諸費用額は異なるため，個別の取引ごとに扱う方が公平な方法であるとみることがで

7　この点，諾成的消費貸借契約についても認められないものではなく，民法の改正によって書面でする消費貸借として諾成的消費貸借契約が明文で認められることになります。

8　従前より，非典型契約として諾成的消費貸借契約が認められてきました（シンジケート・ローンや融資枠契約は諾成的消費貸借契約の例です。）。民法改正案において，要物契約たる消費貸借契約を維持しつつ，書面で行われることを条件として，諾成的消費貸借契約が新設されます。

第2　契約類型
2　デットファイナンス—(1)　金銭消費貸借契約

きます。
⑥　保証

契約書上に連署する保証人との保証契約の特約です（詳細は349頁，本章「債権保全関連（担保・保証）」参照）。

⑦　公正証書の作成

公正証書がない場合に，強制執行手続を行うためには，訴訟を提起し，確定判決を得る必要があります。強制執行認諾文言付公正証書は債務名義の要件を具備し，直ちに強制執行手続に入ることができるため，必要な場合に公正証書を作成することとしています。

⑧　報告及び調査

金融機関から見て，借主が問題ない限り安定した収益を得ることができますが，貸倒れが生ずると大きな損失につながります。そのため，貸出時には慎重に審査を行いますし，一旦貸した後に問題が生じたら期限の利益を喪失させ回収を図ることになります。しかしながら，それだけでは十分ではなく，契約期間中は借主に責任財産を維持させるとともに，常に情報を収集して財産状況やこれに影響を及ぼす状況の変化を監視して，適時必要な対応をとれるようにする必要があります。このために用いられる法技術が**コベナンツ（誓約）**です。コベナンツには，積極的な行為を要求するポジティブ・コベナンツ（本条のように，報告・開示義務を課すもの等）と，不作為を要求するネガティブコベナンツ（資産を他の債権者の担保に供することを禁じたり，事業内容を維持することを定めたりするもの等）があります。

⑨　反社会的勢力の排除

いわゆる暴力団排除条項です。反社会的勢力やそれらと関係のある相手方（又はそうした疑いがある相手方）と契約を締結することを避けるのは当然ですが，契約締結後に反社会的勢力であることが判明することも考えられます。そのような場合に，当該相手方との契約関係の解消を容易にするため，相手方が反社会的勢力であると判明した場合には，直ちに契約を解除できるよう，反社会的勢力等でないことを表明保証させると共に，将来にわたっても該当しないことを確約させて

います。表明保証は，契約締結日において存在する事実を言明するものですので，その対象は過去又は現在の事実ということになり，将来の事実について表明保証させることはできません。そこで，将来にわたっては，該当しないことを確約させているものです。

⑩　合意管轄

紛争が生じた際に，移動時間や出廷費用等の負担を低減するため，自己に有利な管轄裁判所において裁判を行うための規定です。

⑪　誠実協議

規定に法的な拘束力はないものの，協議による紛争解決を図る可能性を探るために規定しているものです。

2 デットファイナンス―(2)　銀行取引約定書

Point!
① 銀行によってひな形が決まっており修正は困難である。
② 銀行ごとの構成も概ね同じだが，少しずつ差異があるため，その違いを見比べることが肝要である。

1 銀行取引約定書の利用場面と特徴

銀行取引約定書とは，銀行との融資関連の取引に際して締結する，基本条項を定めた契約書のことをいいます。

銀行取引においては，主として企業に対する融資等の場面で，銀行取引約定書を締結することになります。一方で，シンジケート・ローンやプロジェクト・ファイナンスなどにおいては，複数の貸付人が契約締結当事者となること，多数の契約当事者・契約書の間での調整を要することなどから，銀行取引約定書は適用されないことがほとんどです。

個人に対する融資の場合には，住宅ローンやカードローンなどの契約締結に際して銀行取引約定書を締結することはありませんが，事業を行う者

がその事業に関して借入れを行う際には、銀行取引約定書の締結を求められることがあります。

銀行取引約定書については、かつて、全国銀行協会が定めたひな形があり、各銀行はこれを参考にしつつ固有の事情を反映して、各銀行の銀行取引約定書のひな形を作成していました。その後、全国銀行協会が定めたひな形は平成12年に廃止され、各銀行がそれぞれの銀行取引約定書の修正を加えています。しかしながら、銀行取引約定書それ自体は制度の変更などがない限りはひな形の修正をせず、各銀行とも契約締結の相手方を問わず一律の内容のものを締結しています（契約交渉により条項を修正することは困難です。）。このことから、依然として全国銀行協会の旧銀行取引約定書ひな形と共通する条項もあり、解釈においても当該ひな形の解釈が役立つこともあるものとなります。

以下では、銀行取引約定書において一般的に設けられている条項の構成や、そのうち重要な条項について、そのポイントを説明していきます。

2 銀行取引約定書におけるポイント

(1) 銀行取引約定書の構成

銀行取引約定書は、概ね以下の条項で構成されます。銀行取引約定書については、銀行ごとにひな形が定められているものの、その構成は概ね同様となっています。しかしながら、条項に少しずつ差異があるため、その違いを見比べることで、契約上の条件の違いを見極めることが可能となります。

① 適用範囲

銀行取引約定書が適用される取引の範囲について規定されています。

② 手形と借入金債務

手形によって貸付を受けた場合に、銀行が手形と貸金債権のどちらでも請求できる旨について規定されています。

③ 利息・損害金等

金融情勢の変化によって利息等が変わり得ることや、遅延損害金の率について規定されています。

④ 担保

債権保全を必要とする事由が生じた場合の増担保の義務，担保を一般に適当と認められる方法による取立・処分を認める旨について規定されています。

⑤ 期限の利益の喪失

借入人の期限の利益が失われる事由について，当然に失われる場合（当然失期）と銀行の請求（通知）があると失われる場合（請求失期）に分けて規定されています。

⑥ 割引手形の買戻し

当然失期の場合に割引手形の買戻し義務が生じる旨などが規定されています。

⑦ 相殺

貸金債権と預金債権等の相殺をし得る場合について，銀行から相殺する場合と借入人から相殺する場合に分けて規定されています。

⑧ 手形の呈示・交付等

手形や電子記録債権があり，これらによらずに相殺等で貸金債権が消滅した場合の手形や電子記録債権の取扱いについて規定されています。

⑨ 充当の指定

相殺により借入債務の全額が消滅しなかった場合の充当の指定の仕方について規定されています。

⑩ 危険負担・免責条項等

手形・証書等がやむを得ない事情によって滅失等した場合の請求方法・手形等の再作成，銀行が届出印鑑と印影を相当の注意をもって照合した場合の免責について規定されています。

⑪ 届出事項の変更

届出事項に変更があった場合の届出義務，これを怠った場合のみなし到達について規定されています。

⑫ 報告・調査対応義務

借入人に重大な変化が生じた場合の報告義務，銀行が請求をした場合の調査対応義務について規定されています。

⑬　適用店舗

銀行取引約定書が適用される店舗について規定されています。

⑭　準拠法・合意管轄

日本法を準拠法とすること，銀行の本店又は借入人の取引店を管轄する裁判所を合意管轄とすることについて規定されています。

⑮　約定の解約

借入債務がない場合に解約できることと，解約通知があった場合の解約時期について規定されています。

⑯　反社会的勢力の排除

借入人が反社会的勢力に該当しないことの表明・保証，これに反した場合の銀行取引約定書の失効と損害賠償について規定されています。

(2) **適用範囲**

> 条項例（適用範囲）
>
> 1　手形貸付，手形割引，電子記録債権貸付，電子記録債権割引，証書貸付，当座貸越，支払承諾，外国為替，デリバティブ取引，保証取引その他いっさいの取引に関して生じた債務の履行については，この約定に従います。
> 2　借入人が振出，裏書，引受，参加引受若しくは保証した手形又は借入人が電子記録債務者である電子記録債権を，銀行が第三者との取引によって取得したときも，その債務の履行についてこの約定に従います。

銀行取引約定書においては，これを適用する範囲について可能な限り明示すべく，代表的な取引について記載した上で「その他いっさいの取引」に関して生じた債務の履行について，適用がある旨を規定しています。

上述した通り，銀行としては，融資関連の取引に関して網羅的に適用されることを企図しているもので，具体的に挙げられている取引内容についてはその例示，<u>「その他いっさいの取引」は例示列挙された事項と同等のものを指すものと考えられます</u>。よって，たとえば，不法行為に基づいて生じた債務については適用範囲に含まれません。

(3) 期限の利益の喪失

> **条項例（期限の利益の喪失）**
>
> 1　借入人について次の各号の事由が一つでも生じた場合には，銀行から通知催告等がなくても銀行に対するいっさいの債務について当然期限の利益を失い，直ちに債務を弁済します。
> (1)　支払の停止又は破産手続開始，民事再生手続開始，会社更生手続開始若しくは特別清算手続開始の申立てがあったとき。
> (2)　手形交換所の取引停止処分を受けたとき。
> (3)　借入人又は保証人の預金その他の銀行に対する債権について仮差押え，保全差押又は差押の命令，通知が発送されたとき。
> (4)　住所変更の届出を怠るなど借入人の責めに帰すべき事由によって銀行に借入人の所在が不明となったとき。
> 2　次の各場合には，銀行の請求によって銀行に対するいっさいの債務の期限の利益を失い，直ちに債務を弁済します。
> (1)　借入人が債務の一部でも履行を遅滞したとき。
> (2)　担保の目的物について差押，又は競売手続の開始があったとき。
> (3)　借入人が銀行との取引約定に違反したとき。
> (4)　保証人が前項又は本項の各号の一にでも該当したとき。
> (5)　前各号のほか債権保全を必要とする相当の事由が生じたとき。

ア　借入れについては弁済期限が到来するまでは<u>弁済を強制されない</u>という**期限の利益**があり，これは借入人のためにあるものと考えるのが原則です（民法136条1項）。この期限の利益が失われるのは，民法上，借入人が破産手続開始の決定を受けたとき，担保を滅失・損傷・減少させたとき，担保提供義務に違反したときに限られますが（同法137条），この期限の利益の喪失事由を約定によって追加するのが，本条になります。

　この条項では，銀行から借入人への通知などをしなくても当然に期限の利益を喪失するとする**当然失期事由**と，銀行から借入人への請求（通知）があった場合に期限の利益を喪失するとする**請求失期事由**に

分けて規定が置かれています。

イ **当然失期事由**については、比較的判断に迷うことなく、類型的に債権の保全の必要があるものと判断される事由が挙げられています。

一方、**請求失期事由**においては、これに該当するからといって直ちに債権の保全の必要があるとまではいえないものの、程度によっては債権の保全の必要があると考えられる事由について類型的に列挙しつつ、銀行において債権の保全が必要であると判断した場合に通知を行うことで期限の利益を失わせることができるものとしています。

ウ 個別の失期事由について見ていきますと、まず、1(1)の「支払の停止」とは、借入人が、支払能力を欠くために、その債務のうち弁済期にあるものにつき、一般的かつ継続的に弁済することができない状態（支払不能。破産法2条11項）であることを外部に表明したものと考えられています。この点、債務整理に関する弁護士からの受任通知や債務整理の一態様である事業再生ADRの申立てがこれに該当するかは一見して明らかではありませんが、直ちに支払の停止に該当するものではないとされています。

また、1(4)の所在不明については、一時的に連絡が取れないことをもって所在不明とはならず、よって、長期海外出張などで銀行から借入人に連絡がとれなかったとしても、これをもって所在不明になったとされるものではありません。

エ 2の各事由については、たとえば(1)で債務の弁済を1回あるいは一部でも遅滞したり、(3)で契約書の軽微な違反があったりした場合であっても銀行が期限の利益の喪失請求ができるかというと、そのようなことはありません。<u>一般的には、これらの各事由を総合的に考慮した上で、債権保全を必要とする相当の事由があると判断される場合に、期限の利益の喪失請求ができるものと解されています。</u>銀行により、商品ごとに、例えば未払いが何か月分たまったら期限の利益の喪失請求をすると決め、あるいは過去の事例との比較から債権保全を必要とする相当の事由があるかどうかを判断して、期限の利益の喪失請求をするか否かについて対応を決めているものになります。

第7章 金融

(4) 銀行による相違

　銀行取引約定書については，上記1の通りかつては全国銀行協会が定めたひな形があったこと，各銀行における銀行取引約定書の改訂についても頻繁に行われるものではないことから，銀行により銀行取引約定書の内容に大きな相違がないことも多いものと考えられます。

　一方で，次に示す通り，いわゆるメガバンクの間の銀行取引約定書においても相違があること，それ以外の銀行において独自の取引への影響の大きい条項を規定している可能性もあります。よって，<u>銀行取引約定書を締結するに当たっては，以下の諸点について留意するほか，他の銀行取引約定書との比較を行う，あるいは弁護士に相談するなどして，（その修正を銀行に求めることができないゆえに）銀行取引約定書に存在するリスクについて適切に把握した上で締結することが肝要になります。</u>

　まず，**銀行取引約定書の適用範囲**に関しては，取引の種類によって適用されない条項があることもあり，その点について注意してみる必要があります。具体的には「ただし，この取引には，第〇条は適用されない」などの文言があることがあります。

　利息や保証料については，金融情勢の変化その他相当の事由がある場合に一般に行われる程度のものに変更を請求できるとする条項があるのが一般的です。この点について，固定金利の約定をしている場合を変更請求の対象から除いたり，あるいは金融情勢の変化のみならず借入人の財務状況や担保価値の変化等の債権の保全状況の変動による利息等の変更について規定したりしているものがあります。

　また，個人事業主との間で銀行取引約定書を締結することを想定しているケースでは，**個人である借入人の成年後見制度の利用等**に関する届出義務を規定しているものもあります。

　一方で，<u>形式的には文言が相違していても，実質的には意味は変わらないということもあるためその点も注意する必要があります。</u>例えば，「当事者間で別途合意した場合には，銀行取引約定書を適用しないこともできる」という条項はあってもなくても別途の合意による銀行取引約定書の適用排除は可能です。また，「担保価値が減少して銀行が請求し

た場合，借入人は追加で担保を差し入れる」という条項について「銀行の責に帰することのできない事由により」という文言があってもなくても，銀行の責に帰する事由により担保価値が減少した場合には追加担保の差入れ請求は基本的にはできず，文言の有無により影響は生じないものと考えられます。

また，銀行取引約定書において記載がなくても，それに関連して締結する書面や約款等において規定がある場合もありますので，<u>銀行取引約定書を確認することはもとより，関連する書面等についても可能な範囲で確認を行いつつ契約締結上のリスクについて検討する必要があります。</u>

❷ デットファイナンス─(3) 債権保全関連（担保・保証）

Point！

① 抵当権，保証等によって，元本リスクを低減・回避することが可能である。
② （根）抵当権においては，不動産の担保価値が，保証においては保証人の全資力が，被担保債権と見合っているかが重要である。
③ 保証契約においては，後に保証意思を否認されないよう，手続に留意する必要がある。

サンプル書式→抵当権設定契約書，根抵当権設定契約書（共同担保）

1 債権保全について

デットファイナンスにおいては，金利という確定した儲けしか得られないのにも関わらず，借主が破綻した場合には貸倒れのリスクが発生し，金利よりもはるかに高い元本リスクを負担することになります。したがって，借主が破綻した場合に備えて，優先的に弁済を受けることができる財産をあらかじめ確保しておくことが極めて重要です。

第7章 金融

　優先的に弁済を受けることができる財産をあらかじめ確保しておく方法として，特定の「物」から優先的に弁済を受ける権利を確保しておく**担保物権**（**物的担保**）があり，代表的なものとしては抵当権があります。また，借主のほかに返済しなければならない「者」を用意しておく**保証**も担保の一種です（**人的担保**）。こうした約定により担保を得ておけば，弁済の確実性が増すことになり，元本リスクを回避・低減することができます。

2 物的担保

　特定の「物」から優先的に弁済を受ける担保を物的担保といい，当事者の合意で設定される約定担保物件には，**質権**と**抵当権**があります。ここでは，物的担保の代表として，抵当権[9]を取りあげます。

(1) 抵当権・抵当権設定契約書の特徴

　　抵当権設定契約書は，抵当権設定者の所有不動産に抵当権を設定するために利用する契約書であり，金銭消費貸借契約等における金銭債務の履行を担保するために利用されるのが一般的です。抵当権は，債務者又は第三者に不動産の占有や使用収益をさせたまま，特定の債権者が他の債権者に先立って自己の債権の弁済を受ける権利です[10]。設定は，設定者と抵当権者の契約により行われ，特定の債権を担保するものとして抵当権が設定されることによって対象不動産の担保価値が抵当権者に移転しますが，抵当権の設定を第三者に対抗するには登記が必要です。取引目的を達成するためには，被担保債権に見合った担保価値を有するかどうかが問題となります。

9　なお，担保権設定者である不動産所有者が新たに不動産を取得して担保権を設定する場合には売買契約（所有権移転の時期や買戻し特約の有無等）について，借地上の建物に担保権設定をする場合には借地契約（解除条項等）について確認する必要があります。これらについては，不動産の売買契約（土地について258頁（第6章不動産・建設業「土地売買契約」），建物について263頁（同章「建物（マンション）売買契約」），借地権について268頁（同章「借地権売買契約」），賃貸借契約（土地について292頁（同章「土地賃貸借契約」），定期借地権について305頁（同章「一般定期借地権設定契約」），事業用定期借地権について308頁（同章「事業用定期借地権設定契約」）の項及び各契約のサンプル書式を適宜参照してください。

10　抵当権は，特別法により，不動産以外の目的物（登記・登録の可能な動産）についても認められています。具体的には，立木，船舶，農業動産，自動車，航空機，建設機械等があります。

(2) 根抵当権・根抵当権設定契約書の特徴

　根抵当権は，抵当権の一種であり，抵当権と同じく根抵当権者と設定者の合意で設定されます。登記が第三者に対する対抗要件であるという点も抵当権と同様です。ただし，根抵当権においては，極度額を限度として不特定の債権を担保するものとして設定される点が，抵当権と異なります。したがって，特定の債権を担保するのであれば単なる抵当権を，不特定の債権を担保するのであれば根抵当権の設定を受けることになります。具体的には，手形貸付，手形割引，当座貸越など，継続的な取引によって，順次発生する不特定の債権を担保しようとするのであれば，根抵当権を受ける必要があります。取引目的達成の観点からは，極度額に見合った担保価値を有するかどうかが問題となります。

　また，2個以上の不動産を担保にとる場合，**共同根抵当権**の設定を受ける（同一の根抵当権の設定を受ける）か，**累積根抵当権**の設定を受ける（独立した別個の根抵当権の設定を受ける）か判断する必要があります。共同根抵当とする場合，根抵当権の設定の登記と同時に共同担保の登記をしなければならず，累積で設定したものを後から共同担保の登記をして共同根抵当に変更することはできないからです。実務では，担保評価の観点から2個以上の物権は共同担保とする例が多いよう[11]ですが，元本の確定その他の点で，共同根抵当権全体に効力が及ぶといったデメリットがあることに留意する必要があります。

3 保証契約書の特徴

　保証とは，債務者（借主）が債務を履行しない場合に，債務者以外の第三者（保証人）が債務者に代わって履行する債務を負担することをいいます（民法446条1項）。保証人は，自然人であることも法人であることもありますが，前者を個人保証，後者を法人保証と呼び，法人保証のうち，保証を業としている機関による保証を機関保証といいます。保証債務は，保

11　累積根抵当権とする場合，片方の根抵当権で不足が生じ，もう片方の根抵当権で余剰が生じることがあり得る一方，共同根抵当権であればこのような事態は生じないことになります（共同根抵当権の設定された各不動産の合計額と極度額の比較で不足・余剰が生じるものであるため）。

証人と債権者の保証契約によって発生しますが,保証契約は書面で行わなければ無効です。

債権者から見れば,一つの債権について債務者が増えたことになります。前述の抵当権であれば,その対象が担保の目的物(例えば,抵当権の対象となった土地)に限られますが,人的担保の場合は保証人の有する全資産が対象となります。また,根保証においては,根抵当権と同様,極度額を限度として不特定の債権に関して保証するものになります。したがって,保証人の保有資産の多寡が,その効力に大きく影響します。

保証契約は,債権者と保証人との間の契約であり,保証人の意思に基づかない保証については,保証人は責任を負わないのが原則です。当然のことではありますが,債務者経由で保証約定書を徴求することは問題であり,契約者本人への意思確認の重要性を看過してはなりません[12]。

2 デットファイナンス—(4) 債権譲渡[13]

Point！

① 譲渡禁止特約や抗弁事由の不存在に関する表明保証,また債務者からの異議を留めない承諾の取得について定められることが多い。
② 第三者対抗要件具備のための債権譲渡通知・承諾書は確定日付のある証書で行う。
③ 譲渡債権特有の問題がある場合には契約上の手当が必要である。

サンプル書式→債権譲渡通知書,債権譲渡承諾書

---

12 特に民法改正案では事業目的の貸出に関しては(経営者以外による)個人保証の制限が生じることから,注意が必要になります。
13 証券的債権の譲渡については手形法,小切手法など特別法により,また,平成20年12月に施行された電子記録債権法に基づく電子記録債権(いわゆる「でんさい」)については同法により,指名債権譲渡とは異なる規律がなされていますが,本稿では指名債権譲渡に関して述べることとします。

第2　契約類型
2　デットファイナンス—(4)　債権譲渡

1 債権譲渡契約書の利用場面

　金融取引において，債権譲渡は主として債権管理の場面で債権回収や債務の肩代わりの目的に用いられていますが，近時は債権譲渡担保や債権の流動化・証券化，また不良債権処理の手段としての利用も増加しています。債権譲渡の目的により債権譲渡契約書の内容は一部異なりますが，以下では債権譲渡契約書一般に共通する内容のうち特に重要なポイントについて説明します[14]。

2 債権譲渡契約書のポイント

(1) 表明保証条項

　債権譲渡契約に当たっては以下の点に関する譲渡人側の表明保証が定められることが一般的です。

① 譲渡禁止特約の不存在

　譲渡禁止特約付債権の譲受人は同特約の存在を知らないことにつき重大な過失があるときはその債権を取得できないため，この点の表明保証が規定されることが一般的です[15]。

② 無効・取消・解除・弁済・相殺などの抗弁事由の不存在

　債務者は債権譲渡の通知を受けるまでに譲渡人に対して抗弁することができた事由をもって譲受人に対抗できるため（民法468条2項），この点の表明保証がなされることが一般的です。

(2) 異議を留めない承諾の取得に関する条項

　「譲渡人は，受渡日までに，債務者より本契約に基づく債権譲渡につき異議を留めない承諾を取得し，当該承諾に確定日付を取得する」といった定めがなされることもあります。債権譲渡につき債務者が異議を

---

[14] 一般的な債権譲渡契約書の参考例として，JSLA（日本ローン債権市場協会）公表の推奨契約書（https://www.jsla.org/）が挙げられます。この推奨契約書は継続的な債権譲渡取引が発生する場合を想定し，事務処理の簡素化・迅速化の観点から，基本契約書に債権譲渡契約において一般的に定められる共通事項を定め，個別契約書で各個別の債権譲渡に特有の諸条件を定める形式をとっています。
[15] 民法改正案では譲渡制限に反する譲渡も有効とされ，ただ譲受人が悪意・重過失の場合には債務者は履行を拒絶できる旨規律が変更されています（民法改正案466条）。

353

述べずに承諾（異議を留めない承諾）をした場合には，債務者は前記(1)①②など，それまでに存在した抗弁を譲受人に主張できなくなるためです[16]（民法468条1項）。

(3) 対抗要件の具備に関する条項

指名債権譲渡を債務者に対抗するには債務者に対する債権譲渡通知又は承諾書を要し（民法467条1項），さらに第三者に対抗するにはこれらを「確定日付のある証書」で行う必要があるため，その旨の限度が置かれることが一般的です[17]（民法467条1項・2項）。

債権譲渡通知は実務上，配達証明付内容証明郵便で送付するのが通常です。なお，譲渡人から送付しなければ無効ですが，譲受人が代理人又は使者として通知することは認められています。

他方，承諾書は実務上，公証役場で確定日付の付与を受けます。

(4) その他のポイント

以上のほか，対象債権の性質によって特有の問題が生じ得ます。例えば，銀行の貸出債権特有の問題として，譲受人と債務者との関係で銀行取引約定書の適用が否定されることもあり得る点，根保証や根質について個別に保証人や質権設定者の承諾を得ておくべき点などです[18]。このように対象債権に特有の問題がある場合には契約書で手当を行うことを要します。

---

16 民法改正案では異議を留めない承諾に関する条項は改正され，抗弁を譲受人に主張できなくさせるためには，個別で抗弁を放棄させる等の対応が必要となります。
17 債権譲渡の第三者対抗要件については，動産・債権譲渡特例法に定められる債権譲渡登記によることもできます。実務上，集合債権譲渡担保などの場合に債権譲渡登記が利用されています。
18 畑中龍太郎ほか監修『銀行窓口の法務対策4500講〔Ⅲ〕貸出・管理・保証編』972頁以下（一般社団法人金融財政事情研究会，2013年）。

2 デットファイナンス─(5) 債務引受[19]

> **Point!**
> ① 債権者・債務者・引受人の三面契約とするのが実務上通例である。
> ② 免責的債務引受をした引受人に対し担保権・保証を移転させるために契約上,物上保証人や保証人の承諾を得る。

サンプル書式→免責的債務引受契約書

1 債務引受契約書の利用場面

債務引受は免責的債務引受と併存的債務引受とに分類されますが,金融取引ではいずれも債権管理の場面における履行確保の手段(信用悪化した債務者に代わる新債務者の引受など),事業譲渡等に伴う債務移転の手段(個人の法人成り・相続など),また決済を簡略化する手段(抵当不動産の買主による抵当債務の引受,いわゆる一括決済方式における併存的債務引受方式など)に利用されています。

2 債務引受契約書のポイント

一般的な債務引受契約書の重要なポイントは以下のとおりです。
① 契約当事者
　実務上,債務引受契約は債権者・債務者・引受人の三面契約で行われることが通例です。二者間契約で行う場合,債権者・引受人間の免責的債務引受契約について判例は債務者の意思に反する場合には無効と解しており,また債務者・引受人間の免責的債務引受契約についても債権者の承諾を要するとの立場が通説的であるため,これら契約外

---

19 現行民法には債務引受に関する規定は置かれていませんでしたが,民法改正案では新たに免責的債務引受及び併存的債務引受のそれぞれについて要件・効果などに関する規定が置かれています(470条～472条の4)。

の債務者や債権者の意思に反しないことを担保する規定を設けることが必要となります[20]。

② 物上担保・保証の存続に関する承諾

物上担保や保証については，免責的債務引受をした引受人に対する物上保証・保証となるわけではないので，これら担保権等を移転させるためには，債務引受契約上，物上保証人や保証人の合意を得る必要があります[21]。

2 デットファイナンス―(6) 社債

① 発行に当たっては社債の資金調達手段としての特徴を踏まえる。
② 会社の規模や社債発行の目的に応じて社債の種類，発行方法を選択することが肝要。
③ 金融商品取引法上の規制にも留意する。

1 社債とは

社債とは，会社法の規定により会社が行う割当てにより発生する当該会社を債務者とする金銭債権で，会社法676条各号に掲げる事項についての定めに従い償還されるものをいい（会社法2条23号），会社の資金調達手段の一つとして広く利用されています。

---

20 現行民法には債務引受に関する規定は置かれていませんが，平成27年3月31日に国会に提出された民法の一部を改正する法律案では，併存的債務引受及び免責的債務引受について明文の規定が置かれています（民法改正案470条，472条の4）。同案では，(i) 債権者・引受人間の免責的債務引受契約については債権者から債務者への通知が（民法改正案472条2項），(ii) 債務者・引受人間の免責的債務引受契約及び併存的債務引受については債権者の承諾が（民法改正案470条3項，472条3項），それぞれ効力要件とされています。
21 民法改正案472条の4は，免責的債務引受による物上担保及び保証の移転について，物上保証人の承諾及び保証人の書面等による承諾を要件として規定しています。

第2　契約類型
2　デットファイナンス—(6)　社債

社債には普通社債のほかに，新株予約権付社債，担保付社債，劣後債，短期社債（電子CP）など様々な種類があるので，発行の目的に応じた設計を行うことが重要です。

2　社債の特徴

社債の特徴としては，新株発行等との比較では資金調達コストが利子分に確定しており損金算入もされる点や償還がある点，借入（金銭消費貸借契約）との比較では有価証券であるため流動性があり長期の資金調達が比較的容易である点や満期一括償還が多いことから資金繰りに余裕が持てる点が挙げられます。会社のニーズとこのような社債の特徴が合致した場合に社債による資金調達が行われることになります。

3　社債の発行手続

社債の発行方法には数種類ありますが[22]，ここでは募集社債の発行手続と留意点について説明します。

(1)　発行準備

会社が募集社債を発行するに当たっては，まず一定の募集事項の決定（社債要項の作成）を行う必要があります（会社法676条，社債株式振替法66条2号）。取締役会設置会社の場合，募集事項の決定に当たっては「募集社債の総額の上限」等の一部（会社法362条4項5号，同法規則99条）については取締役会が決定しなければいけませんが，そのほかの事項の決定は取締役への委任も可能と解されており，機動的な資金調達のためそのような体制をとる会社もあります。

募集事項の決定に続いて，通常，会社による募集事項の通知[23]，引受けの申込み[24]，会社による募集社債の割当て[25]が行われます。しかし，

22　募集社債の方法（会社法676条以下）のほか，全部取得条項付株式の取得による方法（同法107条2項3号ニ），組織変更に際しての交付（同法744条1項5号イ）など。
23　原則として，会社は募集社債の引受けの申込みをしようとする者に対し，一定の通知事項を通知することを要します（会社法677条1項）。
24　引受けの申込みをする者は法定の事項を記載した書面を交付（又は電磁的方法による提供）することを要します（会社法677条2項3号）。

第7章　金　融

　上場企業が公募で社債発行する際には証券会社が総額引受けを行い投資家に販売する場合が一般的ですし，また中小企業向けの銀行引受私募債についても銀行が社債の総額引受けを行います。このような総額引受けが行われる場合には，上記各手続は省略され（会社法679条），総額引受契約に基づき総額の引受がなされることになります。

　なお，社債は有価証券であることからその発行には金融商品取引法上の手続も要求されます。募集社債のうち，公募による発行の場合は，有価証券届出書の作成・提出及び目論見書の作成・交付が原則として必要になります[26]。他方，私募による発行の場合は，このような手続は不要ですが，プロ私募（金商法2条3項2号イ）や少人数私募（同法2条3項2号ハ）の要件を満たす必要があります。例えば，中小企業において発行されることの多い少人数私募債は後者の要件[27]を満たすことが必要です。

(2)　**入金・発行**

　会社による割当ての申込みをした者は割当てがあった時に，また，総額引受契約を締結した証券会社等は同契約に基づき総額を引き受けた時に，それぞれ社債権者となります。

　その後，会社は遅滞なく社債原簿の作成・記録（会社法681条）を行います。なお，会社は，社債管理者を定め，弁済の受領・債権の保全，その他の社債の管理を行わせることになります[28]（同法702条）。

25　会社が申込みに対する割当てを決定し，割当てを受けた申込者に対して募集要項に定める募集社債と引換えにする金銭の払込期日までに，当該申込者に割り当てる募集社債の金額及び金額毎の数を通知します（会社法678条，680条）。割当てを受けた募集社債の申込者は，払込期日までに払込金額を払い込みます（同法676条10号）。
26　一定の条件を満たす会社には，発行登録制度（あらかじめ発行枠を設定し同枠内で随時に社債を発行できる制度）を利用することも可能です。
27　振替社債では，①当該振替社債に一括譲渡以外の譲渡が禁止される旨の制限が付されておりその旨が明白となる名称が付されていること，②当該振替社債の口数が50未満であり，当該振替社債を分割できない旨の制限が付されておりその旨が明白となる名称が付されていることのいずれかが要件となります。
28　①各社債の金額が1億円以上である場合（会社法702条），②ある種類の社債の総額を当該種類の各社債の金額の最低額で除して得た数が50を下回る場合（同法施行規則169条）には設置は不要ですが，代わりに財務代理人を置き発行事務及び支払事務を行わせることが通例です。

2 デットファイナンス—(7) 準消費貸借

> **Point!**
> ① 担保・保証の存続に関する合意を行う。
> ② 既存債務が手形債務の場合，裏書人を連帯保証人又は連帯債務者とすること及び手形債権特有の抗弁権を特約で定めておく。

1 準消費貸借契約の利用場面

準消費貸借契約は，金銭その他の物を給付する義務を負う者がある場合に，当事者がその物をもって消費貸借の目的となす契約です（民法588条）。金融取引においては債権管理の手段として，例えば手形債権の金銭消費貸借債権への変更など，既存の債務関係の正常化・変更に利用されることがあります。

2 準消費貸借契約書のポイント

一般的な準消費貸借契約書の重要ポイントは以下のとおりです。
① 担保・保証の存続に関する合意
　準消費貸借契約は原則として新旧債務の同一性が維持されると解されており，したがって旧債務に伴う担保・保証は反対の意思表示がない限り原則として存続すると解されています。しかし，当事者の意思解釈に争いを生じることも考えられるので，実務上は担保・保証の存続について契約上合意しておくことが通例です。
② 手形債務の場合の特約
　既存債務が手形債務の場合，裏書人に対する遡求権は消滅すると解されているため，これら裏書人を連帯保証人又は連帯債務者とすることが必要です。また，手形債権特有の抗弁権は消滅すると解されているため，特約で同様のものを定めておくことが必要です。

第7章 金融

❸ その他のファイナンス―(1) ファイナンススキーム

> **Point!**
>
> 　企業自体の信用力を引当てとしない資金調達手段として，アセット・ファイナンスやプロジェクト・ファイナンスがある。アセット・ファイナンスの最も進化した形態が，ABS等の証券化である。

サンプル書式→匿名組合契約書

1 証券化

　証券化とは，**オリジネーター**（Originator）と呼ばれる原資産保有者から，仕組み上の媒体であるSPC（Special Purpose Company，特別目的会社）等の**SPV**（Special Purpose Vehicle，**特別目的媒体**）が資産を譲り受け，それらの資産から生じるキャッシュフローを裏付けとして，**ABS**（Asset-backed Securities，**資産担保証券**）と呼ばれる証券化商品を発行することをいいます。

　<u>証券化スキームの意義は，オリジネーターの信用力ではなく対象資産の信用力に依拠したファイナンスである</u>といわれています。そのため，オリジネーターその他の関係者の破綻が，資産からのキャッシュフローに影響を与えないようにするために，**「倒産隔離」**（Bankruptcy Remoteness）を法的に実現することが極めて重要になります。「倒産隔離」とは，具体的には，①オリジネーターにつき会社更生手続が開始された場合において，対象資産がオリジネーターに帰属するものと判断され，更生担保権として取り扱われ，キャッシュフローが減額されることを防ぐための仕組み，②対象資産の信用力の変動以外の事由によりSPVそのものが倒産し，投資家への利払いや元本償還が履行できない事態に陥ることを防ぐための仕組み，を指します。①については，オリジネーターとSPVとの間の（対象資産を目的とする）売買が真正な売買と評価されることが重要となります

（**真正売買，True Sale**）。②については，SPV の倒産申立制限条項（Non-petition Clause）や，同一 SPV による ABS の複数回発行の場合に各 ABS と引当資産を紐付けするための責任財産限定特約（Limited Recourse）の有効性が論点となります。

また，証券化においては，投資家への元利金償還の源泉となる原債権のキャッシュフローが，貸倒れ，延滞，中途解約，期限前弁済等により毀損・変動するリスクも指摘されています。これについては，仕組みの組成上，債権を抽出してプールする際にリスクを分散したり，種々の信用補完措置を講じたりすることにより，相当程度カバーすることができるといわれています。

証券化の資産保有 SPV としては，**特定目的会社**（資産の流動化に関する法律 2 条 3 項）や**合同会社**（会社法 576 条 4 項）＋**匿名組合**（商法 535 条以下）を利用するストラクチャー（いわゆる **GK-TK スキーム**）があります。特定目的会社は，エクイティ性の証券化商品として優先出資（資産の流動化に関する法律 2 条 5 項・26 条以下）を発行することができ，デットとして特定社債（資産の流動化に関する法律 2 条 7 項・121 条以下）を発行することができます。優先出資証券及び特定社債券はいずれも私法上の有価証券であり，優先出資証券・優先出資及び特定社債券及び特定社債のいずれも金融商品取引法上の有価証券です（同法 2 条 1 項 8 号・4 号，2 項前段）。資産保有 SPV が合同会社である場合，当該合同会社を営業者，投資家を匿名組合員とする匿名組合契約に基づく権利がエクイティ性の証券化商品であることが多いといわれています。匿名組合契約に基づく権利は，私法上の有価証券ではありませんが，金融商品取引法上の有価証券であり（同法 2 条 2 項 5 号），いわゆる集団投資スキーム持分の一つです。

2 信託

証券化では，信託の仕組みが多くの事例で活用されています。信託においては，委託者が，信託する目的を定めて財産を受託者に移転し，受託者は，その財産を信託財産として信託目的に従い受益者のために管理又は処分等を行います。受益者は，信託財産を裏付けとする受益権を取得して，

信託の利益を享受します。

証券化においては，オリジネーターが信託銀行との間で信託契約を締結し，受益権をその元本の償還順位に応じて優先受益権と劣後受益権に切り分けることで，証券化スキーム上信用補完措置として必要な優先劣後構造（優先受益権を投資家に販売し，劣後受益権は通常オリジネーターが保有して信用リスクのバッファーとする）を簡易な方法で作り出すことができるといわれています。信託銀行は，信託財産を管理するための仕組みとして安定性や経験に優れており，法的にも信託財産の独立性が確保されて，忠実義務，善管注意義務，分別管理義務が法定され受託者責任が明確化しているなど，証券化の器として高く評価されています。

3 プロジェクト・ファイナンス

プロジェクト・ファイナンスは，事業主体となる企業（スポンサー）自身が借入れを行うのではなく，また，スポンサーの債務保証を伴わず，対象事業（プロジェクト）を遂行するSPVを設立し，当該SPVが独立して借入を行い，対象事業から生じるキャッシュフローを返済原資とするノンリコースの金融手法をいいます。公共施設の建設・運営など，社会資本の整備に民間の資金やノウハウを活用する手法である**PFI（Private Finance Initiative）**にも，プロジェクト・ファイナンスの技術が応用されることが多いといわれています。

SPVは，融資時点では何ら担保となる実績（事業の収入，過去の営業成績等）を有していないため，金融機関は，当該事業の事業性や事業遂行を阻害するリスクについて精査し，不確実な要因の排除に努めることになります。

また，返済原資は，当該事業から得られるキャッシュフローのみであり，金融機関はこれを確保するため，その使途，支払順序等をあらかじめ詳細に契約書で定めることになります。

❸ その他のファイナンス―(2) ファイナンスリース

>
>
> ① ファイナンスリースはフルペイアウト・中途解約禁止を特徴とするリース取引であり，金融の便宜を供与する性質を有する。
> ② 各リース会社所定のリース契約書はリース事業協会のひな形に基づき作成されているものが多いため，その解釈が参考になる。

1 ファイナンスリースとは

ファイナンスリースとは，一般的には，リース会社が，ユーザーの選定した機械設備等の対象物件をサプライヤーから購入し，ユーザーとの間のリース契約に基づき当該対象物件をユーザーに使用収益させ，そのリース料によって対象物件の購入代金，金利，諸費用，手数料等を回収（フル・ペイアウト）する取引をいい，ユーザーによる**中途解約が禁止**されているのが特徴です。

ユーザー・リース会社間のリース契約の法的性質については学説が分かれていますが，通常の賃貸借契約とは異なり，リース会社がユーザーに**金融の便宜を供与する**という性質を有することは否定できないと考えられています[29]。

ユーザーにとって，ファイナンスリースには主に以下のメリットがあります。

① 財務上のメリット

　　ファイナンスリースの場合，一度に多額の資金が必要とならないため，**資金の固定化を防ぐ**ことができます。また，借入を利用して対象物件を購入する場合と比較すると金融機関の**借入枠を温存**できます。

29　最判昭和 57 年 10 月 19 日民集 36 巻 10 号 2130 頁参照。

② 陳腐化リスクの軽減

　　ファイナンスリースの場合，対象物件が陳腐化する時期を踏まえて法定耐用年数より短い期間でリース期間を設定することにより，**陳腐化リスクを軽減**することができます。

2 リース契約書の特徴

　ユーザーがリース会社とリース契約を締結する場合，各リース会社所定のリース契約書を使用することになることが一般的です（契約交渉により条項を修正することは通常は困難ですが，必要に応じて特約条項という形で諸条件を規定することはあります。）。

　この点，各リース会社のリース契約書は，公益社団法人リース事業協会が作成したリース契約書のひな形[30]に基づき作成されていることが多いため（ただし，差異はあります。），その解釈においては当該ひな形の解釈が参考になります。

　リース事業協会のリース契約書のひな形は主に以下の内容となっています。

① 対象物件及びサプライヤーはユーザーが選定します（1条1項）。
② リース料によって対象物件の購入代金，金利，諸費用，手数料等を回収（フル・ペイアウト）する取引であるため，ユーザーによる中途解約は禁止されています（1条2項）。
③ ユーザーは対象物件を使用収益する権利を有します（3条1項）。なお，対象物件の所有権はあくまでもリース会社にありますので，これを侵害する行為等は禁止されています（8条）。
④ 対象物件の保守・修繕義務はユーザーが負います（3条2項）。
⑤ リース会社は，原則として，対象物件の引渡しの遅延もしくは不能，又は瑕疵について，ユーザーに対して責任を負いません。かかる場合，ユーザーはサプライヤーに対し直接請求を行わなければなりません（15条）。
⑥ 対象物件の滅失・毀損による危険はユーザーが負担します（17条1項）。

30　社団法人リース事業協会「リース標準契約書の解説」（頒布刊行物・非売品）（1997年）

❸ その他のファイナンス—(3) 投資ファンド・デリバティブ

> **Point !**
>
> 投資ファンド・デリバティブのいずれも，まずは取引の仕組み・金の流れ・経済的な効果を理解するのが重要である。

サンプル書式→金銭の相互支払に関する基本契約書，取引約定書

1 投資ファンドとは

　投資ファンドとは，単独・複数の投資家が，運用者に対して資金を預託し，運用者が有価証券その他の財産で運用して，その成果を投資家に還元する仕組みをいいます。

　具体的には，信託・法人形式のもの，すなわち，

◇「投資信託及び投資法人に関する法律」に基づく投資信託又は投資法人や，組合形式のもの，

　すなわち，

◆民法上の組合に基づく任意組合

◆商法上の匿名組合契約に基づく匿名組合

◆「投資事業有限責任組合契約に関する法律」に基づく投資事業有限責任組合[31]

◆「有限責任事業組合契約に関する法律」に基づく有限責任事業組合[32]

　などがあります。それぞれの組合形式の間には，契約による合意の自由度や組合の責任の有限性，税務透過性（二重課税されないこと），登記等の手続コスト等の違いがあります。

---

[31] 経済産業省「投資事業有限責任組合モデル契約」（平成22年11月版）
　http://www.meti.go.jp/policy/economy/keiei_innovation/sangyokinyu/lps_model2211.pdf

[32] 経済産業省の「平成23年度映像コンテンツの資金調達の検討に関する報告書」の添付資料として公表された有限責任事業組合契約書（サンプル）
　http://www.meti.go.jp/policy/mono_info_service/contents/downloadfiles/120816-2.pdf

2 デリバティブとは

　デリバティブ（派生金融商品）とは，想定された元本金額や株数などの数値に，金利・為替・株価などの市場指標や，それらを基に作成された指数（index）に連動させて授受する金額を決定する金融商品をいいます。
　デリバティブ取引には店頭取引と取引所取引があります。店頭取引にはスワップ取引，先渡取引，オプション取引があります。取引所取引には先物取引，オプション取引があり，取引所に上場されていて，そこで指標（index）が提示されているものです。
　金利スワップ取引を例にとると，企業が借入先の銀行と金利スワップ取引を行う場合，企業が銀行に支払う金利と同じ形態の変動金利を受け取って，銀行に固定金利を支払います。借入れと金利スワップ取引の変動金利部分が企業の勘定の中で相殺されることになるので，企業の支払金利は実質的に固定金利となります。
　店頭デリバティブ取引に関する契約書は，国際スワップ・デリバティブズ協会（International Swaps and Derivatives Association, Inc.）が英文のひな形，すなわち，基本契約書である ISDA Master Agreement（本文と，本文の user option を定めた Schedule があり，最新版は 2002 年版）や個別の取引約定書である Confirmation，担保契約書である Credit Support Annex を作成しています。また，国内取引用のものとして，各金融機関が和文による基本契約書や個別の取引約定書を作成しています。これらの契約書の役割は，個別取引につき 1 件でも債務不履行が発生すれば，全取引を一括解約（期限前解約）及び一括清算をできるようにするとともに，法的倒産手続が開始した場合に，管財人等による双方未履行双務契約の履行・解除選択権の行使を阻止することにあります。

第8章

契約の一般条項

第8章　契約の一般条項

契約の基本ルール

1 契約の成立時期

(1) 契約の成立時期の原則

　原則として，契約は，申込みと承諾という，相対する当事者間の意思表示が合致することによって成立します。申込みとは一定の契約を締結しようとする意思表示をいい，承諾とは申込みに応じて契約を成立させる意思表示をいいます。

　相対する当事者間に時間的な隔たりがない対話者同士の場合，申込みと承諾が合致すれば即時に契約が成立します[1]。

(2) 隔地者間の契約の成立時期

　民法は，原則として，遠隔地にいる当事者間の契約は，相手方に承諾の意思表示を発信したときに契約が成立するというルール（発信主義）を定めています（民法526条1項）。

　このルールは，遠隔地にいる当事者間においては承諾の通知が相手方に到達するまでにある程度時間がかかるという制約を前提にした上で，承諾の通知が発信された時点で契約が成立すると定めることにより，迅速な取引の実現を図ることを目的としています。

　しかし，電子メール等のコンピュータネットワークや，FAX，留守番電話等を利用した契約では，承諾の通知の到達に時間がかかるという制約がありません。

　そこで，個人と事業者間の契約において，インターネット等の電子的な方法を用いて承諾の通知を発信する場合には，契約成立時期を承諾の通知が到達した時点とすることが定められました（電子消費者契約及び電子承諾通知に関する民法の特例に関する法律4条）。

---

[1] 電話の場合，当事者間に時間的な隔たりがないので，対話者同士の契約に該当します（我妻榮ほか『我妻・有泉コンメンタール民法―総則・物権・債権』970頁（日本評論社，第3版，2013年））。

(3) 商行為の特則による契約の成立時期

　商人が，一定の継続的取引関係にある者から，その商人の営業の部類に属する契約の申込みを受けたときは，商人は遅滞なく契約の申込みに対して承諾するか否かの通知を発信しなければなりません。商人がこの通知を発信することを怠ったときは，商人は，申込みを承諾したものとみなされます（商法509条2項）。

(4) 契約書の作成日付と契約の成立時期

　はじめに「契約書作成の心構え」（2頁）でも触れたように，契約が成立するためには，原則として，特別の方式や行為を必要としません。しかし，民法や商法等の準則だけでは，具体的な契約の成立時期，すなわち契約成立日を特定できない場合があります。

　そこで，契約の内容を書面化した契約書を作成し，契約成立日を明示する必要があります。一般的に，契約書には，契約書を作成した日付を記載します。契約書に特別の定めがない場合，契約書に記載された日付が契約成立日であると推定されます。

　実務上，契約書の作成日の記載を遡って記載する方法（いわゆる「バックデイト」）が見受けられます。しかし，バックデイトで契約書を作成する方法は，契約書の有効期間等について紛争を招くおそれがあり，かつ第三者の権利を侵害しうるので，バックデイトで契約書を作成することは避けるべきです。

　そこで，契約書の作成日と契約成立日がずれてしまう場合は，契約書の日付を遡らせることなく，契約書の条項に「本契約書は，○年○月○日から適用される。」等と有効期間の開始日を記載することが望ましいでしょう。また，契約書の作成日と特定の条項の効力発生日が一致しない場合は，「本契約書第○条は，○年○月○日から適用される。」等と記載することが望ましいでしょう。

2　契約の拘束力と努力義務の法的意義

　一般的に，契約当事者の権利は「○○することができる。」と記載されます。義務は「○○しなければならない。」又は「○○するものとする。」

と記載されます。そして，努力義務は，「○○するよう努めなければならない。」又は「○○するよう努力する。」と記載されます。

　契約書に定められた義務は，それを履行しない場合は一方当事者から義務を履行するよう請求されます。そして，当該履行請求を受けても義務を履行しない場合は，契約の解除や損害賠償の問題に発展することがあります。これに対し，努力義務を履行しない場合は，一方当事者は法的に履行を請求できず，契約の解除や損害賠償請求もできるとは限りません。努力義務は，具体的な行為を強制的に履行させることを想定していないからです。

　このように，努力義務は，法的な効果が発生せず，裁判規範性（法的な紛争を解決する基準としての性質）がないと考えられています[2]。ですから，努力義務の定めで契約の目的を達成することは，期待しないことが望ましいでしょう[3]。

3　各契約書に共通して規定されることの多い条項

(1)　解除条項

> **条項例（契約の解除）**
>
> 1　甲又は乙は，相手方が次の各号のいずれかに該当した場合は，なんらの通知・催告を要せず，ただちに本契約の全部又は一部を解除できるものとする。
>   (1)　監督官庁より営業許認可の取消，停止等の処分を受けたとき
>   (2)　支払停止もしくは支払不能の状態に陥ったとき，又は手形交換所から不渡り処分を受けたとき

2　請負契約の義務違反の存否が争われた事案において，「契約上，被告らが，原告の承諾を得て請け負わせた下請人については，被告らは，法令を遵守するよう指導するとともに請負人の育成に努めるべき努力義務を負うにとどまっていることなどからすれば，被告らが，本件請負契約上，原告主張のような義務を負っていたものとはいえない。」旨を判示し，原告の請求を棄却した裁判例があります（名古屋地判平成25年9月27日（判例集未登載））。
3　法的効果を期待するなら，少なくとも努力義務の内容が，紛争解決の基準になるほど具体的であることを要します。しかし，具体的であったとしても，なぜ契約締結時に義務にしなかったのかが問題になるでしょう。

>
> (3) 第三者より差押え，仮差押え，仮処分，その他強制執行もしくは競売の申立て，又は公租公課の滞納処分を受けたとき
> (4) 破産手続開始，民事再生手続開始，会社更生手続開始等の申立てがあったとき
> (5) 解散したとき
> (6) 資産又は信用が著しく減少し，本契約に基づく債務の履行が困難になるおそれがあると認められるとき
> (7) 相手方に対する背信的行為があった場合
> (8) その他，前各号に準ずる事情がある場合
> 2 甲又は乙は，相手方が本契約の各条項に違反し，相当の期間をおいて催告したにもかかわらず是正しないときは，本契約の全部又は一部を解除することができる。

ア 解除条項の必要性

民法上，相手方に債務不履行がある場合など，解除権が発生する事由が定められています。ただし，例えば履行遅滞の場合における解除については，一度履行を催告した上，相当期間内に履行がなされなかった場合にはじめて解除権が発生することになります。ですから，いまだ債務不履行は発生していないものの，相手方の信用状況が悪化していることが発覚し，一刻も早く契約関係の拘束から逃れる必要性がある場合などの場面では，民法の定めだけでは遅きに失する可能性があります。

また，債務不履行が発生しているわけではないものの，相手方の行為により当事者間の信頼関係が失われたような場面においても，契約関係を解消できるようにしておく必要があります。

そこで，民法の定める解除事由の他に，相手方の信用状態の悪化や，背信行為の存在があったときに直ちに解除できるよう，解除条項を定める必要があります。

なお，解除条項に基づいて解除権が発生する場面では，同時に相手方に対する債権回収の必要性が生じていることが多いため，実務的に

は，解除のみを単独で定めるのではなく，解除事由が発生した場合には，同時に期限の利益の喪失事由になるように定めることも多くあります。

　イ　解除が制限されうる場合

　契約解除の条項を定めるときは，解除事由を広めに定めておき，解除したい場面において広く解除権が発生するような建付けにしておく必要があります。ただ，実際に解除権を行使した場合に，その解除が有効なのかどうかについては，慎重な検討が必要です。

　例えば，条項例1項3号では，「仮処分」の申立てがなされたことを解除事由として定めています。しかし，相手方の信用状況や相手方との信頼関係とは何ら関係のない事案についての仮処分の場合には，解除権は発生しない（又は解除権の行使が権利濫用となる）と解するべきです。

　また，条項例1項4号のように，相手方の破産手続開始申立等をもって解除権が発生することを定める，いわゆる倒産解除特約については，破産管財人の権限を侵害するとか，会社の更正を妨げるなどの理由で効力が否定された判例・裁判例があります。

　例えば，いわゆるフルペイアウト方式のファイナンス・リース契約[4]に関し，民事再生手続開始の申立てがあったときは契約を解除できる旨を定めた特約に基づいて，リース会社がファイナンス・リース契約を解除した事案につき，「担保としての意義を有するにとどまるリース物件を，一債権者と債務者との間の事前の合意により，民事再生手続開始前に債務者の責任財産から逸出させ，民事再生手続の中で債務者の事業等におけるリース物件の必要性に応じた対応をする機会を失わせることを認めることにほかならないから，民事再生手続の趣旨，目的に反することは明らかというべきである」として，当該解除を無効とした最高裁判所平成20年12月16日判決（民集62巻10号

4　いわゆるフルペイアウト方式のファイナンス・リース契約とは，一般的に，リース業者が，契約期間中にリース物件の取得費，金利及びその他の経費等を全額回収できるようにリース料の総額が算定されている契約をいいます。

2561頁）があります。

　また，機械の売買契約に関し，買主が会社更生法の適用を受けたケースで，売主が「会社更生の申立の原因となるべき事実が発生したとき」に解除権が発生するとの契約書の規定に基づき機械の売買契約を解除し，機械の引渡しを求めた事例で，当該特約について，「債権者，株主その他の利害関係人の利害を調整しつつ窮境にある株式会社の事業の維持更生を図ろうとする会社更生手続の趣旨，目的（会社更生法1条参照）を害するものであるから，その効力を肯認しえないものといわなければならない。」として無効とした最高裁判所昭和57年3月30日判決（民集36巻3号484頁）があります。

(2) change of control条項（チェンジ・オブ・コントロール条項）

> **条項例（支配権変動）**
>
> 乙は，合併，株式交換，株式移転又は乙の全議決権の3分の1を超える議決権を保有する株主（単独で保有する場合のみならず，共同で保有する場合を含む。）の変動があるときは，事前に甲に対してその旨を書面で通知するものとし（事前の通知が不可能な場合には，事後直ちに），甲はこれらの場合，何らの催告を要せず，本契約を解除することができる。

　契約当事者の大株主が変動するなど，契約当事者の実質的な支配権が変動した場合に，それを解除事由として定める条項のことを，一般的にChange of Control条項と呼びます。ただし，実質的な支配権の変動としてどのような場合を定義するか，実質的な支配権が変動した場合に通知義務を課すかどうか，解除権の発生のみならず，期限の利益を喪失させる効果を持たせるかどうかなど，様々なバリエーションが考えられます。

　このようなChange of Control条項は，契約相手の経営陣に対する信頼関係を重視して締結する契約や，契約相手が競業企業に買収された場合に契約を打ち切る必要性がある場合（例えばライセンス契約）などで盛り込まれることがあります。

このような条項を設ける場合，解除権等の効果を発生させる実質的な支配権の変動が何を指すのかについて，できる限り特定しつつ，漏れが生じないよう網羅的に定義することが必要になります。

(3) 反社会的勢力排除条項

> **条項例（反社会的勢力排除）**
>
> 1　甲及び乙は，それぞれ相手方に対し，次の各号の事項を確約する。
>　(1)　自ら又は実質的に経営権を有する者が，暴力団，暴力団員，暴力団準構成員，暴力団関係企業，総会屋，社会運動等標ぼうゴロ，特殊知能暴力集団，若しくはこれらに準ずる者又はその構成員，又はこれらに過去5年以内に該当したことがある者（以下，これらを総称して，「反社会的勢力」という。）ではないこと。
>　(2)　自らの役員（取締役，執行役，監査役，執行役員又はこれらに準ずる者をいう。）が反社会的勢力ではないこと。
>　(3)　反社会的勢力に自己の名義を利用させ，この契約を締結するものでないこと。
>　(4)　自ら又は第三者を利用して，次の行為をしないこと。
>　　ア　相手方に対する脅迫的な言動又は暴力を用いる行為
>　　イ　風説を流布し，偽計若しくは威力を用いて相手方の業務を妨害し，又は信用を毀損する行為
>　　ウ　法的な責任を超えた不当な要求行為
> 2　甲又は乙は，相手方が次の各号のいずれかに該当した場合には，何らの催告を要せずして，本契約を解除することができる。
>　(1)　前項第1号又は第2号の確約に反する申告をしたことが判明した場合
>　(2)　前項第3号の確約に反し，この契約を締結したことが判明した場合
>　(3)　前項第4号の確約に反した行為をした場合
> 3　前項の規定により本契約が解除されたときは，解除した者は，当該解除により解除された者に生じた一切の損害について，賠償責任

> 4 第2項の規定により本契約が解除された場合，解除した者に，当該解除により生じた損害があるときは，解除された者は当該損害（合理的な弁護士費用を含む。）を賠償するものとする。

　近時，コンプライアンス重視の流れの一環として，反社会的勢力に対して屈することなく，反社会的勢力を社会から排除していくことの重要性が叫ばれ，官民挙げた取り組みが加速しています。

　法務省が平成19年6月19日付で公表した「企業が反社会的勢力による被害を防止するための指針」においては，「契約書や取引約款に暴力団排除条項を導入する」ことが平素からの対応として記載されました。また，現在では全ての都道府県で，いわゆる暴力団排除条例が制定されており，契約書において，いわゆる暴力団排除条項を規定するよう努力義務を課しているものも多くあります。

　そもそも，契約は一旦成立すると，それに両当事者が拘束されることになり，契約の相手方が反社会的勢力であることが後から判明したからといって，そのことを理由として契約を破棄することは，錯誤無効[5]や詐欺取消の要件を充足する場合等を除いて，原則として許されないものと解されます。

　そこで，契約の相手方が反社会的勢力に該当することが判明した場合に，解除権を認める規定が必要となります。

　かかる規定は，契約自由の原則から有効であるものと考えられ，実際にその効力が認められた裁判例も存在します（大阪地判平成23年8月31日判決金融法務事情1958号118頁）[6]。

　契約書に反社会的勢力排除条項を盛り込むにあたっては，警察庁をはじめとした省庁や，地方自治体，業界団体等が公表しているモデル条項を参考にすることが有用です。特に業界団体が公表しているモデル条項

5　注文者が暴力団と密接な関係を有する者であるとは知らないでした，当該注文者の自宅建物の建築請負契約について，錯誤無効を認めた事例（東京地判平成24年12月21日金判1421号48頁）。

は，当該業界の取引形態に即したモデル条項となっていることから実践的といえます。

　以下，契約書に定める場合の注意点を挙げます。

- 「反社会的勢力」という概念自体，そもそも抽象的な側面が強いため，出来る限り明瞭な定義規定を設ける必要があります。また反社会的勢力の構成員は，暴力団員であることを隠して表面的には暴力団員ではないように装ったり，暴力団を脱退したり破門されたかのように装うケースもあります。そこで，そのような偽装工作がなされている場合にも対応できるような定義規定にする必要があります。条項例では，警察庁が定める「組織犯罪対策要綱」の定義規定を参考にしつつ，脱退や破門を偽装した場合にも対応できるように過去5年間に構成員であった場合にも反社会的勢力に該当するとの規定にしました。
- 契約の関係者が反社会的勢力に属しているかを問う「属性要件」のみならず，相手方が一定の行為をしたときにも解除権が発生するよう「行為要件」をも定めておき，「属性要件」か「行為要件」のいずれか一つを満たせば，解除できるようにしておく定め方が一般的です。条項例では，第1項第1号，第2号において「属性要件」を定め，第4号では「行為要件」を定めています。
- 解除権の発生要件と共に，解除権を行使した場合に，解除権を行使した当事者は，その解除によって発生した損害について賠償責任を負わず，逆に解除された当事者は，解除した側の当事者に発生した損害を賠償する旨の定めを置くことが一般的です。

6　暴力団員との間で締結した結婚式及び披露宴を行う契約を，ホテル側が暴力団排除条項に基づき解除したことが，適法かどうかが争われました。当該契約には，『暴力団員による不当な行為の防止等に関する法律』（平成3年法律第77号）による指定暴力団及び指定暴力団員等の当ホテル利用はご遠慮いただきます。（ご予約後，あるいはご利用中にその事実が判明した場合は，その時点でご利用をお断りいたします。）また，反社会的団体員（暴力団及び過激行動団体など，並びにこの構成員）の当ホテル利用はご遠慮いただきます。（ご予約後，あるいはご利用中にその事実が判明した場合は，その時点でご利用をお断りいたします。）」との条項が存在していました。裁判所は，当該条項の有効性を認め，当該解除を適法としました。

(4) 完全合意条項

> **条項例（完全合意）**
>
> 本契約は，甲乙間の最終的な合意の全てであって，本契約締結前における甲乙間の全ての明示又は黙示の合意・了解に優先する。

　完全合意条項は，契約書が当事者間の最終的な合意を表すものである場合には，契約書の内容と異なる契約締結以前の書面・合意等を証拠として提出することは許されないという英米法上の口頭証拠排除原則（Parol Evidence Rule）を，明文化したものです。

　以前は，国内企業同士で締結される契約書ではあまり見られなかった条項ですが，最近は，英文契約書の規定ぶりを参考にして，国内企業同士の契約書においても定められるケースが増えてきています。

　裁判例においても，液晶パネル等の特許ライセンス契約において，契約書に明記されていない最恵待遇条項の合意の成否が争点となった事案について，「本件契約書には完全合意条項が設けられているから，仮に，本件契約締結前に，…最恵待遇条項の合意が成立していたとしても，原告と被告との間に，本件契約書に明記されていない最恵待遇条項を含む契約が成立したものとは認め難い。」などとして，完全合意条項を根拠に，契約書に明記されていない合意を否定したものがあります（東京地判平成18年12月25日判時1964号106頁）[7]。

　このように完全合意条項は基本的に有効であると考えておく必要があります。

　完全合意条項を設けることにより，契約書に書いてあることが合意のすべてになるため，決裁権者が承認していないような担当者同士の了解事項等を排除したり，契約交渉の過程で契約条件が二転三転したため，

---

[7] 完全合意条項の効力を正面から認めた裁判例として，東京地判平成7年12月13日があります。ただし，この裁判例は完全合意条項に字義通りの効力を認める根拠を，契約締結に関与した者が，役員や弁護士資格を有する者であり，条項の意味内容について十分理解し得る能力を有していたことに求めていることから，契約当事者が完全合意条項について理解が不十分であった場合には別に解する余地があるようにも読め，注意が必要です。

最終的に合意に至らなかった契約条件のやり取りにかかる証拠の効力を明確に否定しておきたい場合などには有用です。

　一方、国内企業間において取り交わされる契約書においては、全ての合意事項が網羅的に記載されるのではなく、契約書上には明確に記載されていない暗黙の了解事項が別途存在しているという場合も多く、そのような契約において完全合意条項が設けられると、契約書に記載されていない暗黙の了解や当然の前提事項と考えていた条件が全て排除されてしまうおそれもあります。

　よって、完全合意条項を設けるのであれば、全ての合意事項が網羅的に契約書に記載されているかどうかを慎重に確認することが必要です。

(5) 準拠法に関する条項

> **条項例（準拠法）**
>
> 　本契約は、日本法に準拠し、日本法に従って解釈されるものとする。

　国内企業間における国内で完結する取引の場合には、特に準拠法を定めなくとも、日本法が適用されることは自明であり、契約書に準拠法を定める必要性はありません。

　しかし、国際取引の場合、我が国の法令では、法の適用に関する通則法が、契約に関しては、最も密接な関係がある地の法律を準拠法として定めているものの（同法8条1項）、「最も密接な関係がある地」の解釈によって準拠法が曖昧になるおそれや、相手方当事者の国でも同様のルールとなっているとは限らないことから、契約書において準拠法を定めておくことが望ましいものといえます。

　準拠法を当事者間の合意により定めることは、我が国においては、法の適用に関する通則法7条により認められているほか、他の多くの国でも一般的に認められています。ただし、準拠法を定めたとしても、労働法規や競争法規制、国内産業保護規制等の強行法規の適用を免れることはできないことに注意が必要です。

(6) 紛争解決に関する条項
ア　誠実協議

> **条項例（誠実協議）**
>
> 　本契約に定めのない事項があることが判明したとき，本契約の解釈について疑義が生じたとき，又は本契約に関して紛争が生じたときは，甲乙は，本契約の趣旨に従い，誠意をもって協議し，解決するものとする。

　日本語の契約書には，契約書の記載内容等に関して紛争が生じた場合に，誠意をもって協議して解決することを定める条項が置かれることが非常に多いです。

　ただし，実際に紛争が発生し，両当事者間の信頼関係が失われた状態においては，紛争解決を協議により解決することは現実的ではないことも多いでしょう。

　また，本条項は何らかの法的義務を発生させる効力をもつものではないと考えられており，当事者間の信頼関係を象徴的に示し，契約書全体の格調を整えるといった形式的な意味合いしかないものと考えられます。

イ　裁判管轄

> **条項例（専属的合意管轄裁判所）**
>
> 　本契約に関して訴訟の必要が生じた場合は，［東京地方裁判所］を第一審の専属的合意管轄裁判所とする。

　契約当事者は，第一審に限り，合意により管轄裁判所を定めることができます（民訴法11条1項）。この合意は書面で行わなければ無効となります（同条2項）。

　(ア)　何を合意するか

　　合意により定められるのは，①地方裁判所と簡易裁判所のどちらの管轄とするか，②どの土地を管轄する裁判所の管轄とするかの2点です。

①当事者間で合意がなければ、訴額が140万円を超えない場合には簡易裁判所、超える場合には地方裁判所の管轄となります。当事者間で合意すれば、訴額が140万円を超えても簡易裁判所の管轄としたり、逆に訴額が140万円未満であっても地方裁判所の管轄とすることが可能となります。

②当事者間の合意がなければ、原則として被告の住所地を管轄する裁判所が管轄することとなります（民訴法4条）。民事訴訟法には、この原則以外の裁判所にも管轄を認める規定が存在します（同法5条以下）。また、当事者間の合意があれば、これら以外の裁判所に管轄を定めたり、民事訴訟法上で認められる複数の管轄裁判所の一つのみに管轄を認めることが可能となります（後述する専属的合意）。

(イ) 専属的合意と付加的合意

管轄の合意には、①法が定める管轄を排除して、特定の裁判所にのみ管轄を生じさせるという趣旨の「専属的合意」と、②法が定める管轄に加えて、他の裁判所にも管轄を生じさせるという趣旨の「付加的合意」があります。

多くの場合、管轄の合意をするのは、①の趣旨で行うことが多いはずです。しかし、契約書の文面上は、専属的合意なのか付加的合意なのかが曖昧になっていることがあり、このような場合、裁判所から専属的合意を定めた趣旨とは解されないと判断されるおそれがあります[8]。

よって、専属的合意をする趣旨で管轄合意をする場合には、必ず「専属的」という文言を明記する必要があります。

ただし、専属的合意管轄を定めた場合であっても、訴訟の著しい遅滞を避けたり、当事者間の衡平を図る必要性があるときには、裁判所の判断で他の管轄裁判所に移送することを認める規定（同法17条）や、専属的合意管轄裁判所以外の管轄裁判所に訴訟が提起された場合に、移送すると著しい損害や遅滞を生じるおそれがあるとき

---

8 専属的合意であることが明らかでない場合には原則として付加的合意と解釈するべきとする大阪高判平成2年2月21日判夕732号270頁。

は，移送せずに審理することを認める裁判例（東京高決平成3年6月28日判時1427号65頁）があり，必ずしも万能とはいえないことに注意が必要です。

(ウ) 国際裁判管轄にかかる合意

条項例のように，日本国における裁判所が管轄裁判所として定める場合，それは同時に日本に裁判管轄を認める合意と解されます。

我が国においては，民事訴訟法3条の7第1項が「当事者は，合意により，いずれの国の裁判所に訴えを提起することができるかについて定めることができる。」と規定しており，国際裁判管轄の合意について原則として有効としています。

ただし，専属管轄に関する場合（同法3条の10），消費者契約（同法3条の7第5項）や個別労働契約（同法3条の7第6項）に関する場合などの例外的な場合には，一定の制限が設けられています。また，日本国においては，上記の通り国際合意管轄の有効性が原則として認められるとしても，日本以外の国においてその有効性が認められるかどうかについては，別問題であり，都度調査するほかありません。

ウ 仲裁合意

条項例（仲裁）

本契約に関する一切の紛争については，[東京都]において，[一般社団法人日本商事仲裁協会]の定める仲裁規則に基づく仲裁によって解決するものとし，その仲裁判断は最終的なものとして，両当事者を拘束するものとする。

訴訟手続による紛争解決は，原則として手続や記録が公開されるため企業秘密に関する紛争解決には不向きである，上訴の手続が存在するため最終的な判断に至るまでに長時間を要する，裁判官は専門知識に乏しいため専門的な訴訟の場合に想定外の判断がなされる可能性があるなどの短所があるため，これらの不都合が生じることが想定される契約においては仲裁により紛争解決することを合意することがあり

ます。

　また，仲裁判断の効力については，仲裁法45条1項において，仲裁判断は確定判決と同一の効力を有すると定められています。また，「外国仲裁判断の承認及び執行に関する条約」（いわゆる「ニューヨーク条約」）があり，日本を含め，140か国以上が締結しています。そして，同条約の締結国では，原則として外国における仲裁判断を承認・執行することが義務付けられているため，外国判決よりも外国での執行が容易であるといえます。そのため，国際取引に関する契約においては，外国での執行を見据えて，仲裁合意がなされることが多くあります。

　仲裁合意は，書面により行うことが必要であり（仲裁法13条2項），仲裁合意がなされると原則として訴訟による解決は排除されることになります（同法14条。ただし，保全処分の例外。同法15条）。

　仲裁に関する規定を置く場合，仲裁人の数（同法16条1項），仲裁人の選任手続（同法17条1項），仲裁手続のルール（同法26条1項），仲裁地（同法28条1項），仲裁手続で使用する言語（同法30条1項）等について定めを置くことが考えられます。当事者間の合意が存在しない場合には，これらは仲裁法が定めるところによることになります。

4 契約書の形式面

(1) 契約書のタイトル（表題）

　ア　的確かつ端的なタイトル（表題）の必要性

　　契約書には冒頭に何らかのタイトル（表題）を明記するのが通常です。

　　契約書を作成する目的は，契約の成立や契約上の権利・義務の内容等を一義的に明確化し，これにより当事者の履行を確実にして後日の紛争を防止するとともに，仮に紛争になった場合の証拠を確保する点にあります。こうした目的からすると，契約書のタイトルは契約内容が明らかとなるような的確かつ端的なものとする必要があります。「契約書」とか「合意書」といった抽象的な表現よりも，「動産売買契

約書」、「金銭消費貸借契約書」、「建築請負契約書」、「秘密保持契約書」、「経理ソフト開発契約書」といった具体的な表現をできる限り用いるのが望ましいといえるでしょう。

イ　タイトル（表題）と契約内容の関係

　もっとも、当事者が合意した契約の内容は、その合意内容そのものによって定まりますから、契約書に明記されたタイトルが直ちに契約内容を規律したり、契約内容に影響を与えるわけではないことに注意する必要があります。

　契約内容はある程度類型化できるとはいえ、例えばOEM契約のように売買契約と業務委託契約の要素を兼ね備えた契約類型があることからわかるように、業界毎の特徴や取引慣行、あるいは契約当事者の特性に応じて個別の契約の数だけ契約類型が存在するということができます。その意味で、契約書を作成したり、チェックしたりする際には、契約書のタイトルのみに目を奪われることなく、契約書の記載内容すなわち契約内容自体に着目する必要があります。

　特に、契約締結を念頭に契約書のドラフトを作成・検討する段階において、相手方との関係や業界慣行等により、自社サイドで原案を起案することができないといった事情がある場合には、相手方が自由に作成した原案の当否を検討することになります。その際には、タイトルに捉われることなく、契約書の各条項を精査し、慎重に吟味・検討することが求められます。

　逆に、自らが原案を提案することができる場合には、相手方からの承諾（署名・押印）を得やすくするために、たとえば単に「契約書」、「合意書」あるいは「覚書」などと表記しておくに留めるなど、契約書のタイトルに工夫を凝らす必要もでてくるでしょう。

(2)　前文と契約の目的

　前文は契約書の作成に不可欠なものではありませんが、国際取引が増加したことに伴い、英文契約書の書式に倣って、通常の契約書においても前文を置く例が多く見られます。

　契約書の作成は、契約の成立や契約上の権利・義務の内容等を一義的

第8章　契約の一般条項

に明確化すること等を目的としていますから，前文を置いて，当該契約に拘束される当事者名を具体的に明記することは有益ですし，対象となる取引の概要を示しておくことは上記の目的に資することになります。

> 株式会社Ａ（以下「甲」という。）とＢ株式会社（以下「乙」という。）とは，甲を委託者とし，乙を受託者として，次のとおり，業務委託契約を締結した。

(3)　契約書の作成日付と契約の成立日・効力発生日

　ア　契約と契約書

契約は，申込と承諾という当事者の相対する意思表示が合致することによって成立するのが原則であり（諾成契約），手形行為や保証契約，定期賃貸借契約等の例外的に要式性が求められるもの以外は，口頭合意のみでも契約が成立することになります。そして，条件が付されていない限り，契約成立時から契約の効力（権利・義務関係）が発生することになります。

契約書は，契約成立と同時に作成されることもありますが，契約成立後に作成されることも少なくありません。契約書には日付を記入することになりますが，この日付は契約書の作成日付を指すにとどまり，契約の成立日や効力発生日と必ず一致するわけではないことに注意する必要があります。

　イ　留意点

(ｱ)　契約書を作成する目的の1つとして，契約の成立及び内容を裏付ける証拠を確保しておくことがあります。

証拠とする以上，その契約書の作成日が重要になる場合もありますから，作成日欄を空白にしたままにすることはもちろん，何らの注書もなく実際の作成日からバックデイトで記載することも避けるべきです。

例えば，契約書の作成日が契約成立日に遅れる場合には，そのことを明記しておけば証拠を確保する目的は達成することができます。

また，契約成立日を契約書に記載していない場合には，契約書の作

成日をもって契約の成立日及び効力発生日とみなされるのが通常でしょうが，例えば契約の効力発生日と契約書の作成日とが一致することを確認しておきたい場合には，作成日を平成○年○月○日と記載した上で，「契約締結日は平成△年△月△日であるが，効力発生日を○月○日とするため，契約書作成日を○月○日とする。」などと明記しておけば足ります。

平成27年11月1日
(注) 本契約書の作成日は平成27年11月1日であるが，本契約の成立日及び効力発生日は平成27年10月10日である。

平成27年11月1日
(注) 本契約の締結日は平成27年10月10日であるが，効力発生日を11月1日とするため，契約書作成日を11月1日とする。

(イ) 今回の民法（債権法）のように法律改正が行われる場合には，改正法の適用に関して経過措置が設けられるのが通常です。改正の内容次第では，ある時点で成立した契約について，改正前後のいずれの法律が適用されるかによって，契約成立時に当事者が意図していた法律効果が得られなくなったり，予期せぬ規律を受けることになる可能性があります。

　　契約に基づく権利・義務について，改正法が適用されるのか，それとも改正前の従来の規律が及ぶのかを定めるに当たり，契約書の作成日が基準とされることは多くはないでしょう。この意味でも，契約書を作成する際に，契約の成立日や効力発生日が明確になるように工夫しておくことは重要です。

(4) 項目立て，見出し
　ア 項目立ての方法
　　　先に述べた契約書作成の目的を達成するためには，契約書の各条項について，解釈の余地のない内容とするのが望ましいといえます。
　　　各条項の項目立てについては，論理的かつ客観的に整理するために，

各条文ごとに，第○条→第○項→第○号という具合に階層に分けてナンバリングするのが通常です。

イ 見出しの必要性と留意点

単にナンバリングだけを示してある契約書も見受けられるところですが，各条文ごとにその概要を示す見出しをつけるのが望ましいでしょう。これにより見出しを追うだけで契約書全体を概観することができるようになりますし，検討すべき条項にあたりをつけることが容易になります。見出しについては，字数を限定して条項の概要を端的に示す工夫を凝らす必要があるでしょう。もっとも，各条文の項数や号数が多くなると，その分だけ必ずしも見出しと適合しない内容が盛り込まれる可能性があることには注意が必要です。

ウ 各条項の定め方に関する留意点

各条項については，玉虫色の定め方は極力避けるべきです。少なくとも行為主体とその相手方については必ず明確にする必要があります。

(5) 別紙

契約の類型や内容によっては，契約書に別紙を作成・添付することの要否や当否を検討することになります。

例えば，不動産を目的物とする売買契約や賃貸借契約の類型であれば，当該不動産を特定するために所在地等の情報を明確にしておく必要があるわけですが，この不動産情報についてのみ別紙に記載する場合もあります。特に，同一の当事者間において，目的物のみが異なる同一内容の契約を順次複数締結するような場合には，同一内容の契約書本体に目的物に応じて内容を変更した別紙のみを添付すれば足りることになり便宜です。

また，特定の目的物を作成することを目的とする請負契約やソフトウェア開発契約などでは，別紙に完成品の仕様等の詳細を明記して添付すれば，当該完成品が契約の目的に適合しているか否かを判断することが容易となり，やはり便宜といえるでしょう。

(6) 契約書に貼付する印紙
　ア　課税文書とは

　　　額面10万円以上の約束手形や5万円以上の売上げに関する領収証のように，作成することにより印紙税が課せられる文書があり，これを課税文書といいます。課税文書に当たるか否かについては印紙税法が定めており，課税文書を作成する際には収入印紙を購入・貼付する方法によって印紙税を納めることになります。

　　　契約書を作成する場合にも，契約書に記載された契約内容に従って印紙税が課される場合があります。たとえば不動産の売買などについては，当事者が署名・記名した契約書の原本の通数に応じて所定の額の収入印紙を貼付する必要があります。

　イ　印紙貼付の有無と契約の効力

　　　契約書が課税文書に該当する場合であっても，契約自体は有効に成立している以上，契約書への印紙貼付の有無が契約の効力に影響することはありません。

　　　また，印紙が貼付されていない契約書であっても契約の成立・内容を裏付ける証拠となることにも変わりはありません。

　ウ　留意点

　　　なお，貼付すべき収入印紙の額は，契約書のタイトル自体ではなく，契約の実質的な内容に基づいて判断されます。

　　　また，作成する契約書が課税文書に当たる場合，印紙税が課されるのは原本（当事者が署名・記名したオリジナルの契約書であれば，ここでいう原本に当たります。）についてのみですから，各当事者が契約書を保有する場合であっても，作成する原本は1通のみにしておき，その他の当事者は単なる写しを保有することにすれば，印紙税の負担を軽減することが可能になります。とはいえ，契約書の原本は当事者の数に応じて複数作成し，それぞれ保有するのが通常でしょう。

(7) 署名と記名
　ア　署名および記名の意義・差異

　　　署名とは，契約当事者が自らの氏名等を自署することをいいます。

記名とは，自署以外の場合を指し，氏名等を契約書に印字したりゴム印を使用して押捺することや，本人以外の者によって氏名等が記載されることをいいます。

署名のある契約書には筆跡が残ることから，記名の方法に比べると，契約書の証拠価値の点で優れていることになります。

イ　留意点

契約当事者は，契約書に住所，氏名・商号を自署又は記名することになりますし，法人の場合には代表者が肩書と氏名を自署又は記名する必要があります。契約書の最後の部分に署名・記名欄をもうけるのが一般です。

契約書に氏名等を記載する趣旨は，契約当事者を明らかにするとともに，契約書に定められた内容の契約に従うという当事者の意思を明確にすることにあります。

(8) 印影・印鑑，実印・認印・三文判

ア　印章と印影・印鑑

物としての印章（ハンコ）を契約書などの紙の上に押印して顕出させた当該印章の影蹟のことを「印影」といいます。印鑑証明書は，当該印影があらかじめ官公署等に届け出ている「印影」と同一であることを証明する文書であり，ここでいう「印鑑」は「印影」と同じ意味で用いられています。

イ　実印

実印とは，印鑑証明書の交付を受けるために，市町村等にあらかじめ届出をしている「印影」または「印影」を顕出させる印章（ハンコ）を指しています。

個人の場合には住民登録のある市町村に実印として登録することになりますし，法人の場合には本店所在地の法務局出張所に代表者印として登録することになります。

ウ　認印

認印とは，実印以外の「印影」又は印章（ハンコ）の総称です。法人の場合には取引印ということもあります。

三文判とは，市販されている低額の印章（ハンコ）またはその「印影」を指すのが一般です。
　エ　留意点
　　　契約書の作成にあたっては，使用すべき印章あるいは印影が定められているわけではありません。本人（法人の場合には代表者）の意思に基づいて押印・捺印してある限り，契約書の作成に実印と認印のいずれを使用したとしても契約の効力に差異は生じません。
　　　もっとも，実印は認印や三文判と異なって本人によって厳密に管理されるのが通常ですから，契約書上の印影が実印によるものであれば，契約書の証拠価値は高まることになります。
(9)　押印・捺印の種類（印鑑，捨印の意義）
　ア　押印・捺印・押捺
　　　押印は，印（ハンコ）を用いて契約書等に印を押すことを指し，捺印と同一の意味で用いられるのが一般です。同じ意味で押捺といわれることもあります。
　　　押印の種類としては，契印，割印，訂正印，捨印，消印などがあります。
　イ　契印
　　　契印は，契約書が複数枚に及ぶ場合に，全てのページについて，印影が隣のページとまたがるように押印することを指します。複数枚の契約書が一体であることを示すとともに，契約書の改ざんや差替えを防ぐことを目的とする押印方法です。各ページにページ数を打ち，テープ等を用いて製本した上で，テープ等に直接押印する方法が用いられることもあります。
　ウ　割印
　　　割印は，当事者がそれぞれ保有する契約書を重ねて，全当事者が押捺する場合であり，複数の契約書が同一当事者間において取り交わされたものであることを示す趣旨で用いられる押印方法です。
　エ　訂正印
　　　訂正印は，契約書の記載を訂正する場合に訂正箇所に押印するもの

です。

　誤った記載の文字の上に二本線を引いたうえで押捺し，その訂正箇所の上部もしくは下部（縦書の契約書の場合は右側もしくは左側）又は余白部分に訂正後の内容を記載するのが一般的ですが，訂正部分を明確にする趣旨で「○文字削除，○文字加入」などと記載する方法も用いられます。

　もっとも，新たに契約書を取り交わす場面では，契約書の記載内容に訂正すべき箇所が見つかれば，後に疑義を生じることを避けるために，契約書自体を作成し直すのが無難であり，安易に訂正印によるべきではないでしょう。

オ　捨印

　捨印は，後に契約書の記載を訂正する必要が生じる場合に備えて，当事者が契約書の余白部分にあらかじめ押印しておくものです。

　捨印は，押印した当事者の意に反して，契約書の内容を容易に変更されてしまう危険性を伴います。訂正の必要が生じたにもかかわらず，契約書を新たに作成し直すことができないような場合には，訂正印を用いる方法で対処すべきであって，よほどのことがない限り，捨印を用いるのは避けるべきです。

カ　消印

　消印は，先に述べた課税文書について，印影が貼付した収入印紙と契約書等の書面とにまたがるように押印するものです。

(10) 原本・謄本・正本，通数

ア　原本，謄本，正本等の意味

　契約書の原本とは，契約当事者が当該契約内容を確定的に表示するために署名・記名して作成した最初のものを指します。

　謄本とは，原本と同一の文字や符号を用いて原本の内容を全て完全に写し取った書面を指します。原本の一部のみを写し取った書面を抄本といいます。

　正本とは，法令の規定によって，原本を一定の場所に保管しなければならない文書について，原本と同一の効力を他の場所で発揮させる

必要がある場合に作成される文書を指します。例えば，民事訴訟において当事者に判決書を送達する際には判決正本が用いられることになります（民訴法255条2項）。

イ　留意点

これらのうち，契約書作成時に実際に問題となるのは，原本及び謄本（写し）ということになります。

契約書には作成した原本や謄本（写し）の通数や，それぞれをどの当事者が保有しているのかを明確に記載しておく必要があります。

> 本契約成立を証するため，本書原本を2通作成し，甲乙が各自記名押印のうえ，各1通を保有する。

> 本契約の成立を証するため，本書原本及び謄本を各1通作成し，甲が原本を，乙が謄本をそれぞれ保有する。

事 項 索 引

欧文

ABS …………………………… 360
ASP …………………………… 155
Bankruptcy Remoteness …………… 360
CD・DVD 契約 ………………… 100
change of control 条項 …………… 373
GK-TK スキーム ………………… 361
GPL …………………………… 161
JV 契約 ………………………… 288
M&A（医療機関）………………… 242
ODS …………………………… 106
OEM 契約（エンターテイメント）
 …………………………… 121
OEM 契約（メーカー）…………… 31
Originator …………………… 360
OSS …………………………… 161
P&A 費 ………………………… 130
PFI …………………………… 362
SaaS …………………………… 155
SPV …………………………… 360
True Sale ……………………… 361
UGC …………………………… 175
VPF …………………………… 106

あ行

明渡しに関する合意 ……………… 272
アサインバック条項 ……………… 27
アドバンス …………………… 120
医師主導型治験 ………………… 221
委託者に対する報告 ……………… 39
委託範囲 ………………………… 37
一時使用（賃貸借）……………… 303
一括請負方式 …………………… 146
一般定期借地権 ………………… 306

一般定期借地権設定契約 ………… 305
一般媒介契約 …………………… 256
違約手付 …………………… 259, 265, 271
医療 …………………………… 194
医療・介護関係事業者における個人情報
 の適切な取扱いのためのガイドライン
 （厚生労働省）………………… 208
医療行為拒否の場合の免責同意書 … 204
医療水準 ………………………… 205
印影 …………………………… 388
印鑑 …………………………… 388
インコタームズ ………………… 74
印紙貼付 ………………………… 387
印章 …………………………… 388
インフォームド・コンセント …… 201
ウェブサービス利用規約 ………… 169
訴え提起前の和解手続 …………… 272
売主の担保責任 …………… 262, 266, 271
運送委託契約 …………………… 68
営業秘密 ………………………… 51
営業秘密管理指針（経済産業省）… 51
エクイティファイナンス ………… 324
エンターテインメント …………… 88
押印 …………………………… 389
押捺 …………………………… 389
オフサイト ……………………… 166
オープンアカウント ……………… 80
オリジネーター ………………… 360
音楽使用料 ……………………… 96
オンサイト ……………………… 166

か行

買替え特約 ……………………… 267
会計監査 ………………………… 134
介護保険サービス契約 …… 227, 230, 237

事項索引

解除条項……………………………… 370
買取（発注）保証……………………‥33
解約手付…………………… 259, 265, 271
改良発明………………………………‥27
確認書………………………………… 276
瑕疵担保責任…… 17, 151, 263, 267, 286
課税文書……………………………… 387
合併（医療）…………………… 243, 248
カーブアウト…………………………‥94
株式譲渡……………………………… 334
株式引受契約………………………… 327
株主間契約…………………………… 328
カルテ開示…………………………… 208
監査権…………………………… 97, 105
幹事事業者…………………………… 129
間接金融型…………………………… 338
完全合意条項………………………… 377
管理運営に関する契約……………… 321
管理規約……………………………… 267
企業主導型治験……………………… 221
危険負担………………… 17, 261, 266, 279
技術移転制限………………………… 163
技術開発委託契約……………………‥36
基本協定書…………………………… 275
基本契約………………………………‥20
記名…………………………………… 387
競業避止……………………………… 134
競業避止義務（エンターテインメント）
　　　　　　　………………………… 117
競業避止義務（メーカー）……… 56, 82
共同企業体運用基準………………… 289
共同企業体契約……………………… 288
共同研究……………………………… 216
共同研究開発契約……………………‥42
共同ビル基本協定書………………… 319
業務提携契約………………………… 117
居宅サービス………………………… 238
銀行取引約定書……………………… 342

金銭消費貸借契約…………………… 337
金融…………………………………… 324
グラントバック条項…………………‥27
クリックオン方式…………………… 170
クリックラップ（クリックオン）契約
　　　　　　　………………………… 154
契印…………………………………… 389
経産省モデル契約…………………… 145
経常建設共同企業体………………… 289
契約書の形式面……………………… 382
契約書の作成日付…………… 369, 384
契約書のタイトル（表題）………… 382
契約の拘束力………………………… 369
契約の成立時期……………………… 369
契約の成立日・効力発生日………… 384
ゲーム内通貨………………………… 181
消印…………………………………… 390
研究委託契約………………………… 216
検査同意書…………………………… 201
原状回復………………… 185, 298, 302
現状有姿……………………………… 159
建設業………………………………… 252
建設協力金…………………………… 295
現存利益……………………………… 185
建築工事請負契約…………………… 280
建築工事請負契約（約款）………… 285
建築設計・監理業務委託契約……… 283
原盤供給契約………………………… 101
原盤譲渡契約………………………… 101
原本…………………………………… 390
権利金………………………………… 294
権利の保証……………………………‥30
権利の保全……………………………‥29
交換契約……………………………… 274
更新料………………………… 298, 300
公正証書……………………………… 309
合同会社……………………………… 361
項目立て……………………………… 385

394

小売……………………………………64
国際海上物品運送契約………………73
個人情報保護方針……………………186
個人である借入人の成年後見制度の利用
　等……………………………………348
コピーレフト条項……………………161
個品運送契約…………………………74
個別契約（メーカー）………………19
個別契約（物流・小売）……………70
個別契約（エンターテインメント）
　………………………………116, 124
個別契約（通信・情報処理）………146
コミットメントライン………………339
コンサルティング契約………………106
コンテンツライセンス契約…………92

さ行

再委託…………………………………127
債権譲渡………………………………352
債権譲渡登記…………………………15
債権保全………………………………349
再生医療………………………………213
在宅型介護サービス契約……………237
再販売価格維持条項…………………85
再販売価格の拘束……………………116
債務引受契約書………………………355
債務不履行責任………………263, 267
詐術……………………………………184
サブスクリプション方式……………157
残存条項………………………………55
三文判…………………………………388
四会連合協定契約書…………………283
敷金……………………………………294
事業承継（医療機関）………………245
事業譲渡（医療法人）………………246
事業用定期借地権…………306, 309
資金決済法……………………………180
自己発見取引の禁止…………………255

資産担保証券…………………………360
市場型間接金融………………………338
下請取引………………………………34
下請法…………………………………122
質権……………………………………350
実印……………………………………388
執行認諾文言…………………………310
指定介護老人福祉施設（特別養護老人
　ホーム）入居契約…………………230
指定介護老人保健施設入居契約……235
自動改定特約…………………………294
自動更新特約…………………………21
借地契約………………………………298
借地権…………………………………292
借地権設定者の承諾に代わる許可…269
借地権の無断譲渡・賃借物の無断転貸を
　禁止…………………………………295
借地権売買契約………………………268
社債……………………………………356
収益分配………………………………119
集合動産譲渡担保……………………16
自由診療契約（美容整形等）………209
手術同意書……………………………201
受託研究………………………………216
出演契約（CM）……………………134
出演契約（映画）……………………136
出演契約（テレビ番組）……………136
出版契約………………………………97
シュリンクラップ契約………………154
準拠法に関する条項…………………378
ジョイント・ベンチャー（JV）……288
上映契約………………………………104
使用許諾………………………………153
承継する権利義務……………………263
承諾料…………………………………269
譲渡価額………………………………335
商標……………………………79, 124
商標の目的外使用制限………………32

情報処理……………………………142
証約手付……………259, 265, 271
職業選択の自由………………………57
職務発明……………………………219
署名…………………………………387
所有権移転……………………………13
所有権移転時期………………261, 266
侵害排除………………………………29
新株発行による資金調達……………327
新株予約権割当契約…………………330
新規医療……………………………209
シンクロナイゼーション・ライツ…103
真正売買……………………………361
信託…………………………………361
人的担保……………………………350
診療契約……………………………196
診療契約の運用上の留意事項………205
診療情報の提供等に関する指針の策定に
　ついて（厚生労働省）……………201
捨印…………………………………390
ストック・オプション………………330
スマートフォン………………………189
成果の帰属……………………40, 217
請求失期事由…………………………347
制裁措置………………………………61
製作委員会契約………………………128
制作委託契約…………………………109
生産中止の事前通知義務……………34
税制適格ストック・オプション……333
製造業…………………………………10
製造物責任…………………………126
正本…………………………………390
責任分解点…………………………166
セルオフ条項……………………99, 102
専属専任媒介契約……………………255
専任媒介契約………………………255
前文…………………………………383
占有改定による引き渡し……………16

専用実施権……………………………25
増改築制限特約……………………296
倉庫寄託契約…………………………66
相殺による回収………………………15
総数引受契約………………………329
ソースコード………………………161
ソフトウェア開発…………………144
ソフトウェアの改変………………158
ソフトウェアの複製………………158
ソフトウェアライセンス契約………153

た行

第三者割当増資……………………327
代理商…………………………………84
代理店…………………………………113
代理店契約……………………………83
宅地建物取引業者…………………260
多段階契約方式……………………146
建物解体工事請負契約……………282
建物買取請求権……………………298
建物譲渡特約付借地権……………306
建物賃貸借契約……………………299
建物売買契約………………………264
建物マスターリース契約…………313
短期入所生活介護サービス（ショートス
　テイ）………………………………241
堪航能力担保義務……………………76
担保責任………………30, 125, 271
担保物権……………………………350
地域維持型建設共同企業体………289
チェーン・オブ・タイトル……………95
チェンジ・オブ・コントロール条項
　………………………………………373
治験契約……………………………220
地代・賃料を増額しない旨の特約…293
知的財産権…………………………18, 126
仲介契約……………………………254
仲介手数料…………………………256

駐車場賃貸借契約…………………… 304
中途解約（建物賃貸借契約）……… 301
中途解約権を留保する旨の特約…… 307
調整条項………………………………… 335
直接金融型（市場型）………………… 338
著作権法47条の3第1項…………… 158
著作者人格権……………………………96
賃借人の中途解約権………………… 313
賃貸借終了の通知…………………… 313
賃料の改定に係る特約……………… 311
通常実施権………………………………25
通常損耗……………………………… 302
通信…………………………………… 142
通数…………………………………… 390
定期借地権設定契約………………… 306
定期建物賃貸借契約………………… 311
訂正印………………………………… 389
抵当権………………………………… 350
抵当権設定契約書…………………… 350
デジタルライツマネジメント…………96
手付…………………………………… 259
手付金……………………… 259, 265, 271
デットファイナンス…………… 324, 337
テリトリー権……………………………82
デリバティブ………………………… 366
電子消費者契約法…………………… 172
電子マネー…………………………… 180
同一性保持権……………………………96
等価交換契約………………………… 274
当座勘定貸越約定書………………… 339
倒産隔離……………………………… 360
動産売買契約……………………………12
動産売買の先取特権……………………14
投資事業有限責任組合モデル契約（経済
　　産業省）……………………………… 365
投資ファンド………………………… 365
投資ファンド・デリバティブ……… 365
当然失期事由………………………… 347

謄本…………………………………… 390
登録制度…………………………………15
独占（エンターテインメント）…… 115
独占禁止法………………… 36, 42, 49, 84
特定建設工事共同企業体…………… 288
特定商取引法の表示………………… 179
特定目的会社………………………… 361
特別目的媒体………………………… 360
匿名組合……………………………… 361
土地賃貸借契約……………………… 292
土地売買契約………………………… 258
特許権その他の知的財産権……………37
特許実施契約……………………………23
トップ・オフ金額…………………… 104
ドラフト………………………………… 4
取引基本契約……………………………19
努力義務……………………………… 369

な行

捺印…………………………………… 389
荷為替信用状……………………………75
二次利用……………………………… 132
入院誓約書…………………………… 198
入院申込書…………………………… 198
入居型介護施設契約………………… 230
根抵当権……………………………… 351
根抵当権設定契約書………………… 351

は行

バイオテクノロジー………………… 213
媒介契約……………………………… 254
売買代金請求権への物上代位…………14
バックアップ………………………… 158
反社会的勢力排除条項………… 341, 374
販売代理契約………………………… 113
販売店………………………………… 113
販売店契約………………………………83
非価格制限行為…………………………85

引渡時期……………………… 261, 266, 271
秘密保持（エンターテインメント）
　…………………………………… 134
秘密保持義務（事業者間）……… 51
秘密保持義務（従業員向け）…… 56
美容医療サービス等の自由診療における
　インフォームド・コンセントの取扱い
　等（厚生労働省）…………………… 212
標準貨物自動車運送約款（国土交通省）
　……………………………………… 68
標準倉庫寄託約款（国土交通省）…… 66
標準利用運送約款（国土交通省）…… 74
ビルマネジメント契約……………… 321
品質保証…………………………… 125
ファイナンス……………………… 324
ファイナンススキーム…………… 360
ファイナンスリース……………… 363
不争義務…………………………… 28
物的担保…………………………… 350
物流………………………………… 64
不動産業…………………………… 252
不当利得返還……………………… 30
プライバシー・バイ・デザイン… 190
プライバシーポリシー…………… 186
ブラウズラップ方式……………… 170
フラット…………………………… 94
フランチャイズ契約……………… 77
プロジェクト・ファイナンス…… 362
プロパティマネジメント契約…… 321
紛争解決に関する条項…………… 379
別紙………………………………… 386
ヘルスケア………………………… 194
ベンダー…………………………… 142
ベンチャー投資…………………… 328
法定更新……………………… 298, 300
法定代理人の同意………………… 182
保守期間…………………………… 168
保守対象…………………………… 165

保守料金…………………………… 167
保証金……………………………… 295
保証契約書………………………… 351
ボリュームライセンス…………… 156

ま行

麻酔同意書………………………… 203
守られるべき事業者の正当な利益… 60
マンション売買契約……………… 263
未成年……………………………… 182
未成年者取消し…………………… 172
見出し……………………………… 385
認印………………………………… 388
ミニマム・ギャランティ………… 94
無催告解除特約…………………… 297
メーカー…………………………… 10
免責条項…………………………… 169
メンテナンス契約………………… 164

や行

有限責任事業組合契約書（経済産業省）
　…………………………………… 365
ユーザー…………………………… 142
融資利用の特約……………… 263, 267
融資枠契約………………………… 339
輸血同意書………………………… 203
傭船契約…………………………… 74

ら行

ライセンサー……………………… 92
ライセンシー……………………… 92
リース契約書……………………… 364
リクープ…………………………… 94
リスクコントロール……………… 4
リソースの提供責任……………… 38
利用許諾……………………… 137, 153
累積根抵当権……………………… 351
レベニューシェア………………… 94

ロイヤルティ……………………… 80, 94

わ行

割印………………………………… 389

ワン・チャンス主義………………… 137

執筆者紹介

代表編著者

田島正広　田島総合法律事務所　東京弁護士会・日本弁理士会

執筆者（五十音順。各章先頭は編著者）

【はじめに／第8章　契約の一般条項】

田島正広	田島総合法律事務所	東京弁護士会
上芝直史	五十嵐・渡辺・江坂法律事務所	東京弁護士会
関口慶太	梶・関口法律事務所	東京弁護士会
吉新拓世	弁護士法人 Martial Arts	東京弁護士会

【第1章　メーカー】

田島正広	田島総合法律事務所	東京弁護士会
関口慶太	梶・関口法律事務所	東京弁護士会
田中裕幸	田中法律会計税務事務所	第一東京弁護士会
平泉真理	ベーリンガーインゲルハイムジャパン株式会社	東京弁護士会
南裕子	積水化学工業株式会社	大阪弁護士会

【第2章　物流・小売】

柴山将一	高橋綜合法律事務所	第二東京弁護士会
和泉玲子	日東紡績株式会社	東京弁護士会
金子磨美	野島法律事務所	第一東京弁護士会

【第3章　エンターテインメント】

足木良太	ブロードメディア株式会社	第一東京弁護士会
上田大輔	関西テレビ放送株式会社	大阪弁護士会
諏訪公一	骨董通り法律事務所	第二東京弁護士会
平林健吾	シティライツ法律事務所	第一東京弁護士会
牧山嘉道	北村・牧山法律事務所	第二東京弁護士会

執筆者紹介

【第4章　通信・情報処理】
上沼紫野	虎ノ門南法律事務所	第二東京弁護士会
伊藤雅浩	弁護士法人内田・鮫島法律事務所	東京弁護士会
大堀健太郎	大堀・山本法律事務所	横浜弁護士会
長田敦	東京フィールド法律事務所	第一東京弁護士会
片山史英	虎ノ門南法律事務所	第一東京弁護士会
平林健吾	シティライツ法律事務所	第一東京弁護士会

【第5章　医療・ヘルスケア】
寺西章悟	田島総合法律事務所	東京弁護士会
上米良大輔	オムロン株式会社	京都弁護士会
竹本昌史	医療法人　医誠会	大阪弁護士会
西川文彬	田島総合法律事務所	東京弁護士会
前田哲兵	きのした法律事務所	東京弁護士会
牧山嘉道	北村・牧山法律事務所	第二東京弁護士会

【第6章　不動産・建設業】
浦部明子	虎ノ門南法律事務所	第一東京弁護士会
赤堀有吾	虎ノ門南法律事務所	第一東京弁護士会
進藤亮	田島総合法律事務所	東京弁護士会
花村大祐	田島総合法律事務所	東京弁護士会
松田美和	虎ノ門南法律事務所	第一東京弁護士会
森居秀彰	辻誠法律事務所	東京弁護士会
脇陽子	虎ノ門南法律事務所	第一東京弁護士会

【第7章　金　融】
笹川豪介	岩田合同法律事務所	第一東京弁護士会
岡田洋介	飯沼総合法律事務所	第一東京弁護士会
冨田雄介	岩田合同法律事務所	第一東京弁護士会
堀真知子	ばんせいホールディングス株式会社	東京弁護士会
松田敬	日本生命保険相互会社	大阪弁護士会
森田豪丈	シティユーワ法律事務所	第一東京弁護士会

代表編著・編著者紹介

代表編著者

田島正広（たじま・まさひろ）

田島総合法律事務所所長弁護士・弁理士。早稲田大学法学部卒。平成8年弁護士登録（東京弁護士会）。企業統治，コンプライアンス，商取引法，知的財産権・IT関連，破産・再生法，海事法等の分野を手がける。平成15年総務省「電気通信事業分野におけるプライバシー情報に関する懇談会」，平成25年人事院「公務員倫理に関する懇談会」をはじめ官公庁の各種懇談会委員を歴任。平成20年～26年慶応義塾大学大学院法学研究科非常勤講師（憲法学）。主著：「個人情報保護法と金融機関」（経済法令研究会，平成16年），「会社役員の法的責任とコーポレート・ガバナンス」（第3章執筆，同文舘出版，平成22年），「インターネット新時代の法律実務Q&A」（監修・編集代表，日本加除出版，平成24年），「リスクマネジメント実務の法律相談」（第4章執筆，青林書院，平成26年），「リスクマネジメントとしての内部通報制度　通報窓口担当者のための実務Q&A」（代表編著，税務経理協会，平成27年）。

編著者（五十音順）

足木良太（あしき・りょうた）

ブロードメディア株式会社・執行役員／法務部長，ブロードメディア・スタジオ株式会社・監査役，Gクラスタ・グローバル株式会社・監査役，中国湖南快楽垂釣発展有限公司・監事，弁護士。早稲田大学政治経済学部卒。平成21年弁護士登録（第一東京弁護士会）。日本組織内弁護士協会・事務局次長。企業のコーポレートガバナンス，コンプライアンス，メディアリテラシー，個人情報保護のほか，デジタルシネマ事業，映画配給，映像配信，クラウド事業，代理店事業，中国合弁事業，通信制高校（学校）事業といった分野を手がける。

上沼紫野（うえぬま・しの）

虎ノ門南法律事務所。東京大学法学部卒。平成9年弁護士登録（第二東京弁護士会）。平成18年ニューヨーク州弁護士登録。知的財産，IT関連，国際契約等の業務を主に行う。一般社団法人モバイルコンテンツ審査・運用監視機構常任理事，経済産業省「電子商取引及び情報財取引等に関する準則」策定WGメンバー，内閣府青少年インターネット環境の整備等に関する検討会委員，違法・有害情報相談センター法律アドバイザー，情報セキュリティ大学院大学客員准教授，最高裁判所司法研修所刑事弁護教官（平成24～27年）等を務める。主著：『クラウドビジネスと法』（共著・第一法規，平成24年），『著作権法コンメンタール』（共著・レクシスネクシス・ジャパン，平成25

年),『ソーシャルメディア活用ビジネスの法務』(共著・民事法研究会,平成25年),『インターネット新時代の法律実務Q&A(第2版)』(共編著・日本加除出版,平成25年)

浦部明子(うらべ・あきこ)

虎ノ門南法律事務所。一橋大学法学部卒。平成12年弁護士登録(第一東京弁護士会)。企業法務,事業再生・倒産を中心に一般民事事件を取り扱う。第一東京弁護士会・総合法律研究所会社法研究部会所属。平成26年4月より東京家庭裁判所家事調停委員。平成27年3月,虎ノ門南法律事務所「民法改正対策セミナー」を開催。主著:『事業再生の迅速化』(共著・商事法務,平成26年),『倒産事件処理マニュアル』(共編著・新日本法規,平成23年),『企業不祥事と対応【事例検証】』(上記会社法研究部会編著・清文社,平成21年),『新会社法ＡｔｏＺ 非公開会社の実務〈加除式図書〉』(共著・第一法規,平成18年),『こんなときどうする会社役員の責任Q&A〈加除式図書〉』(共著・第一法規,平成6年)等。

笹川豪介(ささかわ・ごうすけ)

岩田合同法律事務所。弁護士。慶應義塾大学総合政策学部卒。平成16年中央三井信託銀行(現三井住友信託銀行)入社,不動産流動化・鑑定部門等を経て平成18年より法務部。筑波大学ビジネス科学研究科法曹専攻(法科大学院)卒,平成23年弁護士登録(第一東京弁護士会)。筑波大学法科大学院非常勤講師,日本組織内弁護士協会理事。金融法学会,信託法学会会員。主著:『民法改正で金融実務はこう変わる!』(共著・清文社,平成27年),『信託法実務判例研究』(共著・有斐閣,平成27年),『アウトライン会社法』(共著・清文社,平成26年),『家事事件と銀行実務』(共著・日本加除出版,平成25年),『銀行窓口の法務対策4500講』(共著・金融財政事情研究会,平成25年),「実務にとどく 相続の基礎と実践」「信託コトハジメ」(いずれも連載,金融法務事情)他多数。

柴山将一(しばやま・しょういち)

髙橋綜合法律事務所。弁護士。慶應義塾大学総合政策学部卒業後,水産会社等にて勤務,役員に就任し企業経営にも携わる。明治大学大学院法務研究科法務専攻修了。平成20年弁護士登録(第二東京弁護士会)。主として企業法務,損害賠償請求事件を中心とした一般民事事件,家事事件,個人破産・倒産(申立・管財),刑事事件などを手がける。事務所内の知的財産権法チームリーダーとして知的財産案件にも従事。電子情報・ネットワーク法研究会所属。第二東京弁護士会司法制度調査会,国際委員会(アジア担当部会)・法科大学院委員会委員等を歴任。明治大学法制研究所法律専門職専任講師。主著:『インターネット新時代の法律実務Q&A(第2版)』(共編著・日本加除出版,平

代表編著・編著者紹介

成25年)

寺西章悟（てらにし・しょうご）

田島総合法律事務所パートナー弁護士。東京都立大学（現首都大学東京）法学部卒。東京大学法科大学院修了。平成21年弁護士登録（東京弁護士会）。金融機関，上場企業，中小企業，ベンチャー企業等の法律実務の経験多数。支配権紛争（内紛），役員に関する紛争，株式に関する紛争等の会社関係訴訟，M&A, MBO, 資本提携，ファイナンス，ベンチャー支援等を中心に企業法務を広く取り扱っている。主著：「リスクマネジメントとしての内部通報制度　通報窓口担当者のための実務Q&A」（共著，税務経理協会，平成27年）。

サンプル書式の無料ダウンロードについて

〈ダウンロードに当たって〉

【動作環境（推奨環境）】
- ダウンロードできるファイルは，『Microsoft® Word®』（doc 形式）で作成されています。
 ※『Microsoft® Word®』は米国 Microsoft Corporation の登録商標です。

【登録方法】
- 下記の URL・仮ユーザー名・仮パスワードにてユーザー登録ページにアクセスし，ユーザー登録をしてください。ご登録いただいたメールアドレス宛に登録完了メールをお送りいたします。

> URL：https://legalgarden.kajo.co.jp/dl
> 仮 ID：keiyaku ／ 仮パスワード：ks8w5u

- ユーザー登録ページには，日本加除出版ホームページ（http://www.kajo.co.jp/）のバナーからもアクセスいただけます。

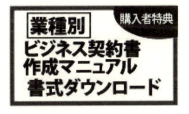

サンプル書式の無料ダウンロードについて

【ダウンロード方法】

(1) 登録完了メールでお知らせしたURLをクリックし，ユーザー名・パスワードを入力してダウンロードページにアクセスすると，下記画面が表示されます。こちらのページをお使いのブラウザの「お気に入り」や「ブックマーク」にご登録いただくと便利です。

```
業種別ビジネス契約書作成マニュアル
 第1章 メーカー
    売買基本契約書    [ワード]
    動産売買契約書    [ワード]
    特許実施契約書    [ワード]
    OEM基本契約書    [ワード]
    技術開発委託契約書 [ワード]
```

(2) 第1章「メーカー」から第7章「金融」までが表示されますので，書籍をご覧になりながら，ダウンロードしたい章，次いで書式をクリックし，ファイルをダウンロードしてください。

【ダウンロードする際の注意事項】

- ダウンロードに当たっては，下記利用規約及び個人情報の取扱いについて，お客様の同意を得られたものとさせていただきますので，必ずご一読をお願い申し上げます。
- ダウンロード方法については，予告なしに変更する場合があります。
- ダウンロードの不具合が発生した場合は，まず，コンピューター環境やセキュリティ設定等をご確認ください。

〈利用規約〉

【著作権法上の注意】
- 著作権は編著者及び日本加除出版株式会社に帰属します。
- ダウンロードした文例等は，本書の購入者のみに対して公開するものです。本書購入者が自己のために利用する範囲内に限り，自由に利用していただいて構いません。ただし，使用者の責任のもとに行ってください。

【禁止事項】
- 書籍に記載された仮URL，仮ユーザー名，パスワード，およびユーザー登録後にお送りするURL等を有償又は無償で配布することを禁止します。
- ダウンロードした各ファイルを他のCD等の物理的媒体やネットワークを使用して販売及び再配布することを禁止します。

【利用上の注意点，免責】
- 文例等は，実務上参考となるであろう例として紹介するものです。実際の利用の際には，個々の実情に応じて，適宜修正等を加えてください。
- 文例等の解釈・適用を巡って具体的な紛争が生じた場合でも，編著者及び発行者は一切の責任を負いかねますことをあらかじめご了承の上，ご利用ください。

【裁判管轄】
- 本利用規約にかかわる紛争は，東京地方裁判所を管轄裁判所として解決するものとします。

〈個人情報の取扱い〉

【個人情報の利用】
- 弊社にご提供いただいたすべての個人情報は，その全部または一部を，下記の目的に使用させていただくことがあります。
  1）本書のダウンロードサービスを提供するうえで，必要な情報の確認

サンプル書式の無料ダウンロードについて

やご案内のため。
2）弊社からの各種ご案内（DM，アンケート）のため。

【個人情報の保守管理，開示，訂正等】

- 個人情報の保守管理，個人情報の開示・訂正等につきましては，弊社プライバシーポリシーをご参照ください。
  http://www.kajo.co.jp/policy/

〈お問い合わせ〉

商品に関するお問合せにつきましては，弊社ホームページ問合せフォームまたはEメール，お電話にてご連絡ください。

問合せフォーム：https://www.kajo.co.jp/inquiry/
Eメール：eigyo-kikaku@kajo.co.jp
電話：03-3953-6422（日本加除出版　営業部）

業種別ビジネス契約書作成マニュアル
実践的ノウハウと契約締結のポイント
サンプル書式ダウンロード特典付

定価：本体3,700円（税別）

平成27年11月25日　初版発行	
代表編著	田　島　正　広
発　行　者	尾　中　哲　夫

発行所　日本加除出版株式会社

本　社　郵便番号 171-8516
　　　　東京都豊島区南長崎3丁目16番6号
　　　　ＴＥＬ　(03)3953-5757（代表）
　　　　　　　　(03)3952-5759（編集）
　　　　ＦＡＸ　(03)3953-5772
　　　　ＵＲＬ　http://www.kajo.co.jp/

営業部　郵便番号 171-8516
　　　　東京都豊島区南長崎3丁目16番6号
　　　　ＴＥＬ　(03)3953-5642
　　　　ＦＡＸ　(03)3953-2061

組版・印刷　㈱亨有堂印刷所　／　製本　牧製本印刷㈱

落丁本・乱丁本は本社でお取替えいたします。
©2015
Printed in Japan
ISBN978-4-8178-4275-6 C2032 ¥3700E

JCOPY 〈出版者著作権管理機構　委託出版物〉

本書を無断で複写複製（電子化を含む）することは、著作権法上の例外を除き、禁じられています。複写される場合は、そのつど事前に出版者著作権管理機構（JCOPY）の許諾を得てください。
また本書を代行業者等の第三者に依頼してスキャンやデジタル化することは、たとえ個人や家庭内での利用であっても一切認められておりません。

〈JCOPY〉ＨＰ：http://www.jcopy.or.jp/，e-mail：info@jcopy.or.jp
　　　　　電話：03-3513-6969　ＦＡＸ：03-3513-6979

Q&A 社外取締役・社外監査役ハンドブック

岩田合同法律事務所 編　田子真也 編著
2015年3月刊 A5判 456頁 本体4,000円+税 978-4-8178-4217-6 商品番号：40580 略号：取監

第3版 会社法定款事例集
定款の作成及び認証、定款変更の実務詳解

田村洋三 監修　土井万二・内藤卓 編集代表
2015年8月刊 B5判 472頁 本体3,900円+税 978-4-8178-4240-4 商品番号：40306 略号：定款

海外の具体的事例から学ぶ腐敗防止対策のプラクティス
各国最新情報と賄賂要求に対する効果的対処法

村上康聡 著
2015年6月刊 A5判 496頁 本体4,300円+税 978-4-8178-4238-1 商品番号：40591 略号：海プラ

企業法務ガイド　判例活用編
顧問先へのアドバイスに使える300事案

今川嘉文 著
2014年5月刊 B5判 336頁 本体3,600円+税 978-4-8178-4139-1 商品番号：40540 略号：企判

技術法務のススメ
事業戦略から考える知財・契約プラクティス
知財戦略・知財マネジメント・契約交渉・契約書作成・特許ライセンス契約・秘密保持契約・共同開発契約・共同出願契約・ソフトウェアライセンス契約・ソフトウェア開発委託契約など

鮫島正洋 編集代表
2014年6月刊 A5判 396頁 本体3,450円+税 978-4-8178-4168-1 商品番号：40556 略号：技法

契約書が楽に読めるようになる
英文契約書の基本表現
Encyclopedia of Key Words and Expressions in English Contracts

牧野和夫 著
2014年12月刊 A5判 244頁 本体2,400円+税 978-4-8178-4201-5 商品番号：40573 略号：英基

日本加除出版

〒171-8516　東京都豊島区南長崎3丁目16番6号
TEL（03）3953-5642　FAX（03）3953-2061（営業部）
http://www.kajo.co.jp/